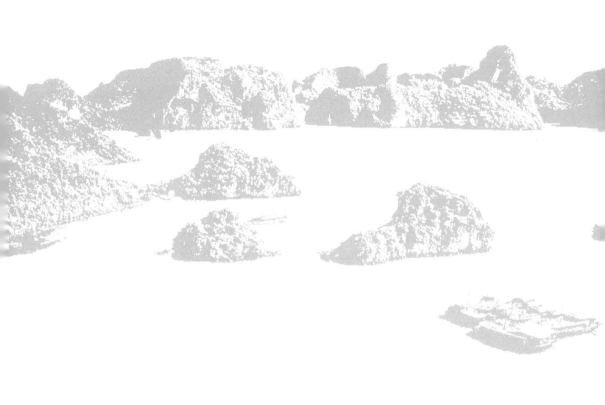

本书系国家社科基金一般项目"文学地理学视野下 14-19 世纪中越使臣诗歌研究"（15BZW080）结项成果；

本书出版获得广西民族大学广西一流学科（中国语言文学）建设经费、广西高校人文社会科学重点研究基地
"广西民族文化保护与传承研究中心"经费资助。

14—19 世纪
中越使臣诗歌的
文学地理学研究

李惠玲 —— 著

中国社会科学出版社

图书在版编目（CIP）数据

14—19 世纪中越使臣诗歌的文学地理学研究／李惠
玲著. -- 北京：中国社会科学出版社，2025. 8.
ISBN 978 - 7 - 5227 - 4068 - 3

Ⅰ. I207. 22；I333. 25

中国国家版本馆 CIP 数据核字第 2024PV7884 号

出 版 人　季为民
责任编辑　王小溪
责任校对　李　云
责任印制　戴　宽

出　　　版　中国社会科学出版社
社　　　址　北京鼓楼西大街甲 158 号
邮　　　编　100720
网　　　址　http：//www. csspw. cn
发 行 部　010 - 84083685
门 市 部　010 - 84029450
经　　　销　新华书店及其他书店

印刷装订　北京君升印刷有限公司
版　　　次　2025 年 8 月第 1 版
印　　　次　2025 年 8 月第 1 次印刷

开　　　本　710×1000　1/16
印　　　张　17. 25
插　　　页　2
字　　　数　253 千字
定　　　价　96. 00 元

序

我和李惠玲教授从认识到相知，都与文学地理学有关联。

2011年10月10日至12日，陕西理工大学文学院在汉中召开一个全国性的会议，即"中国古代文学与地域文化学术研讨会"，我和惠玲教授都应邀出席，我们就是在那次会议上认识的。后来有几位学界同仁在总结20世纪90年代以来文学地理学的发展历程时，都把那次会议视作"中国文学地理学会"成立的一个预备会议，我认为这是有道理的。理由有二。第一，理论上的预备。那次会议的主题是"中国古代文学与地域文化"，这其实就是文学地理学的一个基本问题，即"文学与地域文化环境之关系"。我在会上作了题为"文学地理学的研究对象、任务与前景"的报告，这也是我第一次在全国性的学术会议上正式讲文学地理学，而这个报告则是我于2011年4月19日发表在《中国社会科学报》上的《建设与"文学史"双峰并峙的"文学地理学"》一文的扩展版。陕西理工大学文学院的李仲凡教授认为，我这篇文章和这个报告，可以说是"一篇简明的文学地理学原理"。第二，人员上的预备。一个月后，也就是2011年11月11日至13日，由我和夏汉宁研究员发起，由广州大学中文系和江西省社会科学院文学研究所共同主办的"中国首届文学地理学暨宋代文学地理学术研讨会"在南昌召开，60%以上的与会者都是一个月前出席汉中会议的专家。正是在这次会议上，与会专家一致联名倡议建立"中国文学地理学会（筹）"，我和惠玲教授都是倡议者，并同时见证了学会的成立。

从此以后，中国文学地理学会每年都召开一次年会，我是每次必到的，惠玲教授也都欣然赴会。

2023 年 7 月 7 日至 9 日，惠玲教授带领她的学术团队，在广西民族大学承办了"中国文学地理学会第十三届年会暨第八届硕博论坛"。会议办得非常成功，大家交口称赞。200 多位与会者都得到了惠玲教授亲自选购和赠送的一枚铜鼓型的绿色香囊，这是一种非常别致的岭南人称作"手信"的小礼物，大家都很喜欢，许多人还因此而赋诗填词。

惠玲教授是一位气质优雅的南国佳丽，苗条，恬静，谦和，爱家人，爱学生，爱诗词。她在词学、文学地理学和岭南文化研究方面都有很深的造诣，她以博士学位论文为基础完成的著作《清代岭西词人群研究》（广西师范大学出版社 2015 年版），就是从文学地理学的视角研究岭西词人群的一部优秀的学术著作。"岭西"即"广西"。"岭西"是一个地域概念，"广西"是一个区域概念。"岭西"和"岭东"相对而言，都是岭南的一部分。惠玲教授是广西桂平人，也就是岭南人。岭南文化是她的底色，词学是她的看家本领，文学地理学是她的理论和方法。

2023 年 7 月初，惠玲教授给我发微信，要我为她即将出版的《14—19 世纪中越使臣诗歌的文学地理学研究》写一篇序，我刚开始是有点犹豫的。有一位德高望重的学界前辈生前讲过："学者有两戒，一是好为人师，二是好为人序。"但是继而又想，惠玲教授长期致力于词学、文学地理学和岭南文化的研究，她的研究方向和我是不约而同的。我们从相识到相知，都与文学地理学有关，而她这本书又是从文学地理学的角度研究中越使臣诗歌的学术专著，我应该为我们的文学地理学之缘写下几句话，我没有必要故作矜持，于是就应承了下来。

关于 14—19 世纪中越使臣的诗歌研究，前人和时贤都做过一些工作，但是既不系统，也不深入。惠玲教授超越前人和时贤之处，我以为主要体现在以下三个方面。

一是多渠道收集、整理中越使臣文献，从众多的个人别集和《四库全书》等大型丛书以及大量的燕行文献中仔细爬梳中越使臣的生平事迹和作品，整理出陈孚、林弼、傅若金等 30 名中国使臣的生平和 1155 首使臣诗，以及阮忠彦、冯克宽等 43 名越南使臣的生平和 61 种燕行诗歌，从而得以更全面地了解 14—19 世纪中越使臣及其诗歌的面貌，也为学界同行的后续研究提供了更多的第一手材料。

二是通过大量的历史文献，对 14—19 世纪的中越关系、中越使臣的选任及其特点、中越使臣的诗歌创作概况等作了一个详尽的梳理，从而为自己所要从事的文本研究及学界同行的后续研究勾勒了一个清晰的历史和文化背景，也可以让有兴趣的读者从中学到许多知识。

三是运用文学地理学的理论和方法，从空间角度切入，深入研究中越使臣诗歌中的三维空间，即地理空间、历史空间与精神空间。作者解释说："文中所言的'地理空间'，指的是文学作品中反映的与自然地理相关的空间形态；'历史空间'，指的是文学作品中反映的与历史人物、历史故事、历史古迹等相关的空间形态；'精神空间'，指的是文学作品中反映的作家在一定地理空间或历史空间产生的精神活动，指向内心的强烈愿望和深层次的精神追求，是一种情感化的空间形态。"作者正是通过对这三维空间的关照，立体地还原了中越使臣诗歌的文学场景、文学内涵和文学价值。

作为文学地理学研究的同行，我对作者的空间观照最为关注和欣赏。因为本书的研究对象是中越使臣诗歌，这些诗歌大都记录了作者出使过程中的见闻和感受，其中对山川风物的描写最多，突显了作家与地理环境之间的密切关系，而要阐明作家与地理环境的关系，就必须运用文学地理学的理论和方法，必须有强烈的空间意识。

需要强调的是，惠玲教授不仅仅是用文学地理学的理论和方法研究中越使臣诗歌的三维空间，从而为人们更好地阅读、欣赏和理解这一特殊类型的作品提供了一个全新的视角，她也为文学地理学的相关理论研究提供了非常好的佐证材料。我在《中国境内著名文学景观之地理分布》一文（见拙著《文学地理学学科建设》，商务印书馆 2022 年版）

中，讲过这样一个观点：

> 本地文学家对本地的景观（无论是自然景观还是人文景观）往往是熟视无睹、视而不见的，他们较难发现其中的妙处、新奇之处和动人之处，因此较难产生创作激情和灵感，较难写出具有创造性和影响力的佳作，所谓"熟悉的地方无风景"。而外地文学家则相反。他们对异乡的景观（无论是自然景观还是人文景观）往往怀着一种强烈的好奇心，容易发现其中的妙处、新奇之处和动人之处，因此容易产生创作激情和灵感，可以写出具有创造性和影响力的佳作，所谓"独有宦游人，偏惊物候新"（杜审言《和晋陵陆丞早春游望》）。

我这一观点的佐证材料，就是中国作家写中国景观的作品。惠玲教授也持同样的观点，但是她的佐证材料除了中国使臣写中国景观的作品，更有越南使臣写中国景观的作品。她的材料更丰富，也更独特。她指出：

> 中越使臣在一路行吟中，关注点有相似之处，也有很多不同。相似的如对岳阳楼、洞庭湖、黄鹤楼等山水风光、名胜古迹的描写。不同的诸如，越南使臣诗歌中反复歌咏的交州太守士燮和节妇贞女刘氏三烈，几乎没有出现在中国使臣的诗歌中；而作为迎送越南贡使的湛恩亭，更是从不曾见诸中国使臣的笔端；越南使臣对中国境内与越南相关的历史遗迹表现出浓厚的兴趣，如途经马伏波庙、汉武帝擒获吕嘉处、毛伯温收降莫登庸处等地时有意寻访遗迹并赋诗，而中国使臣对这些遗迹赋诗甚少；在"八景"诗中，虽然中国使臣也有对燕京八景、潇湘八景的描写，但涉及范围不广，而越南使臣对浔州八景、梧州八景、桂林八景、潇湘八景、金陵八景、燕京八景等都有大量的吟咏；中国使臣对广西的城市风景、横

州五险滩（又称乌蛮滩）、全州湘山寺等着墨不多，而越南使臣则用大量的诗篇不厌其烦描写广西的山水风光和城市风貌，尤其是五险滩成为了他们笔下特有的一个水路景观，堪称水路上的"蜀道"。

如果说，写什么和不写什么，还只是一个地理感知的问题，那么如何写和如何评价，就是一个审美判断和价值判断的问题了。惠玲教授发现：

> 中越使臣对中国境内地域印象的最大不同，表现在对广西整体印象的差异很大上。中国使臣诗歌中荒蛮凋敝、兵戈频起、文明滞后的广西，在越南使臣的眼里，则是满地繁华、商货盈积、屋舍华丽的，故有称为"西南一大都会"的桂林、号称"小南京"的南宁、誉为"岭外繁华第一州"的梧州。在中国使臣的笔下，广西是荒蛮的，除了省会桂林风光宜人、文化与中原远接外，其他地方多不值一提，而在越南使臣的诗歌中，广西是繁华的，风光旖旎，古迹众多，文化深厚。

为什么会有这么大的差异？除了地理感知、审美判断和价值判断的问题，显然还有一个立场问题，这就是在许多人心中根深蒂固的"中原文化中心论"。惠玲教授指出：

> 从中国使臣的角度看，他们对地域的印象是建立在中原文化中心论的基础上的。中国古代的先民们，很早就形成了中原文化中心论，认为帝王所在的京城是国家的中心、文明的中心，由此向四周不断延伸，地理位置越靠边缘，文明等级就越低。

我对惠玲教授的这些话是深有同感的。我曾通过近 30 年的实地考察，加上大量的文献资料和统计数据，力证岭南不是某些人所讲的

"文化沙漠"。我强调，岭南的现代文化居全国领先地位，岭南的传统文化也有惊人的存量。许多在中原早已失传的文化样态，在岭南得到了很好的传承和发展（见拙著《岭南文化的真相——岭南文化与文学地理之考察》，社会科学文献出版社 2017 年版）。我还为此作过上百场演讲。熟悉我的人都认为，我是一个"为岭南文化辩护的湖北人"。可是实际效果如何呢？在许多人的心目中，岭南仍然是一个"文化沙漠"，仍然是"中原文化中心论"占了上风。我只能用这几句大家熟知的话来勉励自己："那美好的仗我已经打过了，当跑的路我已经跑过了，所信的道我已经守住了。"

就此打住。

曾大兴

2023 年 8 月 26 日

目　录

绪　论

　　中越两国山水相依、文化相连，交流频繁。中国广西、云南两省与越南北部的广宁、谅山、高平、河江、老街、莱州、奠边七省交界，共有 1353 千米的陆地边界。[①] 两国在政治、历史、社会、文化、教育上，都有着深厚和长远的渊源。郭廷以先生说："在环绕中国的邻邦中，与中国接触最早，关系最深，彼此历史文化实同一体的，首推越南。"[②] 越南胡志明主席说："我们越中两个民族，数千年来，血统相通，文化共同，在历史上素称兄弟之邦。"[③]

　　越南曾长期内属中国，后又与中国保持着多年的宗藩关系。从公元前 214 年秦朝设立象郡，至 968 年越南丁朝建立，在长达 1100 多年的时间内，交趾、安南地区一直是中国的郡县。越南在独立之后至 1885 年沦为法国殖民地之前 9 个多世纪内，中国与之保持着宗藩关系。中越两国之间的邦交活动主要反映在使臣的往来上，双方经常互派使臣进行政治、军事、贸易、文化等交流。据统计，元朝时期，中国派遣安南使团 37 次，安南遣往中国使团 60 次。[④] 明朝时期，中国派遣安南使团 64

---

① 兰强、徐方宇、李华杰编著：《越南概论》，世界图书出版公司 2012 年版，第 306—307 页。

② 参见陈玉龙等《汉文化论纲——兼述中朝中日中越文化交流》，北京大学出版社 1993 年版，第 340 页。

③ 《胡志明致华侨兄弟书》（附录），麦浪：《战斗中的新越南》，新越南出版社 1948 年版。

④ 王英：《元朝与安南之关系》，硕士学位论文，暨南大学，2000 年，第 30、35 页。

次，安南派遣中国使团 169 次。① 而清朝时期，中国派遣越南使团 19
次，越南派遣中国使团 65 次。② 伴随着频繁的邦交往来，产生了一大批
使交文献，包括出使日记、使程诗文和使程地图等。这些文献是中越关
系和文化交流的历史见证，有着非同寻常的意义。本书着眼于 14—19
世纪中越使臣诗歌的研究。

一 研究综述

中越使臣诗歌有着特殊的意义，值得研究。从艺术角度看，使臣有
着思接千载的素养，又佐以视通万里的条件，这有助于他们对心物关系
的感悟，并借助诗歌鲜活地描绘沿途的见闻与感受，留下了生动、丰富
的出使诗歌。从历史意义看，使臣诗歌是交互视角的产物，能反映当时
中越两国的藩属关系、外交场景和风土民情，保存了历史的一个侧面。
从文化交流的角度看，使臣诗歌能够反映中越文化的相互影响以及共同
进步的关系，从而有助于我们更好地了解汉文化圈的发展和繁荣。但目
前学术界对中越使臣诗歌的关注度并不高，仅有少部分学者专注于此领
域默默耕耘。下面从中越使臣诗歌的研究现状、文学地理学相关研究等
方面展开论述，并分析取得的成果和存在的不足，以揭示本书的研究
意义。

（一）中国使臣使越诗歌研究综述

就中国使臣使越诗歌而言，目前着眼于此的研究主要有文献整理和
作家作品整理与研究两方面。

1. 文献整理

目前较多保存中国使臣使越诗歌的是《四库全书》③，它将部分
出使越南的诗人的使越诗歌编入集部的别集。其后《四库全书存目

---

① 陈文源：《明朝与安南关系研究》，博士学位论文，暨南大学，2005 年，第 160—172 页。
笔者据《明朝与安南邦交记事年表》统计。
② 陈柏桥：《14—19 世纪中越使臣诗歌中的潇湘印象》，硕士学位论文，广西民族大学，
2017 年，第 105 页。
③ 《景印文渊阁四库全书》，（台北）台湾商务印书馆 1986 年版。

丛书》①《四库禁毁书丛刊》②《四库未收书辑刊》③ 等做了进一步的补遗工作，另如《吴兴丛书》④《明别集丛刊》⑤ 等也有所涉及，但是这些都只是将使越诗歌作为诗人创作的一个部分编入，并非刻意收集整理。

《安南志略》⑥ 卷第十七"至元以来名贤奉使安南诗"则辟有单独一章收集使越及相关送行诗歌 21 首，并收集整理了相关诗序，这可以说是最早关注和收集整理中国使臣使越诗歌的书籍。其后张秀民先生在《中越关系史论文集》的"中越关系书目（国人著述）"⑦ 一章中列出了古代至近代中越关系书目共 286 种：古代至唐 21 种、唐 3 种、宋 23 种、元 15 种、明 93 种、清 102 种、近代 29 种，并对使越使臣的诗文集进行了梳理和初步考证，这是目前为止较早较全地在目录上整理考辨使越使臣诗歌的文献。

其后在文献梳理上较有影响的是青年学者刘玉珺的《中国使节文集考述——越南篇》⑧ 和李娜的《10—18 世纪中国使安南使臣出使诗歌综述》⑨，二文都以朝代为纲，分别考证了现存的中国使臣使越诗文集。刘文考证相关史料，专注于文集整理，而李文则根据掌握的文献资料统计出各位使越使臣的具体存诗数量。

2. 作家作品整理与研究

针对较为出名的使臣，部分学者进行了较深入的研究。

就元代而言，研究主要集中在陈孚和傅与砺两位使臣身上。研究陈

---

① 四库全书存目丛书编纂委员会编：《四库全书存目丛书》，齐鲁书社 1997 年版。
② 四库禁毁书丛刊编纂委员会编：《四库禁毁书丛刊》，北京出版社 1997 年版。
③ 四库未收书辑刊编纂委员会编：《四库未收书辑刊》，北京出版社 1997 年版。
④ 刘承干辑：《吴兴丛书》，吴兴刘氏嘉业堂刊 1927 年版。
⑤ 沈乃文主编：《明别集丛刊》（第一辑），黄山书社 2013 年版。
⑥ ［越］黎崱撰，武尚清点校：《安南志略》，中华书局 1995 年版，第 391—398 页。
⑦ 张秀民：《中越关系史论文集》，（台北）文史哲出版社 1992 年版，第 222—236 页。
⑧ 刘玉珺：《中国使节文集考述——越南篇》，《首都师范大学学报》（社会科学版）2007 年第 3 期。此文为刘玉珺的博士学位论文的一章节，后收录其著作《越南汉喃古籍的文献学研究》（中华书局 2007 年版）中。
⑨ 李娜：《10—18 世纪中国使安南使臣出使诗歌综述》，《百色学院学报》2014 年第 3 期。

孚的有《陈孚诗歌论》① 《陈孚〈交州稿〉与元代的中越文化交流》②
《元代诗人陈孚出使安南途经广西的诗歌创作》③ 等文章。第一篇主要
讨论陈孚诗歌回归唐风的美学努力,并认为这是元代诗歌变革的风向之
一;后两篇则是以其出使诗集《交州稿》为切入点来看中越文化交流,
其中研究陈孚途经广西创作的诗歌则具有地域研究的意义,这是值得借
鉴之处。关于傅与砺的研究有《〈傅与砺诗集〉校注》④ 《〈傅与砺诗
集〉版本源流考述》⑤,这是了解和研究傅与砺的基础。还有一些整体
关注的,如《元人诗歌中的安南出使与南国奇景》⑥ 《永州犹未是天
涯——元代中越交流中的一站》⑦ 二文则是从地域视角来观照元代使臣
的使越诗歌。

明代的研究则以张以宁、陈诚、湛若水和遗民诗人徐孚远为盛。以
张以宁为研究对象的有《张以宁诗歌创作历程考论》⑧《"衰老天教一壮
游"——张以宁出使安南诗述评》⑨ 《张以宁年表》⑩ 等文章。第一篇
认为张以宁是元明之际馆阁诗风的传继者,并且将其创作分为四个阶
段;后两篇则是关注其出使安南的诗歌,并且考辨了其大致生平。对心
学大师湛若水的研究很多,相关的有《湛若水生平著述及现存情况统
计》⑪,这有助于了解湛若水的相关著述及现存情况。对徐孚远的研究

① 何方形:《陈孚诗歌论》,《浙江社会科学》2008 年第 6 期。
② 王皓:《陈孚〈交州稿〉与元代的中越文化交流》,硕士学位论文,四川师范大学,
2009 年。
③ 梁德林:《元代诗人陈孚出使安南途经广西的诗歌创作》,《广西文史》2013 年第 1 期。
④ 杨匡和:《〈傅与砺诗集〉校注》,硕士学位论文,江西师范大学,2010 年。
⑤ 杨匡和:《〈傅与砺诗集〉版本源流考述》,《南昌工程学院学报》2011 年第 5 期。
⑥ 周思成:《元人诗歌中的安南出使与南国奇景》,《文史知识》2015 年第 11 期。
⑦ 汤军:《永州犹未是天涯——元代中越交流中的一站》,《湖南科技学院学报》2013 年第
3 期。
⑧ 陈广宏:《张以宁诗歌创作历程考论》,《深圳大学学报》(人文社会科学版)2007 年第
6 期。
⑨ 游友基:《"衰老天教一壮游"——张以宁出使安南诗述评》,《宁德师范学院学报》(哲
学社会科学版)2013 年第 3 期。
⑩ 游友基:《张以宁年表》,《宁德师范学院学报》(哲学社会科学版)2014 年第 1 期。
⑪ 窦晨光:《湛若水生平著述及现存情况统计》,《五邑大学学报》(社会科学版)2014 年第
2 期。

则有两篇硕博士学位论文：《徐孚远研究》①《徐孚远在世变下之生命情怀》②，二文都认同徐孚远作为几社成员的顽强抗清心态，以及为南明积极奔走的斗志。第一篇硕士学位论文主要偏向于研究徐孚远的爱国情怀，并将其反清复明的思想诗意化，肯定了其文学史价值；第二篇则是偏向于文化以及地域视角，主要考证了徐孚远生平创作、交游漫游，并以其流离抗清之作为中心，将其放在明清易代、奔走台湾的背景中思考其创作心态，肯定了徐孚远在中国文学史上的地位，并认为徐孚远在台湾地方文学史上的地位也不容忽视，其诗歌中的海洋、台湾书写值得深入研究。还有关于使臣诗歌的研究和文献整理如《〈陈竹山文集〉研究》③《潘希曾诗集校注》④ 等，这些都为深入研究使臣的使越诗歌做了很好的铺垫。第一篇着眼于陈诚的使臣身份——但不是出使越南，而是西域，陈诚作为明代盛极一时的使臣，其出使经历非常丰富，尤其以出使西域著名。文章考辨了陈诚的生平交游及创作，然后集中研究其在西域创作的诗歌。第二篇的诗集校注不仅为潘希曾的研究提供了有力的帮助，还可以收集更多的版本参校。

　　对清代使臣的研究则比较少，目前可见的主要有对李仙根、吴光的研究。由于使臣本身大多为进士出身，故有部分地方文化研究所对他们有所关注。地方文化研究所往往将清代进士放置于整个文化背景中进行思考，这是值得借鉴和学习的地方，但是我们也应该看到，地方文化研究有时候会过度拔高名人在整个历史中的思想文化价值，这不仅仅存在于对李仙根的研究上，也存在于对诸多清代使臣的研究上。有价值的如《李仙根生平考述》⑤《李仙根年谱》⑥ 二文考证了四川榜眼李仙根的生平，并将其相关文学创作的大致情况进行了概述。《思接千载，视通万

① 司文朋：《徐孚远研究》，硕士学位论文，浙江大学，2010 年。

② 蔡靖文：《徐孚远在世变下之生命情怀》，博士学位论文，台湾"国立"中山大学，2012 年。

③ 郭娇：《〈陈竹山文集〉研究》，硕士学位论文，新疆师范大学，2015 年。

④ 刘慧敏：《潘希曾诗集校注》，硕士学位论文，湘潭大学，2014 年。

⑤ 胡传淮、陈名扬：《李仙根生平考述》，《蜀学》2015 年第 10 辑。

⑥ 胡传淮、陈名扬：《李仙根年谱》，《地方文化研究辑刊》2016 年第 1 期。

里——从〈使交集〉看地理与文学创作的关系》① 一文则是以清代使臣吴光的《使交集》为研究中心，从地理与文学创作的关系这一角度出发，关注中国使臣使越诗歌的深厚内涵，首次对中国使臣使越诗歌进行文学地理学的研究。

（二）越南北使诗歌研究综述

越南北使诗歌的研究整体比中国使臣使越诗歌的研究要热，主要表现在基础工作的扎实推进、研究的不断深入上，这主要得益于中国几个域外汉籍研究学术机构的助力。其中有南京大学域外汉籍研究所——国内首个以域外汉籍为研究对象的学术机构，主办有《域外汉籍研究集刊》，截至 2022 年 7 月，已由中华书局出版至第二十三辑，同时还出版"域外汉籍研究丛书"达十二种并将继续，还有台湾大学的"东亚文明研究中心"、上海师范大学的"域外汉文古文献研究中心"、浙江工商大学的"东亚文化研究院"（原海外日本研究重点支持机构）等机构。而与越南北使诗歌有直接关系的则是复旦大学于 2007 年成立的"文史研究院"，在葛兆光、周振鹤等先生的推动下，其研究方向主要包括"从周边看中国""交错的文化史""域外所藏有关中国的文字资料和图像资料"等域外内容，该文史研究院和越南汉喃研究院合编的《越南汉文燕行文献集成》（越南所藏编）② 是越南北使诗歌集大成之作。这些研究机构的成立也表明使臣诗歌的研究（尤其是域外来华使臣诗歌的研究）意义重大。

1. 文献整理

就中国方面而言，早期的越南北使文献可以从相关目录学著作中窥见。最早的成果是冯承钧先生的《安南书录》③，此书录原载 175 种图书，后补录两次大约 105 种，故共约 280 种书目，其中不乏使臣文集。张伯伟先生认为此文是翻译法国汉学家保罗·伯希和于 1904 年发表的

---

① 李惠玲、陈柏桥：《思接千载，视通万里——从〈使交集〉看地理与文学创作的关系》，《广西社会科学》2016 年第 6 期。

② 中国复旦大学文史研究院、越南汉喃研究院合编：《越南汉文燕行文献集成》（越南所藏编），复旦大学出版社 2010 年版。

③ 冯承钧：《西域南海史地考证论著汇辑》，中华书局 1957 年版，第 225—243 页。

《对安南史的安南资料之初步研究》①，但朱偰先生在《天风海涛楼札记》②中详细说明了《安南书录》的来源有四部分，并非翻译一种来源。而且朱先生在文后表明《安南书录》不足以概括安南全体著述，所以其补充道："安南史籍除当地著述外，尚有中国人所撰，今尚存者如明李文凤之《越峤书》二十卷；明邓钟之《安南图志》一卷，北平图书馆有藏本；光绪中徐延旭有《越南辑略》二卷，中载越南书目三十四种。此皆冯氏所未见，可以补其缺略。"③后有张秀民先生的《安南书目提要》④，辑考《安南纪略》、《越峤书》二十卷，永乐《交阯总志》三卷三种，又据《东南亚与华侨华人研究论文索引（1996—2000）》⑤可知，张先生前后在《中国东南亚研究会通讯》上分三期发表了二十二种文献辑考，前两期十一种，后续辑考了十一种。后来，做出突出贡献的是王小盾等学者主编的《越南汉喃文献目录提要》⑥，收录了越南和法国各馆所藏汉喃本5027种，其中汉文为主体的图书4261种，喃文为主体的图书766种，以经、史、子、集四部重新分类及撰写提要，并重新著录书名、编著者、序跋年代、版本及版式、内容提要、收藏地等。其中，集部北使诗文类有越南使节文学（或曰中越邦交文学）共80种，这是对越南北使文献的一次摸底。后刘春银等学者又续编了《越南汉喃文献目录提要补遗》⑦，补遗部分主要为地方文献，共2280种。王小盾先生就此次访书之旅还写了一篇《越南访书札记》⑧，从九大方面表达自己在越南访书的认识体会，为域外汉学研究提供了值

①　张伯伟：《域外汉籍研究入门》，复旦大学出版社2012年版，第58页。
②　朱偰：《天风海涛楼札记》，中华书局2009年版，第185页。
③　朱偰：《天风海涛楼札记》，中华书局2009年版，第185页。
④　张秀民：《安南书目提要》，《北京图书馆刊》1996年第1期。
⑤　徐斌、张长虹编：《东南亚与华侨华人研究论文索引（1996—2000）》，厦门大学出版社2002年版，第173页。
⑥　王小盾、刘春银、陈义主编：《越南汉喃文献目录提要》，台湾"中央"研究院中国文哲研究所2002年版。
⑦　刘春银、林庆彰、陈义主编：《越南汉喃文献目录提要补遗》，台湾"中央"研究院人文社会科学研究中心亚太区域研究专题中心2004年版。
⑧　王小盾：《越南访书札记》，《新国学》第三卷，巴蜀书社2001年版，第1—53页。

得学习和借鉴的经验。总而言之，冯先生与张先生有开拓之功，而王先生的成果，则让我们由此得以窥见越南汉籍文献的基本面貌。

以上为中国学者关于越南典籍的目录学整理，接下来看文集与相关资料的整理。首先应提及上文所述的中国复旦大学文史研究院和越南汉喃研究院合编的《越南汉文燕行文献集成》①，这是中越两国的学者历时三年，收集整理了现存于越南汉喃研究院的 79 种独立成书或成卷的燕行文献，以影印文献原书并为每一种文献撰著提要的形式出版。此书以一个特殊的视角，系统地展示了 14—19 世纪中越两国友好交往的历史，记录了越南陈朝、后黎朝、西山朝和阮朝出使中国的燕行使臣的文学创作及相关经历。这 53 位越南作者，均为越南国内极一时之选的著名文臣，不仅汉文修养甚高，对中国历史文化也十分熟悉。此文献集成是一只"异域之眼"，直观地呈现了元明清时期中越的文化交流。

其次就是南京大学发起的"域外汉籍研究丛书"十二种，其中与越南文献相关的有如下两种：刘玉珺的《越南汉喃古籍的文献学研究》②、陈益源的《越南汉籍文献述论》③。刘书的第五章"越南北使文献与诗赋外交"，不但对中越两国使臣的文献资料进行了概述，也涉及诗文考证。在此研究基础上，刘玉珺其后的《越南北使文献总说》④ 一文将史书所载和现存越南燕行记和北使诗文的成书背景、存佚、版本、内容等做了较全面的考述，并认为北使诗文是越南使臣最主要的著述文体。而陈书是关于越南汉籍文献的专题研究论文集，共收入十二篇文章，其内容不但包含清代越南使节在中国的购书经验、中国汉籍在越南的传播与接受，而且对一些中越文本的流传情况以及两国的文人交游做了考证。

就越南方面而言，文献典籍的主要代表性作品有越南集大成学者黎

---

① 中国复旦大学文史研究院、越南汉喃研究院合编：《越南汉文燕行文献集成》（越南所藏编），复旦大学出版社 2010 年版。
② 刘玉珺：《越南汉喃古籍的文献学研究》，中华书局 2007 年版。
③ 陈益源：《越南汉籍文献述论》，中华书局 2011 年版。
④ 刘玉珺：《越南北使文献总说》，《华西语文学刊》2012 年第 7 辑。

贵惇的《全越诗录》①。另有《皇越诗选》②，此书是黎朝昭统二年（1788）
裴辉璧以当时盛传的四种汉诗选集《越音诗集》《精选集》《摘艳集》
《全越诗录》为基础，又添加黎朝时汉诗和自己作品集结而成的。而现
当代，越南学者对其本国汉喃文献的整理也下了功夫，卓有成效，代表
性作品有《阮廌全集新编》③《越南文献》④ 等，都有益于越南北使诗
的补遗。

2. 北使诗歌相关研究

越南北使诗歌的研究非常丰富，既有整体研究，也有专题研究和个
案研究。从大视角出发将其放在域外汉学整体中看待的主要集中在复旦
大学和南京大学的文化研究中心。这些研究具有极高的指导性意义，如
《从周边看中国》⑤《域外文献里的中国》⑥《作为方法的汉文化圈》⑦
《域外汉籍研究入门》⑧ 等，这些书都直接涉及越南汉文学的研究，而
越南使臣文学则是越南汉文学的主体，其本身就从属于域外汉学研究，
而且这些书籍为越南使臣诗歌的研究提供了方法论的指导和视野的拓
展。刘玉珺的《越南汉喃古籍的文献学研究》⑨ 一书则从文献学的角
度对越南北使文献进行了总体考察，书中第五章对越南陈朝、莫朝等
早期北使诗文的遗存，后黎、西山朝北使文献的大兴，以及阮朝北使
文献的繁荣和终结进行了梳理，并剖析了北使诗文创作兴盛的文化动
因，还就越南使臣与中国官员、文士之间赠答酬唱、请序题词、鉴赏
评点、书信笔谈等交流方式展开探讨，以阐明使臣与中越文学交流之
间的内在联系。该书文献扎实、分析透彻，为后人的研究奠定了坚实

---

① ［越］黎贵惇：《全越诗录》，越南汉喃研究院所藏 A. 1262/1—4 号抄本。
② ［越］裴存庵：《皇越诗选》，希文堂皇朝明命六年（1825）刻本。
③ ［越］阮廌著，陈文甲注：《阮廌全集新编》，（河内）文史地出版社 1956 年版。
④ ［越］李文雄编撰：《越南文献》，（西贡）堤岸新华书局 1972 年版。
⑤ 复旦大学文史研究院编：《从周边看中国》，中华书局 2009 年版。
⑥ 复旦大学古籍整理研究所、章培恒先生学术基金编：《域外文献里的中国》，上海文艺出版社 2014 年版。
⑦ 张伯伟：《作为方法的汉文化圈》，中华书局 2011 年版。
⑧ 张伯伟：《域外汉籍研究入门》，复旦大学出版社 2012 年版。
⑨ 刘玉珺：《越南汉喃古籍的文献学研究》，中华书局 2007 年版，第 293—367 页。

的基础。

以朝代为中心的整体研究，包含以中国明清各朝为中心的研究，也包含以越南后黎朝为中心的研究。曹良辰《越南北使诗略论——以出使明清为中心》① 一文对明清时期越南北使诗的文献概况进行了介绍，并将北使诗分为写景、怀古、述怀、唱酬、应制五类予以分析，之后重点探究北使诗中写景诗的描写特色，深入阐述使臣写景诗对中国景观文化的接受与改造，最后总结归纳北使诗的创作观及传播情况，以揭示北使诗的价值与影响力。该文较为全面地揭示了明清时期越南北使诗的题材、艺术特点及传播等。张琦《越南后黎朝汉文燕行诗研究》② 一文集中关注越南后黎朝燕行使臣北行途中存留的诗集，从诗歌风格、结构艺术、语言艺术三个层面阐述这些燕行诗的诗歌艺术，并总结了越南后黎朝汉文燕行诗对唐诗的接受情况。该文对越南后黎朝的燕行诗进行了较系统的梳理与分析。

专题研究多以燕行文献为底本，分析越南使臣眼中的中国地域形象或人物形象。张京华的《从越南看湖南——〈越南汉文燕行文献集成〉湖南诗提要》③ 一文对越南使臣北使文献中有关湖南的 700 多首诗歌做了整理和介绍。何哲的《越南使臣眼中的清代湖南社会风貌》④ 用诗史互证的方法，对永州、衡州、长沙和岳州等湖南景观进行描述，并探究其中蕴含的湖湘文化，还揭示了越南使臣对清代湖南经济与晚清时局的观察与评论，从中窥见"他者"眼中的清代湖南风貌。张茜的《清代越南燕行使者眼中的中国地理景观——以〈越南汉文燕行文献集成〉为中心》⑤ 一文则主要研究越南来华使臣沿途所经的中国城市与商贸网

---

① 曹良辰：《越南北使诗略论——以出使明清为中心》，硕士学位论文，上海师范大学，2017 年。

② 张琦：《越南后黎朝汉文燕行诗研究》，硕士学位论文，天津外国语大学，2017 年。

③ 张京华：《从越南看湖南——〈越南汉文燕行文献集成〉湖南诗提要》，《湖南科技学院学报》2011 年第 3 期。

④ 何哲：《越南使臣眼中的清代湖南社会风貌》，硕士学位论文，广西民族大学，2016 年。

⑤ 张茜：《清代越南燕行使者眼中的中国地理景观——以〈越南汉文燕行文献集成〉为中心》，硕士学位论文，复旦大学，2012 年。

络、社会风俗和地方信仰等。陈益源、凌欣欣的《清同治年间越南使节的黄鹤楼诗文》①一文通过分析同治八年（1869）黎峻、阮思僩等越南使臣与同治十年（1871）阮有立、范熙亮等越南使臣途经黄鹤楼时所作的诗文，探究黄鹤楼及其周边环境的变迁。彭丹华的《越南燕行文献的唐宋人物纪咏诗研究》②一文探究越南使臣所歌咏的中国唐宋人物，主要有柳宗元、元结、李泌、懒残、杜甫、周敦颐、朱熹、张栻、范仲淹等，并分析越南使臣纪咏诗长于唐律、善于用典等文学特点。刘晓敏、滕兰花的《清代越南使臣与广西士人交游探析》③一文通过论述越南使臣在广西与中方官员、普通文人、底层民众的赠答与唱和，探讨中越官员及文人的文化心态，并揭示中国文化对越南的深刻影响。专题的研究有助于拓展研究视野、深化研究领域。

对越南使臣及其作品集进行的个案研究成果颇丰，涉及冯克宽、阮攸、李文馥、丁儒完、黎贵惇、阮忠彦、阮宗室、武辉瑨、潘辉注等越南使臣及其北使诗集，而又以研究阮攸与李文馥的成果为多。作为越南的大文豪，阮攸出使清廷留下的汉文诗集《北行杂录》及改编中国小说形成的《金云翘传》都成为学界关注的重点。阮攸虽然以喃文《金云翘传》著名，但其实他大部分创作的是汉文诗。李谟润的《继承与拓展：安南阮攸与中国古代咏史诗》④一文，指出阮攸咏史诗秉承中越两国文学传统而有所继承与拓展。夏露的《"大地处处皆汨罗"——从〈北行杂录〉看屈原对越南诗豪阮攸的影响》⑤一文，分析了阮攸对屈原的认识以及屈原对阮攸诗文创作的影响。韩红叶的《阮攸〈北行杂录〉研究》⑥

---

①　陈益源、凌欣欣：《清同治年间越南使节的黄鹤楼诗文》，《长江学术》2011 年第 4 期。

②　彭丹华：《越南燕行文献的唐宋人物纪咏诗研究》，硕士学位论文，陕西师范大学，2014 年。

③　刘晓敏、滕兰花：《清代越南使臣与广西士人交游探析》，《玉溪师范学院学报》2017 年第 1 期。

④　李谟润：《继承与拓展：安南阮攸与中国古代咏史诗》，《百色学院学报》2009 年第 5 期。

⑤　夏露：《"大地处处皆汨罗"——从〈北行杂录〉看屈原对越南诗豪阮攸的影响》，《内蒙古师范大学学报》（哲学社会科学版）2018 年第 1 期。

⑥　韩红叶：《阮攸〈北行杂录〉研究》，硕士学位论文，首都师范大学，2007 年。

一文，对《北行杂录》的版本、思想内容、艺术造诣等进行全面分析，重点关注阮攸的咏史诗和即事即景诗，指出阮攸记录中国当时社会实况的诗充分地表现了作者对中国普通百姓的深切同情。

关于李文馥的研究，陈益源在其《越南汉籍文献述论》① 中收入《周游列国越南名儒李文馥及其华夷之辨》等系列文章，对李文馥生平经历、交游情况、文化思想等进行了较为深入的研究。杨大卫的《越南使臣李文馥与 19 世纪初清越关系研究》② 一文，对李文馥在华交游、入贡路线、燕行诗文所反映的闽粤社会史实以及中越邦交关系微妙的变化等进行了考论与研究。李惠玲、陈奕奕的《相逢笔墨便相亲——越南使臣李文馥在闽地的交游与唱和》③ 一文以李文馥的《闽行杂咏》为基础，考察李文馥与福建官员、文人的交游唱和，探讨中越文人的深厚情谊与文化交流。

除此之外，还有不少针对燕行使臣的个案研究。张恩练的《越南仕宦冯克宽及其〈梅岭使华诗集〉研究》④ 一文，以后黎朝使臣冯克宽及其《梅岭使华诗集》为研究对象，在介绍冯克宽的生平、出使明朝的背景和在华活动的基础上，对《梅岭使华诗集》的版本流传、诗集内容与价值进行归纳与分析，并考述了冯克宽的使华路线。冯小禄、张欢《越南冯克宽〈使华诗集〉三考》⑤ 则对冯克宽的状元身份、《使华诗集》的作序者、附抄《百咏诗》的作者进行了考证。李炎的《越南后黎朝诗人丁儒完北使诗研究》⑥ 对越南使臣丁儒完的 127 首北使诗进行综合研究，归纳其主要题材和艺术风格，并指出其对李白、杜甫、张

---

① 陈益源：《越南汉籍文献述论》，中华书局 2011 年版。
② 杨大卫：《越南使臣李文馥与 19 世纪初清越关系研究》，硕士学位论文，暨南大学，2014 年。
③ 李惠玲、陈奕奕：《相逢笔墨便相亲——越南使臣李文馥在闽地的交游与唱和》，《百色学院学报》2017 年第 2 期。
④ 张恩练：《越南仕宦冯克宽及其〈梅岭使华诗集〉研究》，硕士学位论文，暨南大学，2011 年。
⑤ 冯小禄、张欢：《越南冯克宽〈使华诗集〉三考》，《文献》2018 年第 6 期。
⑥ 李炎：《越南后黎朝诗人丁儒完北使诗研究》，硕士学位论文，天津外国语大学，2019 年。

继等唐代诗人，以及大历诗风的接受。该文较为全面地涵括了丁儒完北使诗的全貌。郑幸的《〈默翁使集〉中所见越南使臣丁儒完与清代文人之交往》① 则从越南使臣与中国文人交往的角度予以考察。张京华的《黎贵惇〈潇湘百咏〉校读》② 整理了越南使臣黎贵惇燕行过程中所作咏潇湘的一百首绝句。范嵘嵘、郭志刚的《越南阮忠彦所著〈介轩诗集〉初探》③ 一文，对元朝时越南使臣阮忠彦北使途中创作的《介轩诗集》展开研究，探讨中国唐宋诗歌对阮忠彦汉文诗创作的影响。范嵘嵘的《越南使者阮宗奎及其〈使华丛咏〉集研究》④ 一文，以后黎朝阮宗奎出使清廷所作的汉文诗为研究对象，从《使华丛咏》集的版本、内容以及价值三方面进行探讨，并揭示中越文化交流的价值与意义。胡鑫蓉的《越南使者武辉瑨北使汉诗研究》⑤ 一文，分析了西山朝武辉瑨北使汉诗中的中国古典诗学渊源、中国形象的体现，并论述了中越朝三国的诗歌交流。张晶晶的《潘辉注〈华轺吟录〉〈华程续吟〉考论》⑥ 一文，对潘辉注家庭、生平、出使行程及其著作进行考证，将《华轺吟录》《华程续吟》中的纪行写景诗和咏史怀古诗中的潇湘八景诗、名楼诗、三国人物诗与中国文人诗进行对比分析，从诗词创作、历史观、文化观等角度，进一步证明了中越两国文化间的联系。这些立足于燕行诗集的个案研究丰富了越南北使诗文的研究，值得注意。

（三）文学地理学相关研究综述

"文学地理学是研究文学与地理环境之间相互作用所形成的文学事象的分布、变迁及其地域差异的科学。"⑦ 曾大兴先生在梳理文学地理学学术史的时候指出："20 世纪 90 年代以后，文学地理学的研究进入

---

① 郑幸：《〈默翁使集〉中所见越南使臣丁儒完与清代文人之交往》，《文献》2013 年第 2 期。

② 张京华：《黎贵惇〈潇湘百咏〉校读》，《湖南科技学院学报》2011 年第 10 期。

③ 范嵘嵘、郭志刚：《越南阮忠彦所著〈介轩诗集〉初探》，《晋中学院学报》2017 年第 1 期。

④ 范嵘嵘：《越南使者阮宗奎及其〈使华丛咏〉集研究》，硕士学位论文，山西师范大学，2018 年。

⑤ 胡鑫蓉：《越南使者武辉瑨北使汉诗研究》，硕士学位论文，山西师范大学，2019 年。

⑥ 张晶晶：《潘辉注〈华轺吟录〉〈华程续吟〉考论》，硕士学位论文，北京外国语大学，2019 年。

⑦ 曾大兴：《文学地理学概论》，商务印书馆 2017 年版，第 1 页。

佳境，甚至成为文学研究领域的一个热门。"① 这是一个符合事实的结论，因为这个时期出现了许多文学地理学研究的著作，涉及文学家的地理分布研究、文学作品的地域特征与地域差异研究、文学与地域文化的关系研究等。尤其是 21 世纪以来，出现了文学地理学研究的几部重要著作，如梅新林先生的《中国古代文学地理形态与演变》②，梅新林、葛永海先生的《文学地理学原理》③，周晓琳、刘玉平先生的《空间与审美——文化地理视域中的中国古代文学》④，杨义先生的《重绘中国文学地图通释》⑤ 和《文学地理学会通》⑥，曾大兴先生的《文学地理学研究》⑦ 和《文学地理学概论》⑧，等等，都对文学地理学进行了富有创新意义的阐述。其中，梅著洋洋洒洒 80 万字，以"场景还原"与"版图还原"的"二原"说为理论支点，按照从静态到动态的研究理路，以文学家籍贯分布为始点，依次向流域轴线、城市轴心、文人流向三个层面展开，最后归结为"区系轮动"模型的探讨，深入分析了中国文学地理学的表现形态和演变规律，极具理论创新与体系建构的意义。

　　曾大兴先生的《文学地理学研究》是继《中国历代文学家之地理分布》之后的又一部力作。如果说《中国历代文学家之地理分布》的价值主要体现在实证研究上，首次将中国历史上 6000 余位富有影响力的文学家的地理分布做出清晰的描述和归纳，那么《文学地理学研究》的价值主要体现在首次对文学地理学的学科定位、研究对象和研究目标做了明确的界定，并对文学地理学的诸多理论问题进行了富有原创性的探讨。当然，《文学地理学研究》并非一本纯理论的著作，它还包含了

---

① 曾大兴：《文学地理学概论》，商务印书馆 2017 年版，第 379 页。
② 梅新林：《中国古代文学地理形态与演变》，复旦大学出版社 2006 年版。
③ 梅新林、葛永海：《文学地理学原理》，中国社会科学出版社 2017 年版。
④ 周晓琳、刘玉平：《空间与审美——文化地理视域中的中国古代文学》，人民出版社 2009 年版。
⑤ 杨义：《重绘中国文学地图通释》，当代中国出版社 2007 年版。
⑥ 杨义：《文学地理学会通》，中国社会科学出版社 2013 年版。
⑦ 曾大兴：《文学地理学研究》，商务印书馆 2012 年版。
⑧ 曾大兴：《文学地理学概论》，商务印书馆 2017 年版。

很多实证研究，包括两河流域民歌的比较和岭南文学地理研究等。真正意义上的文学地理学研究领域集大成的理论著作以曾大兴先生新近推出的《文学地理学概论》为标志。曾先生认为文学地理学是文学的一个分支学科，倡导建立一门与文学史双峰并峙的文学地理学。该书从地理环境对文学的影响、文学家的地理分布、文学作品的地理空间、文学扩散与接受、文学景观、文学区等方面展开论述，厘清了"地理空间""文学景观""文学区"等诸多概念，提出建构"中国文学地理学"学科的总体规划和具体方法。该书诸多概念的阐述具有原创性，很多问题的思考具有启发性，对推动文学地理学研究的深入和文学地理学学科的建设意义重大，可被称为文学地理学研究的一部重要的理论著作。杜华平先生称："曾大兴教授近年来殚尽全力于文学地理学理论研究，其所完成的《文学地理学概论》才堪称为对文学地理学做出全面谋划、完整思考、系统论述的第一部重要著作。"① 以上相关研究成果对本书的写作具有理论指导意义。

　　邹建军先生也将文学地理学提高到学科建设的高度，但与曾大兴先生将文学地理学看作文学的一个分支学科不同，他认为文学地理学是中国比较文学研究的一个分支学科。② 邹先生认为，文学地理学作为一种批评方法，具有方法论的意义。他发表了《文学地理学研究的主要领域》③、《文学地理学批评的十个关键词》（合著）④、《文学地理学批评的十个关键理论术语》⑤、《江山之助——邹建军教授讲文学地理学》⑥ 等论文和著作，从中外文学研究和中外文学批评方法比较的角度，提出了中国文学地理学批评的一些概念与术语，并将此批评理论

---

　　① 杜华平：《文学地理学学科建设的一个标志——读曾大兴〈文学地理学概论〉》，《世界文学评论》（高教版）2018 年第 13 辑。

　　② 邹建军：《江山之助——邹建军教授讲文学地理学》，中央编译出版社 2014 年版，第 42 页。

　　③ 邹建军：《文学地理学研究的主要领域》，《世界文学评论》2009 年第 1 期。

　　④ 邹建军、周亚芬：《文学地理学批评的十个关键词》，《安徽大学学报》（哲学社会科学版）2010 年第 2 期。

　　⑤ 邹建军：《文学地理学批评的十个关键理论术语》，《内江师范学院学报》2015 年第 1 期。

　　⑥ 邹建军：《江山之助——邹建军教授讲文学地理学》，中央编译出版社 2014 年版。

和方法运用到中西文学比较研究中，富有启发意义和学术价值。邹先生指出："从地理空间的角度切入研究对象，探讨作家作品等文学现象里的地理因素，并适当运用地理学的研究方法，与文学审美本有的批评方法相结合，就有可能推进文学批评与文学研究事业的发展。"①这些有关文学地理学理论研究的纲领式的论述对本书的研究具有启迪意义。

上述研究，使中国文学地理学研究进入更自觉、更高层次阶段，为我们重新解读文本、建构文学史提供了崭新的视角，予以了方法论上的启示。中越使臣诗歌大多描述了使臣的出使线路，对沿途的文学景观多有吟咏，故从文学地理学的角度研究中越使臣诗歌是非常有必要的，并且值得深入展开。

（四）取得的成果和存在的不足

由以上综述可见，14—19 世纪中越使臣诗歌的研究呈现出"单方深入，整体不足"的情况。"单方深入"包含两个层面的意思：第一，对越南使臣诗歌的整理与研究较为深入，而对中国使臣诗歌的整理与研究鲜少关注；第二，对著名使臣的个案研究较为深入，成果丰富。而"整体不足"也有两个指向：一是对中越使臣诗歌的整体研究较为缺乏，从全局视野来观照中越使臣诗歌的研究还很少；二是对中越双方的使臣诗歌未能有效地进行同步对比研究，而这种互相"对视"的研究对阐明古代中越的文化交流和相互影响是非常必要的。

"单方深入，整体不足"的具体表现主要如下。

其一，越南使臣文献的收集整理工作已经开展并取得良好成绩。而且，这样的整理工作得到了中越双方学者的关注，无论是王小盾等学者在目录上的梳理还是葛兆光等学者在文献总集影印本出版方面的努力，都为越南使臣文献收集整理开辟了一片天地。这既为中国域外文学研究打开了一扇窗，也为中国学者提供了一个很好的使臣文学研究的新方

---

① 邹建军：《江山之助——邹建军教授讲文学地理学》，中央编译出版社 2014 年版，第 21 页。

向。但是，需要指出的是，这些文献收集整理还只是局限于中越地域，并未拓展到欧美等区域，目前越南方面正在朝此方向努力，同时，也不难看到越南使臣诗歌的现存情况不容乐观，清代以前的越南北使文献的遗失不在少数。

其二，越南使臣诗歌研究取得了很好的进展。在《越南汉文燕行文献集成》出版之前，就有部分学者着眼于越南文学研究，其中就涉及越南北使文学。而《越南汉文燕行文献集成》在 2010 年的出版，引发了研究越南北使文学的一个高潮，就个案而言，如以黎贵惇、李文馥等名人为研究对象，出现了较多的研究成果，但遗憾的是缺乏整体的总览和较为深入的文学挖掘。

其三，中国使臣使越诗歌整理和研究都存在不足。反观中国使越使臣的文集整理情况不难发现，其并未得到应有的重视，大都只是略带提到，而真正着眼于此的研究又存在失之严谨的情况，而将使越使臣的出使文学单独拎出作为研究对象的更是少之又少。

其四，对比研究本身是学术研究的一个重要学术生长点，但是中越使臣文学"单方深入，整体不足"的现状，昭示了其未能有效去开展比较研究，故这也是本书研究的一大突破所在。

（五）未来的展望与本书的研究意义

中越使臣诗歌的研究取得了不少成绩，但也存在一些问题。针对其研究呈现"单方深入，整体不足"的情况，我们不难看到未来的研究方向如下。

第一，结合相关历史文献和研究成果，完善中越使臣文献整理工作。中越使臣文献收集整理工作的不完善，首先在于对中越交流史了解的欠缺，对中越互派使臣的具体次数和名单没有做有效的摸底。在这方面，中国的正史典籍有所涉及：《元史》[①] 在列传第九十六设有外夷二安南篇，《明史》[②] 也有《安南传》，清代则有《清史稿·越南传》[③]，

---

① （明）宋濂等：《元史》，中华书局 1976 年版。
② （清）张廷玉等：《明史》，中华书局 1974 年版。
③ （清）赵尔巽等：《清史稿》，中华书局 1977 年版。

等等，还有私人著述如《越峤书》（天一阁藏本）、《海外纪事》① 等。
而越南方面由于前期为中国郡县，其历史即属于国史，独立后至陈朝，
越南始有现存史书。编年体正史《大越史记全书》② 为目前研究越南历
史较为可靠和流行的史书，从越南的起源开始叙述，一直到 17 世纪越
南黎朝嘉宗年间。《大南实录》③ 是越南最后一个王朝——阮朝组织编
写的编年体正史，从阮朝前身广南国（1558）的出现一直叙述到同庆
三年（1888）。还有仿照中国《资治通鉴纲目》的史书《钦定越史通鉴
纲目》④，内容从独立的丁朝（968）始，至黎朝灭亡（1789）止。而需
要特别说明的是，越南的现代史学著作《越南通史》⑤ 取材于《大越史
记全书》和《钦定越史通鉴纲目》，叙述较为客观，可谓大致勾勒出了
越南的历史轮廓，在中越都具有较大的影响。

而中越关系史的专门研究则不得不提暨南大学、郑州大学以及西南
交通大学的相关研究成果，三校相关的学者专注于此领域且出现一批卓
有成效的著作和硕博士学位论文。其中研究元代的代表作有马明达先生
的《元代出使安南考》⑥，该文对元代中国使臣的人数、出使次数以及
人员名单有较为明晰的考证；研究明代的代表作则是陈文源先生的
《明朝与安南关系研究》⑦，文末附有明朝与安南邦交记事年表，将明朝
中越的交流数据化；研究清代的代表作则首推孙宏年先生的《清代中
越宗藩关系研究》⑧，该书是一本论述翔实的著作，文末对南明以及清
朝与越南不同政权的使臣交流都做了考证。虽然在历史考证方面中越交
流史已经卓有成效，但是立足于此的中越使臣文学文献的整理工作没有

---

① （清）大汕著，余思黎点校：《海外纪事》，中华书局 1995 年版。
② ［越］吴士连等编撰，陈荆和编校：《大越史记全书》，（东京）日本东京大学东洋文化研
究所 1984—1986 年版。
③ 阮朝国史馆：《大南实录》，日本东洋文库藏有保大十年（1935）重刊本。目前流行的还
有日本庆应义塾大学在昭和年间（1951—1981）陆续出版的影印本。
④ ［越］潘清简等：《钦定越史通鉴纲目》，北京图书馆出版社 1956 年版。
⑤ ［越］陈重金：《越南通史》，戴可来译，商务印书馆 1992 年版。
⑥ 高伟浓主编：《专门史论集》，暨南大学出版社 2002 年版，第 153—187 页。
⑦ 陈文源：《明朝与安南关系研究》，博士学位论文，暨南大学，2005 年。
⑧ 孙宏年：《清代中越宗藩关系研究》，黑龙江教育出版社 2006 年版。

取得应有的成绩。故立足于中越交流史而进行文献收集整理是未来中越使臣文学研究需要推进的方向之一。

第二，以交互的视角和对比的方法来研究中越使臣诗歌。葛兆光先生曾说："我总觉得，越南的燕行文献和这些中国的越南记载对读之下，可以发掘古代中国与越南人在相互观看，而从这种彼此'对视'之中，既可以看到传统中国文化在古代越南的长久影响，也可以看到古代越南对中国认识的变化，以及各个民族、国家和历史意识在近世的逐渐形成，当然还可以看到当时中国和越南社会实况和风俗细节，特别是在他们南北穿行千里途中，还可以了解活生生的生活景观。"① 可遗憾的是，在"从周边看中国"思想的指导下，学者的着力点大多在越南北使文学上，而忽视了中国使越使臣的文学研究，故以交互视野来看待中越使臣文学亦是未来的研究方向之一。本书主要从中越使臣诗歌对比的视角展开研究，以深入了解中越使臣异域书写的不同特点。

第三，在资料充实的基础上运用交叉学科视角推进使臣诗歌研究。使臣文学因着其特殊的产生背景、环境，与历史、地理等因素有着密切的关系，故"文史互证"研究的推进将是其未来的方向之一。另外，以文学地理学视角探讨使臣文学亦是值得关注的，使臣在出使途中的所见、所闻、所感，皆会反映在诗歌、散文等文学样式中。而本书正是在整理中越使臣诗歌的基础上，从文学地理学的视角探讨其文学价值。

二　研究范围

本书主要关注 14—19 世纪中越使臣出使过程中的诗歌创作情况，故本书所言使臣诗指的是中越使臣在出使行程中创作的诗歌，或者是归国后整理而成的诗歌，所咏内容为出使途中的见闻和感受。"14—19 世纪"，严格来说指 1300 年到 1899 年之间，大致经历了中国的元、明、

---

① 中国复旦大学文史研究院、越南汉喃研究院合编：《越南汉文燕行文献集成》（越南所藏编）第 1 册序一，第 2—3 页。

清三朝，从元成宗大德四年（1300）起到清德宗光绪二十五年（1899）止；在越南则经历了陈朝、胡朝、后黎朝、莫朝、西山朝和阮朝。因历史具有复杂性，而文献的存留也具有特殊性，故本书研究的使臣诗歌创作时间略有调整，始于 1288 年，终于 1885 年。根据笔者掌握的资料，元代徐明善于至元二十五年（1288）与李思衍、刘庭直等出使越南，撰有《安南行纪》一书，并在越南世子陈日烜的宴席上作五律《席上口占》，《全元诗》存有其《席上口占》《佐两山使交春夜观棋赠世子》两首作于越南的诗歌，故本书将研究的起始时间定为 1288 年。而光绪十一年（1885）中国与法国签订《中法会订越南条约》，清王朝承认法国对越南的支配地位，标志着中越近千年的宗藩关系结束，故本书将研究的结束时间定为 1885 年。

另外，关于"越南"名称的使用及指代地域。在 14—19 世纪共600 年的时间里，越南经历过国名更换、区域变化等情况。历史上越南有交趾、安南等名称。淳熙元年（1174），南宋孝宗皇帝以"广南安则天下无不安"的深意赐交趾国名为安南。嘉庆八年（1803），清代嘉庆皇帝诏命改安南为越南，此名遂沿用至今。为阐述的方便，本书皆用越南指称历史上的越南。另外，本书所指的越南地域并不包括当今越南的全部区域，大约包含今天的越南北部，因为当时的越南也是多个政权同时存在，如当时的占城政权就在今越南东南部。

三 研究思路

本书分五章展开论述，在阐述 14—19 世纪中越使臣诗歌产生的时代背景、中越使臣的选派和使臣诗创作概况的基础上，重点探讨中越使臣诗歌的地理空间、历史空间和精神空间，多维度、立体化展示中越使臣诗歌的独特性和丰富性，最后阐明中越使臣诗歌的特点和意义。

笔者认为，文学地理学的思维主要是空间思维，从空间思维的角度研究文学现象与文学发展会给我们提供全新的视野和全新的认识。空间是地表自然和人文现象在地球表层的物质的、几何的关系和结构的具体表现方式，同时也是地球表层自然、人文要素相互作用的场所。人生活在一定的时间与空间之中，文学也始终打着一定的时空烙印，以时间为顺序来考察文学发展的历史固然重要，但以空间为分界来研究文学演变的特点也不容忽视。本书的研究对象是中越使臣诗歌，这些诗歌大都记录了作者出使过程中的见闻和感受，其中对山川风物的描写最多，凸显了作家与地理环境之间的亲密关系，而要阐明作家与地理环境的关系，必须要有广阔的空间意识。本书采用文学地理学批评与研究的方法，从空间思维切入并研究中越使臣诗歌中的三维空间，即地理空间、历史空间与精神空间。书中所言的"地理空间"，指的是文学作品中反映的与自然地理相关的空间形态；"历史空间"，指的是文学作品中反映的与历史人物、历史故事、历史古迹等相关的空间形态；"精神空间"，指的是文学作品中反映的作家在一定地理空间或历史空间产生的精神活动，指向内心的强烈愿望和深层次的精神追求，是一种情感化的空间形态。通过这三维空间的观照，立体地还原中越使臣诗歌的文学场景、文学内涵和文学价值。

四　研究价值和创新之处

（一）研究价值

本书的研究价值主要体现在文学价值、史学价值和跨学科交叉研究价值三方面。

就文学价值而言，首先，尽可能收集整理 14—19 世纪中越使臣的诗歌，对徐明善、张立道等 30 名中国使臣的生平和使越诗文集进行了整理，对阮忠彦、冯克宽等 43 名越南使臣的生平和 61 种燕行诗歌进行了整理，在此基础上，从中越使臣互动交流的视角比较分析中越使臣诗歌的共性和差异。其次，从空间意识的角度，充分挖掘和深入剖析中越使臣诗歌所体现的三维空间，即地理空间、历史空间与精神空间，多维度、立体化展示中越使臣诗歌的独特内涵与艺术价值。再次，通过"他者"之眼（即异域者的眼光）反观中国古代文学与文化对越南等周边邻国的影响，深入了解唐诗和儒家思想在越南的接受与传播，为域外汉学研究增添实证研究的成果。

就史学价值而言，使臣诗歌虽然受关注不多，却具有特殊的记录功能、政治功能和交流功能，对于了解中越宗藩关系、中越两国文化交流有着重要意义。从使臣诗歌所反映的内容可以观照 14—19 世纪中国社会的历史状况与发展变迁，探索中国文化（尤其是儒家文化、科举制度等）对越南文化的影响，这对了解越南的历史与现状同样具有重要意义。

就跨学科交叉研究价值而言，本书致力于文学、历史学、地理学等学科之间的交叉研究，力求在学科边界上形成与拓展新的知识领域，以加快新文科的建设与发展。在具体研究中，将文本放置于古代文学、比较文学、文艺学、历史学、文学地理学的视野中加以细读，采取文史结合的批评方法、中越比较的理论原则，进行多视角、多层次的文学阐释，尤其重视文学地理学学科理论和研究方法的运用，探索多维度、开放式研究新思路。

（二）创新之处

本书在前人研究的基础上，有一些新的思考，主要表现在以下四个方面。

1. 研究对象的创新

（1）多渠道收集、整理与研究中越使臣文献。将散见于个人别集或《四库全书》等大型丛书中的中国使臣使越诗歌进行整理，对学界关注较少的中国使臣使越诗歌进行统计，整理出陈孚、林弼、傅若金等30 名中国使臣的生平和 1155 首使臣诗；对越南使臣和燕行诗歌的研究则在学界现有成果的基础上从空间维度集中、深入地研究 43 名越南使臣 61 种燕行诗歌的地域色彩和独特视角。（2）打破朝代和国别的限制，在比较视野下对 14—19 世纪中越使臣诗歌进行研究，寻找其共性与差异。不限定在中国或越南的某一朝代，不局限在中方或越方的某一国别，采用打通时代、中越交互的视角展开研究，囊括更丰富的研究内容。

2. 学术思想的创新

（1）本书运用跨学科的文学地理学理论来探讨跨国境的文学传承与创新关系，是对汉文学圈中的中国文学研究的深入。运用文学地理学的基本原理和方法进行中越使臣诗歌研究，着重探讨文学与地理的关系，阐述江山之助对文学创作的影响，既为传统文学研究提供一个崭新的视角，也为汉文化圈中中国文学与朝鲜等其他东亚、东南亚国家文学的比较研究提供借鉴。（2）运用交互视角来阐述中越使臣诗歌的空间书写，揭示中越使臣诗歌创作的共同特点和差异，分析中国古代文学对越南古代汉文诗歌产生的深远影响，以及中越交流互动下文学的发展与变迁。

3. 学术观点的创新

（1）文学地理学重视空间思维，从空间思维的角度研究文学现象与文学发展会给我们提供全新的格局。以空间为视角来研究文学的发展和演变，与以时间为顺序来研究同等重要。本书从空间思维切入研究中越使臣诗歌中的三维空间，即地理空间、历史空间与精神空间。通过对三维空间的观照，立体地还原中越使臣诗歌的文学场域、文学意义和文学价值。（2）江山之助与使臣文学关系密切。中越使臣行程万里，空间跨度非常大，这些使臣诗大多展示了南北不同的自然地理之美，凸显了作家与地理环境之间的亲密关系，带有鲜明的地域特色。（3）14—19世纪中越使臣诗歌除了具有批评鉴赏、文学传播等意义，还具有反映时代文学风气、补正文学史料等意义。

4. 研究方法的创新

（1）本书主要采用文学地理学的方法解读 14—19 世纪中越使臣诗歌。这些使臣诗多数涉及地理空间的描写和历史空间的追忆，并体现了他们特定的精神空间，所以从文学地理学的角度切入研究具有一定的可行性和较强的理论价值。文学地理学是融合文学与地理学研究的新兴交叉学科，也是以文学为本位、以文学空间研究为重心的跨学科研究理论与方法，以此理论和方法关注使臣这一特殊群体所创作的诗歌具有重要意义。(2) 本书运用文史互证的方法，把 14—19 世纪的使臣诗歌还原到历史场景中加以阐释，并以使臣诗文作为史料考证中越交流、交往的历史，进一步深化对域外汉学的研究。（3）本书运用比较研究的方法，从中越交互、对比的视角，既考察中国传统文化对古代越南的深远影响，也探索古代越南对中国认识的发展与变化，以推进对使臣诗歌的深入研讨。

第一章 14—19 世纪中越使臣诗歌
创作活动概论

14—19 世纪，越南延续了 10 世纪以来与中国以朝贡和册封为核心内容的宗藩关系，基本保持三年一贡的朝贡惯例，故使臣往来密切。在不同历史时期，中越使臣的选任既具有共性，也各有特点。在出使过程中，中越使臣多有创作，留下了丰富的诗歌作品。本章对 14—19 世纪中越使臣诗歌产生的背景、作者的情况、作品的数量等作一概述。

第一节 中越使臣的选任及其特点

使臣，又称使节，是指一国派往另一国的外交代表。使臣往来是国与国之间维系相互关系的一个基本前提和重要形式。在古代中国，使臣是执行专项外交任务的特使，肩负着国家重任。正如孔子所言："行己有耻，使于四方，不辱君命，可谓士矣。"① 14—19 世纪中越两国的使臣往来成为两国政治、经济、文化交流的重要载体，对于深化两国邦交、加深双方的文明传承产生了重要影响。

---

① 杨伯峻译注：《论语译注》，中华书局 1980 年版，第 140 页。

一 14—19 世纪中越使臣诗歌创作背景

在 14—19 世纪长达六百年的时间长河中，中越两国都经历了不同皇朝的更替，情况错综复杂。于中国而言，经历了元朝（1271—1368）、明朝（1368—1644）、清朝（1644—1911）三朝；于越南而言，历经了陈朝（1225—1400）、胡朝（1400—1407）、后黎朝（1428—1788）、莫朝（1527—1592）、西山朝（1778—1802）、阮朝（1802—1945）六朝，其中 1592 年后黎朝中兴后，郑阮集团南北分治，越南历史进入南北纷争时期。为了使行文更明晰，本书主要以中国皇朝变更时期作为时间断限展开论述。

元代，中越双方在政治、经济、文化等领域互有交流。双方有着比较频繁的使臣往来，尤其是越方，基本按照三年一贡的惯例执行。中统三年（1262），元世祖诏："卿既委质为臣，其自中统四年（1263）为始，每三年一贡。可选儒士、医人及通阴阳卜筮、诸色人匠，各三人，及苏合油、光香、金、银、朱砂、沉香、檀香、犀角、玳瑁、珍珠、象牙、绵、白磁盏等物同至。"① 诏书中对入贡的时间、贡使人数、贡物等都作了详细的规定。

越南除了例行进贡，还会因一些重大事件派遣使臣，比如元贞元年（1295），元世祖驾崩，陈朝国王陈烇（英宗）遣使上表慰国哀。② 由此可见，中越双方通过使臣活动维持着政治、经济的交流。在这一时期，中越之间的文化交往也呈现较为繁荣的局面。越南仿照中国科举制度选拔人才。越南民间凡俊秀子弟，八岁入小学，十五岁入大学，诵诗读书，谈性理，写文章，学优则仕，这些都与中国并无二致。越南人喜穿唐衣，崇尚礼义，从服饰到文化均颇有中国之风。

明朝与越南的关系，相对复杂一些。从明太祖到明思宗统治的二百七

---

① （明）宋濂等：《元史·安南传》卷 209，中华书局 1976 年版，第 4635 页。
② 黄国安、杨万秀等：《中越关系史简编》，广西人民出版社 1986 年版，第 75 页。还据《元史》《安南志略》记载。

十六年间，越南经历了陈朝、胡朝、后黎朝和莫朝，还经历了一段属明时期。总体来说，中越两国之间的宗藩关系继续加强，并且得到进一步发展。

明朝建立的时候，明太祖朱元璋主动与越南陈朝修好，并宣布维持三年一贡的制度。洪武元年（1368）朱元璋即位后，即派汉阳知府易济民诏谕越南，以建立睦邻友好关系。洪武二年（1369），越南陈朝国王陈日煃随即遣少中大夫同时敏，大夫段悌、黎安世等奉表来贡，并请封爵。明太祖即命翰林侍读学士张以宁、典簿牛谅往封其为安南王，并赐予驼纽镀金银印，同时还赐《大统历》等物品。① 自此，越南陈朝与中国明朝的宗藩关系正式建立。之后，两国经常互派使臣维持联系。洪武七年（1374）、洪武八年（1375），陈朝连年来贡，于是明太祖于洪武九年（1376）五月诏群臣通议此事，规定越南"当守常制，三年一贡，无更烦数来朝，使臣亦惟三五人而止，奉贡之物不必过厚，存其诚敬可也"②。这一规定延续了元朝要求越南"三年一贡"的制度，对贡使人数、贡物也做了说明，尤其强调"奉贡之物不必过厚，存其诚敬可也"的大国气度。

越南胡朝时期，中越关系相对紧张。但胡朝国祚短暂，仅维持七年便宣告灭亡。

越南后黎朝是越南封建王朝中国祚最长的一个时期，从宣德三年（1428）黎利称帝起，持续了三个半世纪。后黎朝统治的前一百年，即从宣德三年（1428）至嘉靖六年（1527），是越南封建王朝统治的鼎盛时期。这一时期，明朝政府与越南后黎朝统治者之间基本保持良好的朝贡关系，中越边境一直较为平静。史载，宣德三年（1428），黎利立国称帝，国号"大越"，建元顺天，史称后黎朝。黎利即位后，派遣使臣到明朝请求册封。明宣帝令其暂时管理安南国事。不久，明朝与越南黎朝恢复邦交。其后，黎朝多次来朝贡，明朝也回赠礼品。

---

① （清）张廷玉等：《明史》卷 68，中华书局 1974 年版，第 1663 页。
② （明）夏原吉、胡广、杨荣等：《明太祖实录》卷 106，（台北）台湾"中央"研究院历史语言研究所 1962 年版，第 1763 页。

嘉靖六年（1527）越南莫朝建立后，越南分裂为两部分，清化以北地区由莫登庸统治，清化以南地区由郑检掌管，南北对峙持续六十五年。

在经济、文化的交往方面，明朝"对安南的基本政策则施行经济文化的广泛交流、互通有无、共同进步并推行睦邻相处的国策"[①]。据载，永乐元年（1403）八月，明成祖朱棣"遣使以即位诏谕安南、暹罗、爪哇、琉球、日本、西洋、苏门答腊、占城诸国，上谕礼部臣曰：'太祖高皇帝时，诸番国遣使来朝，一皆遇之以诚，其以土物来市易者，悉听其便，或有不知避忌而误干宪条，皆宽宥之，以怀远人。今四海一家，正当广示无外，诸国有输诚来贡者，听尔其谕之，使明知朕意。'"[②] 朱棣在此向越南等周边邻国表明了自己承继朱元璋以来诚信交易、互惠互利的对外贸易制度。在文化的往来上，中越双方也有很大的发展。中国的文物典籍大量输入越南，越南的某些志书也不时进入中国。越南使臣来到中土之后，往往遍买经传诸书带回本国。越南的科举制度，也深受中国的影响，分为乡试与会试，亦以诗赋、策论取士。越南历代统治者和百姓都以周公为先圣、以孔孟为先师。在明朝，越南还选送博学多才的有识之士到中国北京入国子监就读。明成祖还宣诏总兵官张辅、左副将沐晟等将越南明经能文、博学有才、贤良方正之士选送京师，授官任用。

自顺治元年（1644）清军入关开始，到清光绪十一年（1885）中法战争结束，中越两国的宗藩关系维系了二百四十多年。

清朝建立初期，越南正处于黎氏统治时期，但实权却由郑氏掌控，而越南的高平一带，仍然为莫朝后代子孙所据。顺治十八年（1661），越南国王黎维祺向清朝奉表投诚并进贡方物。清世祖对此次入贡非常重视，大力封赏以示嘉奖，赠送银币、衣物给黎维祺，并派遣使臣送到广西。高平莫氏在越南割据一方，因势力较弱，也主动请求清朝册封。顺治十八年五月，清朝封莫敬耀为归化将军，十一月任命其子莫元清为都

---

① 郭振铎、韩笑梅主编：《越南通史》，中国人民大学出版社 2001 年版，第 404 页。
② （明）张辅、杨士奇等：《明太宗实录》卷 12，（台北）台湾"中央"研究院历史语言研究所 1962 年版，第 205 页。

统使。此后，莫元清也向清朝朝贡。

进入 18 世纪，清朝与越南黎朝来往频繁，基本保持友好关系。在此期间，清朝国力日盛，迎来了"康乾盛世"。越南黎朝依然由权臣郑氏父子相继把持朝政。18 世纪中后期的越南，各种矛盾不断激化，内乱不断。既有郑氏集团与黎氏王室、贵族、官吏之间的矛盾，又有普通民众与统治阶级的矛盾。清政府抱着不干涉越南内政的态度，只是密切关注事态的发展，"对于'叛乱'首领的政治避难要求，有条件地接受；对因战乱而逃难的安南百姓，照顾病弱者，遣返强健者"。① 乾隆三十六年（1771），越南爆发了由阮文岳、阮文惠、阮文侣（或称阮岳、阮惠、阮侣）三兄弟领导的西山起义。乾隆五十三年（1788），阮文惠称帝于顺化。乾隆五十四年（1789），阮文惠改名阮光平，并恳赐封号，清高宗诏封其为安南国王。阮光平虽然当了越南国王，但并没有统一南北。越南中部为阮文岳所占领，南部为阮福映所控制。阮光平统治时期（1789—1792），西山朝与清朝往来密切，两国关系较黎朝时期有更大的发展。乾隆五十七年（1792），拟定西山朝两年一贡、四年来朝一次，比黎朝时期来往更频繁。

19 世纪以后，越南进入阮朝统治时期。嘉庆六年（1801），阮福映实现了南北统一。嘉庆七年（1802）六月，阮福映建立阮朝，改元嘉隆。七月，阮福映派户部尚书郑怀德出使清朝，递送国书、押送海盗、请求封号。十二月，阮福映再派黎光定、阮嘉吉等前往中国求封，并请改国号为"南越"。嘉庆帝认为南越包含的地方很广，广东、广西都在其中，故于嘉庆八年（1803）命阮福映将"南越"改为"越南"。嘉庆九年（1804）正月，广西按察使齐布森抵达越南，封阮福映为越南国王，"越南"国号正式使用。此后的半个世纪内，中越的宗藩关系得到修复，并且不断加深。中越恢复邦交后，清政府命越南两年一贡、四年入京一次。道光十九年（1839），清朝通知越南，改两年一贡为四年一

---

① 孙宏年：《清代中越宗藩关系研究》，黑龙江教育出版社 2006 年版，第 20 页。

贡，贡物减半。在越南皇帝驾崩、新君即位时，清朝派员谕祭、册封。而清朝皇帝崩逝，越南也请求进香祭祀，同时表贺新君登基。而且，在清朝皇帝寿辰大庆（如嘉庆帝五旬大寿、六旬大寿和道光帝六旬大寿）时越南还上表庆贺。由此可见，双方的官方政治关系在 19 世纪前半期是不断深化的。

19 世纪下半叶开始，由于西方国家的侵略，中越宗藩关系受到了严重挑战，并因光绪十一年（1885）《中法会订越南条约》的签订，彻底终结了双方的官方政治关系。

总之，14—19 世纪中越两国基本维持着宗藩关系。通过越南君主的求封、奉正朔、朝贡、告哀和中国君主的册封、颁正朔、回赐、谕祭，以及相关的礼仪规范，形成完整的宗藩关系体制。在这一体制下，中越关系呈现出以下三个特点。一是大多数情况下循例三年一朝贡，但亦存在两年一贡、四年并贡，或三年一贡、六年并贡等情况。二是中国不干预越南内政，尊重其外交独立和司法主权，但中国在政治上亦有保护越南安全的义务。三是越南主动遵守和发展与中国的宗藩制度，并以此实现其政治的合法性，而不是被动地接受宗藩体制的约束。正是在这一宗藩制度下，使臣成为中越关系发展的纽带。

二 中国使臣的选任与身份特征

中国历朝重视皇华之选。《诗经·小雅·皇皇者华》记载了使臣"载驰载驱"，肩负国君使命，外出广询博访"周爰咨诹""周爰咨谋""周爰咨度""周爰咨询"的情景①。《毛诗序》云："《皇皇者华》，君遣使臣也。送之以礼乐，言远而有光华也。"② 东汉郑玄笺："言臣出使能扬君之美，延其誉于四方，则为不辱命也。"③ 使臣秉承国君的重托，外出宣扬国家之明德，传播国君之令名，以期达成使命，延誉四方。历

---

① 周振甫译注：《诗经译注》，中华书局 2002 年版，第 233 页。
② 周振甫译注：《诗经译注》，中华书局 2002 年版，第 234 页。
③ 周振甫译注：《诗经译注》，中华书局 2002 年版，第 234 页。

代国君都非常重视使臣的选派，故被选中的使臣也往往以充任"皇华使者"为荣，如张以宁诗中就自注云："苏老泉云，丈夫不得为将，得为使折冲万里外足矣。"① 春秋晏子使楚、西汉苏武使匈奴、张骞使西域等不辱君命、坚守贞操、斗智斗勇的著名使臣故事被千古传颂，也成为后世使臣学习的榜样。不同的历史时期，使团的人员构成不同，具体的历史使命也有所不同。元、明、清三朝对赴越使臣的选派，既有共同的特点，也有细微的不同。

（一）元代

元朝在建国之初曾多次对越南用兵，直到元贞元年（1295）元成宗即位，命令罢征越南，两国关系基本处于缓和状态。从宪宗七年（1257）兀良合台征安南时遣使招降开始，到至正十九年（1359）遣通好使赴越南，元朝派往越南使团共37次。② 而本书所涉及的时间为元朝中后期，即从至元二十五年（1288）刘庭直、李思衍等24人诏谕越南国王陈日烜亲身入朝起至元末，则共遣赴越使臣15次。

前期使臣的主要使命是晓谕越南以"六事"、宣谕入觐等，具有军事化色彩；后期使臣的主要使命是宣谕皇帝即位诏，赐《授时历》，以绥抚安边为主，具有仪式化特点。至元四年（1267），元朝诏谕越南以"六事"，"六事"具体指"一、君长亲朝；二、子弟入质；三、编民数；四、出军役；五、输纳赋税；六、仍置达鲁花赤统治之"③。这就是所谓的内属国六条，自此元朝与越南间的"六事"之争拉开了序幕。元廷多次遣使越南，但仍没有达到让越南王入朝觐见的预期效果。元朝统治者在越南设置达鲁花赤一职，也遭到越南的反对。直至元贞元年（1295）成宗即位，之后，元朝派遣越南的使臣多为宣谕皇帝的即位诏，较少涉及其他外交事宜。比如至大元年（1308）元朝派遣礼部尚

---

① 《景印文渊阁四库全书》，（台北）台湾商务印书馆1986年版，集部别集类集1226，第577页。

② 王英：《元朝与安南之关系》，硕士学位论文，暨南大学，2000年，第30页。

③ （明）宋濂等：《元史》，中华书局1976年版，第4635页。

书阿里灰、吏部侍郎李京、兵部侍郎高复礼赴越南宣武宗即位诏；至大四年（1311）元朝派遣礼部尚书乃马歹、吏部侍郎聂古柏、兵部郎中杜与可赴越南宣仁宗即位诏；至治元年（1321）元朝派遣吏部尚书教化、礼部郎中文矩宣英宗即位诏。

不同的历史时期，具体的历史使命不同，所以选派的使臣身份特征也有不同。元朝出使越南的使臣官秩包括：达鲁花赤、副达鲁花赤，礼部尚书、侍郎、郎中，兵部尚书、侍郎、郎中，吏部尚书、侍郎，会同馆使，工部郎中、员外郎，等等。早期元朝主要选派达鲁花赤、兵部尚书、兵部郎中前往越南宣谕，后期更多派遣吏部尚书、礼部尚书、礼部侍郎、礼部郎中等出使越南。

元朝赴越使臣身份的主要特点是军政长官与儒士文官同行。达鲁花赤是蒙古帝国和元朝设立的一种官职，掌握地方行政和军事实权，一般由蒙古人或色目人担任。元代赴越使臣多由熟悉云南、广西的达鲁花赤担任。兵部尚书是统管全国军事的行政长官，兵部侍郎则是兵部副长官。赴越使臣中经常有兵部各长官，如至元三十一年（1294）出使的兵部侍郎萧泰，至大元年（1308）出使的兵部侍郎高复礼，等等。而礼部尚书是主管朝廷中的礼仪、祭祀、学校、科举和外事活动的行政长官，礼部侍郎则是礼部副长官。出使越南的使团中除了军政长官，负责外交活动的行政长官也必不可少，而这些长官或随从往往是当时文坛上享有盛名的文士。比如至元三十年（1293）出使的礼部郎中陈孚，至治元年（1321）出使的礼部郎中文矩，后至元元年（1335）出使的礼部郎中智熙善和副使傅若金，都是著名的儒士。陈孚是地方上的知名大儒，曾讲学于河南上蔡书院，为书院山长，曾任国史院编修、礼部郎中、天台路总管府治中，诗文作品有《观光稿》《交州稿》《玉堂稿》《附录》各一卷，合编为《陈刚中诗集》。文矩曾任翰林修撰兼国史院编修官、太常礼仪院判官，著有《安南行记》（不传）、《文子方集》，袁桷曾为其作《安南行记序》。智熙善著有《越南行稿》（不传）、傅若金著有《傅与砺诗文集》，其诗为揭傒斯等人所赞誉。

（二）明代

与元代威服天下的外交政策相比，明朝初年的对外政策更显"怀柔"的色彩。明太祖宣布将朝鲜、日本、安南、真腊、暹罗等周边十五国列为"不征之国"，推行以德睦邻的外交政策。明初通过遣使四方、接受外国朝贡等方式，开创了外交新局面。明成祖继承了明太祖的外交政策并进一步发展，通过选派郑和多次下西洋，继续宣传明王朝的德政与和平友好政策。因为明朝外交的兴盛，还出现了一个专门出访的机构——行人司。"行人"之名，最早见于《周礼·秋官》。"行人"为周朝的职官，掌管接待宾客之礼仪，按职位高低有"大行人"和"小行人"之别。秦代设"典客"，以接待远方宾客。汉景帝时，改名"大行令"。汉武帝太初元年，则更名为"大鸿胪"。明代的"行人司"虽取"行人"之名，但性质已经发生改变，多掌管捧节奉使之事，主要负责颁诏、册封、抚谕、征聘等。洪武十三年（1380）"行人司"初立之时，设行人，秩正九品，左、右行人，从九品。后来改行人为司正，左、右行人为左、右司副，更设行人三百四十五员。洪武二十七年（1394），将行人司提升为七品衙门，官员定额为四十人，其中"司正一人，正七品，左、右司副各一人，从七品，行人三十七人，正八品"，并且全部要求进士出身。① "行人"的职位虽然不高，但是声望很高，初中之进士，往往以任此职为荣。

明朝从建国伊始（1368），到永历五年（1651），共派出赴越南使团64次②，由此可见明朝对越南的重视程度。明朝派往越南的使臣主要承担诏谕、册封、赏赐、吊祭、招抚、解决纠纷等使命。所谓"生有封，死有祭，此圣朝柔远人之盛典也"③。中国各朝皇帝都很重视册封

① （清）张廷玉等：《明史·职官志》，中华书局1974年版，第1809页。
② 陈文源：《明朝与安南关系研究》，博士学位论文，暨南大学，2005年，第160—172页。
③ （明）孙继宗、陈文：《明英宗实录》卷332，（台北）"中央"研究院历史语言研究所1962年版，第6820页。

新王和吊唁故王等外交活动。例如，洪武三年（1370），明太祖派遣吏部主事林弼册封陈日煃为安南国王；洪武二十一年（1388），明廷派礼部郎中邢文博册封陈炜为安南国王；宣德九年（1434），明廷遣郭济、朱弼吊祭安南故王黎利。

明代遣往安南的使臣主要从中官、通政、给事中、监察御史、光禄少卿、礼部尚书、礼部侍郎、礼部郎中、工部侍郎、兵部侍郎、兵部主事、吏部主事、侍读学士、翰林编修、翰林学士、典簿、行人、秘书监直长中选派。这些使臣的官秩不同，最高的有正二品，如兵部右侍郎、礼部尚书、礼部左侍郎、刑部尚书，最低的是行人为正八品，而大多数使臣官秩并不高。在明代派往越南出使的官员中，官秩比较高的有：任亨泰，于洪武二十八年（1395）以礼部尚书（正二品）的身份诏谕越南；章敞，于宣德八年（1433）以侍郎（正二品）的身份到越南册封；钱溥，于天顺六年（1462）以侍读学士（从四品）的身份到越南册封。而大多数使越的官员，官秩多在五品以下，如洪武二年（1369）张以宁以侍读学士（从五品）的身份、牛谅以典簿（正七品）的身份到越南册封赏赐；洪武三年（1370）林弼以吏部主事（正六品）的官秩前往越南赏赐；洪武二十九年（1396）陈诚以行人（正八品）的身份到越南解决纠纷；正德十六年（1521）孙承恩以翰林院编修（正七品）的身份前往越南诏谕。明朝废除了达鲁花赤，所以使臣中没有充任这一官职的人员。

有别于元朝的尚武主义外交政策，明代很少派出兵部侍郎等军事长官，而以儒士文官为主，进士出身的翰林官和行人是首选。翰林官包括学士、侍读、侍讲、待诏、编修、检讨等官员。洪武初年，为了建立与周边国家的睦邻关系，明廷派出众多使臣，其中多为翰林词臣，正所谓"国初将命外国多翰林充之"①。翰林词臣的职责之一就是奉命出使，以自己的文采宣扬王朝声威，不辱使命。比如洪武二年（1369），明太祖

① 周应宾撰：《旧京词林志》卷4，郑振铎辑：《玄览堂丛书》第4册，广陵书社2010年版，第2445页。

命侍读学士张以宁、典簿牛谅前往安南，册封陈日煃为安南王；洪武三年（1370），又派翰林编修王廉前往安南吊唁陈日煃。明代行人最初是由孝廉、茂才担任，洪武二十七年（1394）起才规定由进士担任，"欲其通达国体，不辱君命，始专以进士除授"①。这些进士出身的行人，多为饱读诗书的儒雅之士。明朝如此重视使臣的选任无非让这些使臣给周边各国树立华夏礼仪的风范，展示天朝上国的风度。

（三）清代

清朝将明朝以来以德睦邻的外交政策与朝贡制度继承了下来，但没有继续发展。雍正帝在面对与安南边界问题时，指出"治天下之道，以分疆与柔远较，则柔远为尤重。而柔远之道，以畏威与怀德较，则怀德为尤重"②。由此可见其柔远之思，以睦邻为美。清朝赴越使团的次数和人数远远低于明朝。据于燕统计，清朝从康熙三年（1664）派遣内秘书院编修吴光为正使、礼部司务朱志远为副使往安南谕祭神宗渊皇帝黎维祺，到道光二十九年（1849）广西按察使劳崇光赴越册封阮福时为越南国王，共派出赴安南使臣仅 16 次。③ 据陈柏桥统计，清朝派遣赴越南使臣 19 次，其中两次是参与战争。④

清初，行人司的官阶品级依然沿袭明朝旧制，但行人司的职责逐渐被分散，行人额数也有所裁减，捧节奉使之事亦不专遣行人了。乾隆年间，行人司被彻底废除。清朝处理外交事务和掌管朝贡的机构主要是礼部。清朝前期派遣出使安南的使臣主要从中央的礼部官员中选任，一般为两名官员，正、副使各一；中后期则直接派邻近的地方官员担任使臣，并且只派出一名官员出使。⑤ 例如，康熙五年（1666），清廷

① （清）孙承泽：《天府广记》上册卷 31，北京古籍出版社 1982 年版，第 399 页。
② 《云南总督高其倬奏报交趾旧界详细情形折·附雍正上谕》，《宫中档雍正朝奏折》第 3 辑，第 771—772 页。高其倬：《奏报交趾旧界详细情形折》，"国立故宫"博物院印行：《宫中档雍正朝奏折》第 4 辑，（台北）台湾"故宫"博物院 1978 年版，第 280 页。
③ 于燕：《清代中越使节研究》，硕士学位论文，山东大学，2007 年，第 18、19 页。
④ 陈柏桥：《14—19 世纪中越使臣诗歌中的潇湘印象》，硕士学位论文，广西民族大学，2017 年，第 105 页。
⑤ 于燕：《清代中越使节研究》，硕士学位论文，山东大学，2007 年，第 23 页。

从中央派遣内国史院侍读学士程芳朝为正使、礼部郎中张易贲为副使，前往安南册封黎维禧为安南国王。而嘉庆朝开始，就改派广西地方官出使越南。比如，嘉庆八年（1803），清廷派广西按察使齐布森赴越南册封阮福映；道光元年（1821），清廷派广西按察使潘恭辰赴越南册封阮福皎；道光二十九年（1849），清廷派广西按察使劳崇光赴越南册封阮福时。清朝派往安南的使臣主要承担册封、谕祭、解决纠纷等使命。例如，康熙二十二年（1683），清廷派遣翰林院侍读邬赫为正使、礼部郎中周灿为副使，前往谕祭黎维禧；康熙五十八年（1719），清廷派遣内阁中书邓廷喆为正使、翰林院编修成文为副使，谕祭故安南国王黎维祐，并封嗣子黎维禟为安南国王；康熙七年（1668），清廷派遣李仙根等赴越南调停安南黎朝与高平莫氏之争；等等。

清朝派遣出使越南的使臣身份各异，有礼部郎中、礼部司务、兵部主事、兵科给事中、内阁中书、内国史院侍读学士、内秘书院编修、内院侍读、翰林院侍读、翰林院编修、两广总督、广西按察使等。这些使臣的官秩不同，最高的是正二品（如两广总督），最低的是正八品（如礼部司务）。总体来看，大多数出使使臣的官秩并不高。

与明朝遣往越南的使臣一样，清朝派往越南的使臣也具有鲜明的特征，那就是大多数人都是当时的翰林词臣，如吴光、程芳朝、周灿、李仙根、顾汝修等，可谓备当时一代俊彦之选。吴光善诗歌，为殿试一甲第三名进士（探花），授内院编修，著有《奉使安南日记》一书，又名《使交集》。程芳朝博学有才，为殿试一甲二名进士（榜眼），授国史院编修，迁秘书院修撰，为会试同考官，提督北直学政，后任詹事府少詹事，升太常寺卿，著有《皇华草》《中裕堂集》。周灿，进士出身，曾任礼部郎中、南康府知府、四川提学道，著有《愿学堂文集》二十卷、"南交四种"（即《使交纪事》《使交吟》《安南世系略》《南交好音》）。李仙根为雄辩之才，工书法，榜眼及第，曾任弘文院编修，秘书院侍读，著有《安南使事纪要》与《安南杂记》。顾汝修，乾隆七年（1742）进士，授翰林院庶吉士，任《大清会典》编修，著有《经史编》《蕴真集》《四勿箴》《均引编》《谈助编》《知困草》《朗山吟》《迟云楼尺牍》《味竹轩诗文集》《载英集》等。作为天朝上国，清朝派出的外交使节必然是才学出众而且思维敏捷之士，这样才能应对纷繁复杂的外交形势，而不辱没宗主国的尊严。

三　越南使臣的选任与身份特征

中越宗藩关系建立后，越南作为藩属国，例行要前往宗主国朝贡，以显示其对"天朝上邦"的尊崇。除了正式的入贡之外，两国之间还有多重外交事务往来，越南国王去世、新国王登基，越南均向中国遣使告哀并请求新册封，册封之后还会再派使臣到中国表达谢恩；而当遇到宗主国新皇帝即位、设立太子或盛大节日等重大事项，越南也会派遣使臣前来恭贺。由此可见，越南使臣的主要使命是岁贡、请封、告哀、谢恩、进贺及奏事等。越南使臣来华肩负的使命中，岁贡占据了绝大部分，可以说是其来华使命的主体。岁贡一般按照议定期限进行，比如，康熙二年（1663），清廷沿袭明朝做法，规定越南三年一贡。康熙七年（1668），根据实际情况，改为六年入朝一次，两贡并进；乾隆五十七年（1792）又改为四年遣使来朝一次，两贡并进；道光十九年（1839），清帝感念各朝贡国远道驱驰、载途雨雪的艰辛，为显示其柔远之意，又将贡期改为四年一贡。

相比较于中国派往越南的使团次数，越南派往中国的使团次数呈成倍增加的趋势，越南遣往元朝的使臣共60次[1]，其中从至元二十五年（1288）到至正二十八年（1368）遣使37次；遣往明朝的使团169次[2]；遣往清朝的使团65次[3]。以明朝时期最多。

越南使臣出使中国，既肩负着君王重托，也担任着巩固中越两国

---

[1]　王英：《元朝与安南之关系》，硕士学位论文，暨南大学，2000年，第35页。
[2]　陈文源：《明朝与安南关系研究》，博士学位论文，暨南大学，2005年，第160—172页。
[3]　陈柏桥：《14—19世纪中越使臣诗歌中的潇湘印象》，硕士学位论文，广西民族大学，2017年，第105页。

邦交的重要使命。由于使臣在宗主国的表现情况事关国体，意义重大，所以历代越南国王都非常重视对使臣的选派。比如，明命帝曾曰："如清使部，须有文学言语者，方可充选。若其人贪鄙，还为他国所轻，如西山使部私买食物，今成笑柄，此可为鉴也"①。在君王的重视下，越南使臣也以北使为荣。"国之大任有三，相也、将也、使也，治乱在于相，胜负在于将，荣辱在于使臣。三者，有国之大任也。"②认为"使"可与"相""将"并称，处于同等重要的地位。

为了出色地完成燕行使命，越南模仿中国的官制在其礼部侍郎、翰林院侍读、鸿胪寺卿等官职中选派使臣。14—19 世纪，越南遣往中国的使臣身份各有不同，有礼部尚书、礼部侍郎，户部侍郎、户部郎中、户部给事中，工部侍郎，吏部侍郎，兵部侍郎，刑部侍郎，监察御史，鸿胪寺少卿，内密院副使，审刑院副使，宣抚使、宣抚同知，翰林待制、翰林院侍读、翰林院知制诰、翰林院直学士、正大夫、中大夫、大夫、通侍大夫、通议大夫、通奉大夫，等等。为了更直观地体现越南使臣的身份特征，本书就《越南汉文燕行文献集成》所收录使臣中姓名可考者 49 人进行统计，使臣的具体科举出身和任职情况见表 1 – 1。

表 1 – 1　　　　　14—19 世纪越南使臣科举出身和任职情况②

序号	使臣	出使时间	科举出身	任职情况
1	阮忠彦	1314 年	进士第二甲第一名	谏官
2	冯克宽	1597 年	进士	工部左侍郎
3	陶公正	1673 年	榜眼	翰林侍书，吏部右侍郎
4	阮公基	1715 年	进士	翰林院检讨，工部右侍郎，户部右侍郎

① ［越］阮朝国史馆：《大南实录》正编第 2 纪卷 218，日本东洋文库藏有保大十年（1935）重刊本。
② 中国复旦大学文史研究院、越南汉喃研究院合编：《越南汉文燕行文献集成》（越南所藏编）第 8 册，复旦大学出版社 2010 年版，第 165 页。
③ 按：根据中国复旦大学文史研究院，越南汉喃研究院合编《越南汉文燕行文献集成》（越南所藏编）统计。

序号	使臣	出使时间	科举出身	任职情况
5	丁儒完	1715 年	第二甲进士	尚宝寺卿，工部右侍郎
6	阮公沆	1718 年	进士	金都御史，兵部左侍郎
7	阮翘	1742 年	进士	都御史，兵部左侍郎
8	阮宗窐	1742 年	进士第二甲第三名	京北承使，宣光督同，刑部左侍郎
		1748 年		
9	黎贵惇	1760 年	进士第一甲第二名	翰林院侍读
10	阮辉僙	1765 年	探花	吏部右侍郎，都御史
11	武辉珽	1771 年①	进士	兵部侍郎，国子监祭酒
12	胡士栋	1777 年②	进士	户部左侍郎
13	黎侗	1788 年	无科甲	显恭大夫
14	黎惟亶	1788 年	进士	参知政事
15	武辉瑨	1789 年	不详	工部侍郎
		1790 年		
16	潘辉益	1790 年	会元	吏部右侍郎，侍中御史，礼部尚书
17	段浚	1790 年	不详	翰林待制
18	吴时任	1793 年	进士	吏部左侍郎，兵部尚书，国史总裁
19	阮偍	1789 年	举人	翰林院侍书，东阁大学士，枢密院行文书，兵部左奉护，中书省左同议
		1795 年		
20	郑怀德	1802 年	举人	户部尚书
21	吴仁静	1802 年	不详	翰林院侍学，兵部右参知，工部尚书
22	黎光定	1802 年	不详	翰林院制诰，兵部右参知，兵部尚书，户部尚书
23	阮嘉吉	1802 年	进士	礼部右参知
24	武希苏	1804 年	不详	使部录事
25	吴时位	1809 年	无科甲	吏部金事
		1820 年		
26	阮攸	1813 年	无科甲	礼部右侍郎，参知政事
27	潘辉湜	1817 年	无科甲	礼部尚书
28	丁翔甫	1819 年	不详	不详

① 按：武辉珽于 1771 年被任命为出使清朝的使臣，1772 年春启程出发。

② 按：胡士栋于 1777 年被任命为出使清朝的使臣，1778 年春启程出发。

序号	使臣	出使时间	科举出身	任职情况
29	潘辉注	1825 年 1831 年	秀才	翰林院侍读
30	黄碧山	1825 年	无科甲	无官职
31	邓文启	1829 年	会元	礼部员外郎
32	张好合	1831 年 1845 年	举人	鸿胪寺卿，礼部侍郎，谅平巡抚
33	李文馥	1831 年 1833 年 1834 年 1835 年 1836 年 1841 年	无科甲	户部右侍郎，兵部主事，工部右侍郎，礼部右参知
34	汝伯仕	1833 年	不详	翰林侍读，清化督学
35	黎光院	1833 年	不详	不详
36	范世忠	1838 年	不详	平定布政使，礼部左侍郎
37	范芝香	1845 年 1852 年	举人	知县，宁太总督，太原布政
38	裴樻	1848 年	进士	刑部右参知，礼部右参知
39	阮攸	1848 年	不详	光禄寺卿
40	阮文超	1849 年	会试副榜	翰林院侍读学士，兴安按察使
41	潘辉泳	1853—1855 年	举人	刑部右参知，刑部尚书，礼部尚书
42	邓辉㷩	1865 年 1867 年	进士	钦派如东公干，鸿胪寺卿，办理户部事务
43	黎峻	1868 年	举人	翰林学士
44	阮思僴	1868 年	进士	鸿胪寺卿
45	黄竝	1868 年	举人	兵部郎中，侍讲学士
46	范熙亮	1870 年	进士	光禄卿
47	裴文禩	1876 年	进士副榜	礼部右侍郎，办内阁事务
48	阮述	1880 年 1883 年	进士副榜	吏部尚书，户部尚书

续表

序号	使臣	出使时间	科举出身	任职情况
49	范慎遹	1883 年	举人	刑部尚书，枢密院大臣，皇子师保，国史馆总裁

　　由表 1 - 1 可见，这 49 名使臣中，进士 21 人，占总人数（含科举不详者）的 42.9%，举人以上占 65.3%，秀才以上占 67.3%。从官职看，有礼部尚书、吏部尚书、户部尚书、兵部尚书、刑部尚书等官居高位者，也有翰林侍书、翰林院侍读、翰林学士等重要文官。

　　因中越文化"车书同轨"的同源性，越南使臣在出使时除了要完成政治使命以外，事实上还要肩负起向文化母国展示他们的汉文化水平的重任。因而，越南正副使臣的选任，往往以科甲进士充任，既要具有很高的汉文化素养，也要能担负起文辞应对的重任。如陶公正为永寿四年（1661）① 榜眼，黎贵惇为景兴十三年（1752）榜眼，阮辉僙为景兴九年（1748）探花，丁儒完为正和二十一年（1700）进士第二甲出身，阮宗窒为保泰二年（1721）进士第二甲第三名，等等。② 使臣中还有不少是科举状元，比如莫挺之为兴隆十二年（1304）状元，阮直为大宝三年（1442）状元，梁世荣为光顺四年（1463）状元，阮简清为端庆四年（1508）状元，阮登道为正和四年（1683）状元。③ 由此可见，越南赴华使臣的人选是经过严格考量的，正如西山朝使臣武辉瑨所云："吾之使者，例用科甲名臣，盖取其能以文章达，必能以专对著也。"④ 在派出的使臣中，多为博学鸿儒，即使无科甲功名者，也多以文学著名。前者如黎贵惇，后者如吴时位和阮攸等。黎贵惇既是科举榜眼，又是中兴黎朝著名

---

　　① 按：涉及越南使臣生平经历需要标引纪年时，先标越南年号，再标年份，再用圆括号注明公历纪年。

　　② 周亮：《清代越南燕行文献研究》，硕士学位论文，暨南大学，2012 年，第 6、7 页。

　　③ ［越］潘辉注：《科榜标奇》，陈庆浩、王三庆主编：《越南汉文小说丛刊》第七册，（台北）学生书局 1988 年版，第 33、11、12、18、27 页。

　　④ 中国复旦大学文史研究院、越南汉喃研究院合编：《越南汉文燕行文献集成》（越南所藏编）第 6 册，复旦大学出版社 2010 年版，第 296 页。

的学者和文人，于景兴二十一年（1760）由翰林院侍读充任副使出使中国。黎贵惇少年颖悟，勤学善思，《工部尚书黎相公年谱》言其五岁学诗，六岁能文，七岁学史，八岁作赋策，至十四岁时，已"遍读五经四书，史籍传记及诸子百家之书，无不熟读，人以宿儒称之。为文伸纸疾书，万言立就，不构思，不起草，而学问议论，汪洋大肆"①。裴辉璧《桂堂先生成服礼门生设奠祭文》云，黎氏"聪明冠世，博极群书，能著述，为文章，足以行世而传后"②。黎贵惇一生著述等身，有《群书考辨》四卷、《芸台类语》九卷、《圣模贤范》十二卷、《抚边杂录》六卷、《黎朝通史》三十卷、《见闻小录》十二卷、《全越诗录》六卷、《书经演义》三卷、《四书约解》、《黎朝功臣列传》、《北使通录》、《桂堂诗集》、《桂堂文集》等五十余部著作，涉及经学、史学、文学、哲学、天文、地理、农学等诸多领域。③ 吴时位无科甲出身，但以文学著称，于嘉隆八年（1809）、明命元年（1820）两次出使清朝。阮攸虽然无科甲功名，但是越南阮朝著名的诗人、作家，于嘉隆十二年（1813）出使清朝。"嘉隆十二年充如清岁贡正使，尤长于诗，善国音，清使还以《北行诗集》及《翠翘传》行世。"④《大南列传》记载："阮攸不仅善于做诗，而且精通国音。"《大南一统志》中也说："阮攸博学、善文，擅长作诗。"有《清轩诗集》《南中杂吟》《北行杂录》《金云翘传》等著作。阮攸出身文学世家，其父、兄及叔侄大多有作品行世，以"鸿山文派"称之，享誉文坛。由此可见，越南在使臣的甄选上，的确可称为"皇华重选"。这些使臣大多是汉学造诣深厚的学者和诗人，他们来华期间大都不辱使命，善于辞令、巧于应对，与中国文士笔谈甚欢，不少人赢得中国皇室、官吏、文人的交口称赞，对中越两国邦交的持续、稳定发展做出了很大贡献。

---

① 刘玉珺：《"越南王安石"——黎贵惇》，《古典文学知识》2012 年第 2 期。
② 刘玉珺：《"越南王安石"——黎贵惇》，《古典文学知识》2012 年第 2 期。
③ 刘玉珺：《越南汉喃古籍的文献学研究》，中华书局 2007 年版，第 338 页。
④ 许文堂、谢奇懿编：《大南实录清越关系史料汇编》（正编初传初集，诸臣列传八），（台北）台湾"中央"研究院东南亚区域研究计划 2000 年版，第 63 页。

　　越南对使臣的甄选还有一个特点，那就是优先考虑家族中有出使中国经历的人员。所以在越南燕行文献的记录中，先后出使中国的家族为数不少。中兴黎朝时期的胡士扬、胡丕绩、胡士栋均以进士登第，胡士扬于万庆元年（1662）、阳德二年（1673）两次奉使如清，胡丕绩于保泰二年（1721）出使中国，胡士栋于景兴三十八年（1777）入清岁贡。武辉珽于景兴三十二年（1771）出使清朝，其子武辉瑨于光中二年（1789）、光中三年（1790）两次出使中国。西山朝潘辉益于光中三年出使清朝，其孙潘辉泳则于嗣德六年（1853）奉使如清。吴仕之子吴时任、吴时位两人皆先后出使中国。而吴时位之甥潘辉注、潘辉湜二人亦曾充任如清使臣。正如周亮在《清代越南燕行文献研究》一文中所言：“家族之人接连如清，除因使节有丰富的文学修养之外，也与其家族之中接连科甲及第不无关系。同时，家族中人有如清经历，多有燕行诗文集存世。同族之人耳濡目染，无形之中便比他人多了先天优势。”①

　　由上可见，中越双方都很重视对使臣的选派。中国方面，元朝赴越使臣一般是军政长官与儒士文官同行。明朝更强调怀柔政策，派出的使臣极少为军事长官，而以儒士文官为主，首选人员是进士出身的翰林官和行人。清朝派往越南的使臣主要为翰林词臣，前期大多从礼部官员、内阁中书、内秘书院编修、内院侍读、翰林院侍读、翰林院编修中选任，一般为两名官员；中后期则直接由邻近的地方官员（如广西按察使等）担任使臣，并且只派出一名官员。越南方面，模仿中国官制在礼部尚书、礼部侍郎、翰林院侍读、翰林学士、鸿胪寺卿等官职中选派使臣，尤重儒士文官。在正副使臣的选任中，科甲进士占比很高，即使无科甲功名者，也多为国内著名的学者和文人。另外，越南在选派使臣时，会优先考虑家族中曾有出使中国经历的人员。

---

　　① 周亮：《清代越南燕行文献研究》，硕士学位论文，暨南大学，2012 年，第 11 页。

第二节　中越使臣与诗歌创作

14—19 世纪，中越双方虽偶有摩擦，但大多数时候处于和平共处的状态，而在这种常态的交往中，互派使臣是两国沟通交流最主要的方式。在上文的论述中，我们可以看到，越南派往中国的使团次数要比中国派往越南的多得多，甚至多一倍以上。作为藩属国，除了正常的岁贡，越南为了使王权得到中国的承认，并为其政权的巩固和安全提供保护，积极主动派遣使臣与强大的邻国修好，以博得外交上的优势。而不少使臣在出使过程中不但出色地完成了政治任务，还留下了数量可观的诗文作品。但我们也很遗憾地看到，大批的使臣，并没有留下任何只言片语，有些使臣虽有创作，但因时代久远、作品得不到重视或其他原因，其诗文作品存世的情况不容乐观。

一　中国使臣使越创作情况

笔者对本书研究范围内的中国使臣使越诗文集进行了初步统计，将徐明善、张立道等 30 名使臣的出使时间、使越诗文集、存佚情况和存诗情况进行整理，见表 1 – 2。

表 1 – 2　　　　　　　13 世纪末至 19 世纪中国使臣诗文集

序号	使臣	出使时间	使越诗文集	存佚情况	存诗数量
1	徐明善	1288 年	《安南行纪》	存于陶宗仪《说郛》（涵芬楼一百卷本）	不详
2	张立道	1291 年	《安南录》	佚失	不详
3	陈孚	1292 年	《交州稿》	存于《四库全书·陈刚中集》	107 首
4	萧泰登	1294 年	《使交录》	佚失	不详
5	文矩	1321 年	《安南行纪》	佚失	不详
6	智熙善	1335 年	《越南行稿》	佚失	不详

续表

序号	使臣	出使时间	使越诗文集	存佚情况	存诗数量
7	傅若金	1335 年	《南征稿》	存于《四库全书·傅与砺诗文集》	100 多首（自跋）
8	张以宁	1369 年	《使安南稿》	存于《四库全书·翠屏集》	58 首
9	林弼	1370 年 1377 年	《使安南集》	存于《四库全书·林登州集》	94 首
10	吴伯宗	1377 年	《使交集》	存于《四库全书·荣进集》	3 首
11	陈诚	1396 年		散见于《四库存目丛书·陈竹山先生文集》	6 首
12	黄福	1406 年		散见于《四库存目丛书·黄忠宣公文集别集》	78 首
13	章敞	1431 年 1433 年		散见于《四库存目丛书·明永乐甲申会魁礼部左侍郎会稽质庵章公诗文集》	59 首
14	梁储	1498 年		散见于《四库全书集部·郁洲遗稿》	4 首
15	鲁铎	1506 年	《使交稿》	存于《四库全书存目丛书·鲁文恪公文集》	76 首
16	张弘至	1506 年	《万里志》	存于《明别集丛刊（第一辑）》康熙三十三年张世绶刻本	131 首
17	湛若水	1512 年		散见于《四库全书存目丛书·湛甘泉先生文集》	5 首
18	潘希曾	1512 年	《南封录》	散见于《四库全书·竹涧集》	22 首
19	孙承恩	1522 年	《使交纪行》	散见于《四库全书·文简集》	75 首
20	徐孚远	1658 年	《交行摘稿》	存于《丛书集成初编》	41 首
21	吴光	1664 年	《使交集》	存于《吴兴丛书》	99 首
22	程芳朝	1666 年		存于《四库禁毁丛刊·龙眠风雅》卷四十四	18 首
23	周灿	1683 年	《使交吟》 《南交好音》	存于《四库全书存目丛书·愿学堂集》	40 首 6 首
24	德保	1761 年		存于《壬戌课使程诗集》	29 首
25	顾汝修	1761 年		存于《壬戌课使程诗集》	
26	孙士毅	1788 年		存于《续修四库全书·百一山房诗集》	不详

序号	使臣	出使时间	使越诗文集	存佚情况	存诗数量
27	丐香	1822 年	《越南竹枝词》	《中华竹枝词全编》	79 首
28	宝清	1841 年	《越南纪略》		25 首
29	劳崇光	1848 年	《奉使越南诗稿》		不详
30	唐景崧	1883 年		散见于《请缨日记》	不详
小计					约 1155 首（除不详者）

由表 1 - 2 可见，中国使臣出使途中创作的诗歌，虽也有结成诗集的，但大多散存于其个人别集中，需一一进行辑录。而且，散佚情况比较严重，存世作品不多，目前与使程有关的诗歌一千余首，数量极其有限。从文献本身看，中国使臣使越诗文集主要体现出史学性与文学性并重的特点，文学成就并不突出。

为对赴越使臣的创作情况有更深入的了解，现将作者生平经历做简单介绍。

徐明善（约公元 1294 年前后在世），字志友，号芳谷，德兴（今江西德兴）人，一说鄱阳（今江西鄱阳）人。生卒年不详。元至元中，官隆兴教授。又为江西儒学提举，曾历主江浙湖广三省考试，延祐二年（1315）拔黄溍于弃卷之中，知人之明，为时所称。至元二十五年（1288）随李思衍、刘庭直、万奴等奉使越南，撰有《安南行纪》一书，记录了越南贡品的详细种目和元与越南之间的关系，篇幅虽不长，但保存了此次出使的重要文件，是研究元与越南关系史的重要文献。有文集《芳谷集》三卷存世。《四库总目》称其文平正笃实。诗作传世不多，《元诗纪事》卷 6 引自《中洲野录》的一首，是徐明善在越南世子陈日烜的宴席上作的五律《席上口占》，据说他因此诗"声名大振"。《全元诗》存其诗 4 首，其中《席上口占》《佐两山使交春夜观棋赠世子》两首诗作于出使越南期间。与弟嘉善以理学名，时称"二徐"。

张立道（？—1298），字显卿。其先陈留（今属河南开封）人，徙居大名（今属河北邯郸）。生年不详，卒于元成宗大德二年（1298）。

从元世祖北征，至元四年奉命出使西夏。至元二十八年（1291）奉使越南，定岁贡之礼，《安南志略》卷 3《大元奉使》于至元二十八年条后附录了一篇《张尚书行录》，是记录出使越南的文章，很可能出自其《安南录》，卷 5《大元名臣往复书问》还收录了一篇《张立道显卿与世子书》。后授大理等处巡行劝农使。累拜云南行省参政，卒于官。著有《效古集》《平蜀总论》《安南录》《云南风土记》《六诏通说》等。

陈孚（1259—1309，一说 1240—1303），字刚中，号笏斋，台州临海（今浙江台州）人。"清峻颖悟，读书过目辄成诵，终身不忘。"① 至元二十二年（1285），以布衣上《大一统赋》，得授上蔡书院山长。至元二十九年（1292）九月，元世祖命湖南道宣慰副使梁曾以吏部尚书出使越南，朝臣推荐陈孚，称他"博学有气节"②，故授其礼部郎中，为梁曾副使，同使越南。陈孚善文辞，梁曾与越南世子之间往返的文书，皆出自其手笔。至元三十年（1293）九月使还，得到元世祖嘉奖，被任命为翰林待制，兼国史院编修官。后历任建德路总管府治中、衢州路总管府治中、台州路总管府治中。卒于官，被追封为临海郡公，谥文惠。有《陈刚中诗集》三卷及附录一卷存世，其中《交州稿》一卷，主要记载出使越南所见，存诗 107 首。其诗文不事雕琢，任意而成。纪行诗多描摹风土人情，七言古体诗最出色。《安南志略》卷 17《至元以来名贤奉使安南诗》收录他的两首诗。

萧泰登（1266—1303，一说卒于 1304），字则平，号方崖，江西泰和（今江西泰和）人。历官永丰县丞、江西儒学提举、承务郎、广东按察司金事、奉直大夫、南台监察御史、江浙按察史等。至元三十一年（1294）升任奉训大夫、兵部郎中，与李衎出使越南。《安南志略》卷 3《大元奉使》"至元三十一年条"附有萧泰登《使交录序》一篇，据知萧泰登还有《使交录》一书，此书"自上都至安南，州郡山川、人物礼乐、故塞遗逸、异政殊俗、怪草奇花、人情治法、愈病药方，逐日编记，通

---

① （明）宋濂等：《元史·儒学》卷 190，中华书局 1976 年版，第 4338 页。
② （明）宋濂等：《元史·儒学》卷 190，中华书局 1976 年版，第 4339 页。

成一集。钦录圣诏，冠乎集首。次以安南世子回表贡物；及中朝诸老，送行诗章，编次其后。间有应酬纪咏，亦借附集末"①。惜此书未存。

文矩（？—1323），字子方，长沙（今湖南长沙）人。宋代著名画家、诗人文与可的后代，受知于卢挚，以书吏起家，历官荆湖北道宣慰司照磨、刑部宗正曹属、秘书监校书郎、著作郎、翰林修撰、国史院编修官。至治元年（1321）以奉议大夫、礼部郎中的身份与教化一同出使越南。使还，进太常礼仪院判官。至治三年（1323）卒于官，人多惜之。文矩与元前期的名士赵孟頫、袁桷、虞集、马祖常等来往密切，酬唱之作屡见于元别集中。赵孟頫《送文子方调选云南》诗云："我友文子方，其人美如玉"，"文章多古意，清切绿水曲"。吴澄在墓志铭中称他："文章歌诗虽疏宕尚气，有陈事风赋之志焉，惜其未传而遽止也。"②据袁桷《清容居士集》卷22《文子方安南行纪序》，文矩曾撰有《安南行纪》一卷，其内容既有诗，又有山川土俗之考。是书今不传。《元诗选·二集》选入诗九首，题为《子方集》。③

智熙善，字子元，镇阳（今贵州镇远）人。生卒年不详。《元史·顺帝纪一》："元统二年（1334）正月，遣吏部尚书帖柱、礼部郎中智熙善使交趾，以《授时历》赐之。"而据傅若金《南征稿序》及苏天爵给傅若金写的《墓志铭》，智熙善一行真正的出使时间为元统三年（1335）。智熙善与帖柱、傅与砺此次出使越南的任务是宣谕即位诏。智熙善使毕返国后，有诗集《越南行稿》一册，许有壬为之作序。惜其诗散佚，仅《元诗选》录诗二首。

傅若金（1303—1342），字与砺，一字汝砺，新喻（今江西新余）人。元末著名文人。少时家贫，学徒编席，受业于范梈，发愤读书。至顺三年（1332）以布衣游京师，诗文为公卿推誉。虞集、揭傒斯等力

---

① ［越］黎崱著，武尚清点校；（清）大汕著，余思黎点校：《安南志略　海外纪事》，中华书局2000年版，第75页。

② （元）吴澄：《吴文正集》卷80《文君墓志铭》，《景印文渊阁四库全书》，（台北）台湾商务印书馆1986年版，集部别集类集1197，第760页。

③ 邓绍基、杨镰主编：《中国文学家大辞典·辽金元卷》，中华书局2006年版，第50—51页。

荐佐帖柱、智熙善出使越南。元统三年（1335）傅若金奉命以参佐出使越南，出色完成任务，声名播于海外。归后任广州路学教授。至正二年（1342）卒，年仅四十。有《傅与砺诗文集》十九卷传世，收录于《四库全书》中。《傅与砺文集》卷四《南征稿序》载，傅与砺出使越南一万六千余里，途经山川城郭、宫室墟墓等，写下一百多首诗歌，名为《南征稿》。这是元代与越南关系史上的文学佳作。胡应麟《诗薮》称其五律雄浑悲壮，有"老杜遗风"。

张以宁（1301—1370），字志道，号翠屏山人，古田（今福建宁德）人。聪颖俊朗，博学强记，擅名于时，人称"小张学士"。元泰定四年（1327）以春秋经登进士第，官至翰林侍读学士。至正元年（1341）至至正二十八年（1368）复征至国子助教，累官至中奉大夫，知制诰兼修国史。明朝立，复授侍讲学士。洪武二年（1369）夏六月以七十高龄与牛谅一道奉使越南，封陈日煃为国王。刚抵达边境，陈日煃卒，国人乞以印诏授其世子，张以宁认为此做法不妥，故留居洱江，谕越南世子告哀于明廷，且请袭爵。后待使臣林弼奉使至，才入境册封，并教越南世子服三年丧。洪武帝闻而嘉之，赐玺书，比之陆贾、马援，声名隆盛。次年还，卒于交州。工诗，论诗主张复古，著有《翠屏集》《春王正月考》等。出使越南时所写《南归纪行集》，有诗87首，收于《翠屏集》中，见存于四库全书本。①

林弼（1325—1381，一说卒于1379），原名唐臣，字元凯，号梅雪道人，福建龙溪（今福建漳州）人。六岁能诗（嘉庆刊本《漳州府志》）。二十岁前，曾周游京师、山东、江西、江浙等地，广交朋友，开阔视野。二十岁时，拜入周佑门下专攻毛诗。至正八年（1348）进士，授郡幕官。曾任建阳考亭书院山长，后升漳州路知事。入明后，以名儒闻于朝廷，明太祖遣使三征之。入朝后参修《元史》，授吏部主事，官至登州知府。洪武三年（1370），与王廉出使安南，扬天子威

---

① 《景印文渊阁四库全书》，（台北）台湾商务印书馆1986年版，集部别集类集1226。

德，援古证今，口若悬河，为明太祖所重，有《使安南集》，存诗94首，现载于《林登州集》并被收入《四库全书》中。工文辞。著有《诗经解义》、《宋儒会解》、《林登州集》二十三卷。

吴伯宗（1334—1384），名祐，字伯宗，以字行，抚州金溪新田（今江西抚州）人。从小聪慧，才思敏捷，10岁即通举子业，洪武三年（1370）乡试中举，名列第一，为解元；洪武四年（1371）会试第一，为会元；又在廷试中高中开科状元，洪武帝赐冠带袍笏，授礼部员外郎。参与纂修《大明日历》。不附权贵，敢于直言，坐事谪凤阳。太祖得奏召还。洪武十年（1377）春奉诏出使越南，不辱使命，得四驯象归，授国子助教，进讲东宫，改任翰林典籍。洪武十五年（1382），晋为武英殿大学士。后坐事降为检讨，洪武十七年（1384）又因事被贬谪云南，暴卒于途中。据四库馆臣称，吴伯宗著有《南宫集》《使交集》《成均集》共二十卷，又《玉堂集》四卷，《明史》也记载他有《吴伯宗集》二十四卷，可惜今仅见《荣进集》。出使安南时撰有《使交集》，现不存，部分使交诗作见存于《荣进集》。①

陈诚（1368—1458，一说1365—1457），字子鲁，一字子实，号竹山，吉州吉水（今江西吉水）人。洪武二十七年（1394）进士，历任行人司行人、翰林院检讨、中顺大夫、广东布政司右参政。洪武二十九年（1396），出使越南，不辱使命。永乐初以吏部主事升员外郎，多次奉命出使西域。著有《西域行程记》《西域番国志》《陈竹山先生文集》。

黄福（1363—1440），字如锡，号后乐翁，昌邑（今山东昌邑）人。历事洪武、建文、永乐、洪熙、宣德、正统六朝，是明朝初年一位德高望重的政治家。在明太祖时出任河南项城、山西清源主簿，后升为工部右侍郎。明成祖时任工部尚书。安南属明时期，黄福为首位交趾布政使兼按察使。在越南十九年，恩威并行，受百姓拥戴。立朝四十余年，在两京任尚书达三十九年，刚正廉洁，晚年官至南京守备参赞机务、少保

---

① 《景印文渊阁四库全书》，（台北）台湾商务印书馆1986年版，集部别集类集1233。

兼户部尚书。正统五年（1440）去世，年七十八。明宪宗时追赠太保，谥忠宣。有《黄忠宣公文集》《奉使安南水程日记》等传世。

章敞（1376—1437），字尚文，号质庵，浙江会稽（今浙江绍兴）人。永乐二年（1404）进士，历任庶吉士、刑部主事、刑部郎中、吏部郎中、礼部侍郎。因才学出众、气度不凡，深受孝宗器重，命赐金带，四品官服。宣德六年（1431）以礼部侍郎奉诏出使越南。宣德八年（1433）又为礼部右侍郎，再次出使安南，以改善和加强明王朝和安南的联系。两次出使，举止得体，维护国家尊严，出色完成使命。参与纂修《永乐大典》，著有《质庵文集》。

梁储（1451—1527），字叔厚，号厚斋，晚号郁洲，顺德（今广东顺德）人。成化十四年（1478）会试第一，殿试传胪二甲第一名，选为庶吉士，授翰林院编修。其后的三十年为官生涯中，主要在翰林院供职。弘治四年（1491），进太子侍讲、翰林学士，参撰《明会典》，迁吏部右侍郎。曾主持学政，出任会试同考官和乡试主考。弘治十一年（1498）以正使身份出使越南，册封越南国王，不受馈赠，保持大节。正德元年（1506），迁吏部尚书，参撰《明孝宗实录》，以文渊阁大学士入阁，迁华盖殿大学士，太子少师。正德十年（1515），出任内阁首辅。正德十四年（1519），授特进光禄大夫、左柱国。嘉靖六年（1527）去世，时年七十七，追赠太师，谥文康。有《郁洲遗稿》。

鲁铎（1461—1527），字振之，号莲北，湖北景陵（今湖北天门）人。弘治十五年（1502）会试第一，授翰林院庶吉士。太子太师、华盖殿大学士李东阳爱赏其才，推荐其参与纂修《孝宗实录》。正德元年（1506），奉命出使越南宣即位诏，举止得体。出使途中撰有《使交稿》，见存于《鲁文恪公文集》中。后迁国子监司业，历任两京国子监祭酒。辞官归籍后，累征不起。卒，赠礼部侍郎，谥文恪。著有《鲁文恪公文集》十卷。[①]

---

① （明）鲁铎：《鲁文恪公文集》十卷，《四库全书存目丛书》，齐鲁书社1997年版。

张弘至，字时行，号龙山，华亭（今上海松江）人。生卒年不详。弘治九年（1496）进士，改庶吉士，后任兵部给事中。正德元年（1506），以户科右给事中与鲁铎奉使越南宣即位诏，使还，迁都给事中。出使途中著有《使交录》，又名为《万里志》，存于其父的诗文集《张东海全集》八卷本附录中，沈乃文主编的《明别集丛刊（第一辑）》影印了清康熙三十三年张世绥刻本，分上下卷，上卷在中国境内，下卷入越南，共存诗 131 首。

湛若水（1466—1560），字元明，号甘泉，广东增城（今广东广州）人。弘治五年（1492）乡试中举。弘治十八年（1505）会试中进士第二名，先后被授为翰林院编修、侍读。嘉靖三年（1524），升为南京国子监祭酒，历任礼部尚书、吏部尚书、兵部尚书，追赠太子少保，谥文简。正德七年（1512）与潘希曾奉使册封越南王，归后作《南交赋》。早年拜名儒陈献章为师，钻研心性之学，成为白沙学说的衣钵传人。后与王守仁同时讲学，各立门户，时称"王湛之学"。创建书院四十余所，弟子三千多人，世称甘泉先生。著作宏富，有《二礼经传测》《春秋正传》《古乐经传》《圣学格物通》《心性图说》《白沙诗教解注》《甘泉集》等。

潘希曾（1476—1532），字仲鲁，浙江金华（今浙江金华）人。弘治十五年（1502）进士，改庶吉士，迁兵科给事中，以言事廷杖削籍。后起迁吏科右给事中，历太仆卿、右佥都御史、工部右侍郎、兵部左右侍郎。卒赠兵部尚书。正德七年（1512）与湛若水奉使册封越南王，有《竹涧集》及《奏议》传世。

孙承恩（1485—1565，一说 1481—1561），字贞父，号毅斋，松江府华亭（今上海松江）人。正德六年（1511）进士，授编修，累官礼部尚书，兼翰林院学士，掌詹事府。谥文简。嘉靖元年（1522），以宣诏使命出使安南，写下《使交纪行》。著有《文简集》传世。[①]

---

① 《景印文渊阁四库全书》，（台北）台湾商务印书馆 1986 年版，集部别集类集 1271。

　　徐孚远（1599—1665），字闇公，松江府华亭（今上海松江）人。幼能诗文，才气横溢。崇祯十五年（1642）举人，与同里陈子龙、夏允彝交厚，为"几社"创始人之一，并加入"复社"，以道义文章名于时。清人入关，徐孚远与陈子龙、夏允彝在松江起义抗清。失败后，往来于浙、闽间，联络各地义军，继续从事抗清复明活动。顺治十五年（1658），徐孚远因借道越南去云南复命，著有《交行摘稿》，见存于《徐孚远王忠孝集》中。

　　吴光（1641—1695），字迪前，号长庚，浙江归安（今浙江湖州）人。顺治十八年（1661）赐进士第三，授翰林院编修。康熙元年（1662），为会试同考官。康熙三年（1664），内院编修吴光与礼部司务朱志远被派往越南谕祭安南黎朝国王。出使期间注意维护清朝礼仪，以维护和显示天朝国威。著有《使交集》，又名《奉使安南日记》，今存于嘉业堂刘承干刊的《吴兴丛书》中，后《丛书集成续编》亦收录。又有《南山草堂集》。

　　程芳朝（1611—1676），初名钰，字其相，号立庵。江南桐城（今安徽桐城）人。顺治四年（1647）中殿试榜眼，授内翰林秘书院编修，历任翰林国史院修撰、湖广提学道、湖广布政司右参议、会试同考官、直隶学政、顺天学政、国史院侍讲学士、弘文院侍读学士、少詹事兼侍讲学士、詹事府少詹事等职，官至太常寺卿。康熙五年（1666），程芳朝以侍读学士充任赴越南正使，宣扬清王朝德威，不抗不抑，临行，越南人殷勤饯别，赋诗相送。今存出使诗 18 首，见于《龙眠风雅》卷四十四"程芳朝八十四首"。有《皇华草》《中裕堂集》。

　　周灿，字绀林，号星公，西安府临潼（今陕西西安）人。生卒年不详。顺治六年（1649）进士，改主事，外擢南康府知府，官至四川提学道。康熙二十二年（1683），周灿以礼部郎中与翰林院侍读邬赫出使越南谕祭。越南旧有鬼门关，周灿易其名为畏天关。出使途中将所见之制度文化、风土人情等撰为《使交纪事》，并以诗词的方式记录出访经历和沿途风光，撰有《使交吟》。而其《使交纪事》《使交吟》《安南世系略》与《南交好音》又被合称为"南交四种"，其中《南交好音》为越南人所作唱和之诗。撰有《愿学堂集》二十卷。

德保（1719—1789），字仲容，一字润亭，号定圃，又号庞村，索绰络氏，满洲正白旗人。乾隆二年（1737）恩科三甲进士，改庶吉士，授翰林院检讨。历任山西学政、山东学政、侍讲学士、工部侍郎、翰林院掌院学士、广东巡抚、两广总督、江南河道总督、闽浙总督、礼部尚书。谥文庄。乾隆二十六年（1761），德保与顾汝修出使安南，越南使臣诗集《壬戌课使程诗集》存有与二人唱和诗歌 29 首。黎贵惇《见闻小录》言德保七言律 48 首，越南竹枝调七言绝句 160 首，今不见。奉敕纂有《音韵述微》，总办《乐律全书》《日下旧闻考》，著有《乐贤堂诗文钞》。

顾汝修（1708—1792），字息存，号密斋，成都华阳县（今成都双流）人。乾隆七年（1742）进士。历任翰林院编修、御史、顺天府尹、会试同考官、大理寺少卿等职，官至正一品爵位。任《大清会典》编修，与名儒沈德潜等友善。乾隆二十六年（1761）与德保奉旨册封越南国王，稳定了南疆局势，乾隆特赐御用华盖一顶以嘉奖。越南使臣诗集《壬戌课使程诗集》存顾汝修与德保唱和诗歌 29 首。《见闻小录》言顾汝修有越南口占 60 首，今不见。顾汝修喜欢藏书，晚年精研宋儒之学，并致力于教育事业，出任四川锦江书院、山西平阳书院山长，精通金石、诗词、书法等。著作宏富，有《经史编》《均引编》《蕴真集》《谈助编》《知困草》《朗山吟》《迟云楼尺牍》《四勿箴》《味竹轩诗文集》《载英集》等。

孙士毅（1720—1796），字智冶，一字致远，号补山，浙江仁和（今浙江杭州）人，乾隆二十六年进士。次年，高宗南巡，召试第一，授内阁中书。累迁内阁侍读、四川乡试正考官、湖南乡试正考官、翰林院编修、贵州学政、太常寺少卿、广西布政使等职。后出任山东布政使、广西巡抚、两广总督。乾隆五十三年（1788）率军参与越南之役，有勇有谋、指挥得当，后封一等谋勇公，授兵部尚书、军机大臣。乾隆五十六年（1791）授四川总督，负责监督平定西藏廓尔喀之役的大军粮饷，因办事得力，再次获得清廷赏赐。嘉庆元年（1796）卒于军中，谥文靖。著有《百一山房诗集》。

丐香，生卒年不详。道光二年（1822），出使越南，著《越南竹枝词》，存诗 79 首，今收录于《清代海外竹枝词》[①] 和《中华竹枝词全编》（第七卷）[②] 中。

宝清，生卒年不详。道光二十一年（1841），广西按察使宝清任册封使出使越南，著有《越南纪略》，今有广西省城上十字街汤日新堂道光二十二年（1842）刻本；有 25 首反映越南风土人情的《越南国竹枝词》。

劳崇光（1802—1867），字辛阶，湖南善化（今湖南长沙）人。道光十二年（1832）进士。选庶吉士，授编修。累迁为山西平阳知府、广西按察使、广西布政使。道光二十八年（1848），奉使赴越南册封，撰有《奉使越南诗稿》。咸丰间抚广西八年，镇压太平军及其他起义军。咸丰九年（1859）任广东巡抚兼署两广总督。同治二年（1863）授云贵总督。后病卒，谥文毅。有《常惺惺斋诗文稿》等。

唐景崧（1841—1903），字维卿，广西灌阳（今广西灌阳）人。咸丰十一年（1861）乡试中举，同治四年（1865）进士，选庶吉士，授吏部主事。光绪八年（1882）法越事起，主动请缨赴越南招刘永福黑旗军。次年，抵越南，劝刘永福内附，以功赏四品卿衔。光绪十年（1884）中法战争爆发后，张之洞令其募勇入关，编立四营，号景字军，入越参加抗法斗争。后以功赏花翎，晋二品秩，除福建台湾道。光绪十七年（1891）迁台湾布政使。光绪二十年（1894），署理台湾巡抚。著有《请缨日记》，以日记体文学形式，记录了自己光绪九年（1883）八月至光绪十二年（1886）十月在越南协助刘永福抗法、建景

---

① 王慎之、王子今辑：《清代海外竹枝词》，北京大学出版社 1994 年版，第 66—76 页。

② 丘良任、潘超、孙忠铨等编：《中华竹枝词全编》七，北京出版社 2007 年版，第 685—690 页。

字军开入镇南关进攻法军的事迹，以及战后参与中越划界事宜。另有
《寄困吟馆诗存》《看棋亭杂剧》《诗畴》《谜拾》等。

二 越南使臣赴华创作情况

越南现存的北使文献比较丰富，包括燕行记、北使诗文和使程图。
据刘玉珺考证，越南现有 8 种燕行记，82 种北使诗文集，共 90 种，以
诗文集为主。[1] 而在《越南汉文燕行文献集成》收录的 79 种文献之中，
含有诗文的文献为 70 种。[2] 笔者根据《越南汉文燕行文献集成》进行
统计，将阮忠彦、冯克宽等 43 名使臣的 61 种以诗歌为主的文献进行整
理，见表 1－3。

表 1－3　　　　　　　　14—19 世纪越南使臣诗集

序号	使臣	出使时间	燕行诗集
1	阮忠彦	1314 年	《介轩诗集》
2	冯克宽	1597 年	《使华手泽诗集》《梅岭使华手泽诗集》《旅行吟集》
3	陶公正	1673 年	《北使诗集》
4	丁儒完	1715 年	《默翁使集》
5	阮公沆	1718 年	《往北使诗》
6	阮翘、阮宗窒	1742 年	《乾隆甲子使华丛咏》
7	阮宗窒	1742 年	《使华丛咏集》《使程诗集》
8	黎贵惇	1760 年	《桂堂诗汇选》
9	阮辉䇢	1765 年	《奉使燕京总歌并日记》
10	武辉珽	1771 年	《华程诗》
11	胡士栋	1777 年	《花程遣兴》
12	黎惟亶	1788 年	《使韶行状》
13	武辉瑨	1789 年	《华原随步集》
		1790 年	《华程后集》
14	潘辉益	1790 年	《星槎纪行》

① 刘玉珺：《越南北使文献总说》，《华西语文学刊》2012 年第 7 辑。
② 中国复旦大学文史研究院、越南汉喃研究院合编：《越南汉文燕行文献集成》（越南所藏
编），复旦大学出版社 2010 年版。

序号	使臣	出使时间	燕行诗集
15	段浚	1790 年	《海烟诗集》《海翁诗集》
16	吴时任	1793 年	《皇华图谱》
17	武辉瑨、吴时任、潘辉益	1790—1793 年	《燕台秋咏》
18	佚名	1791—1794 年	《使程诗集》
19	阮偍	1789 年	《华程消遣集》前后集
		1795 年	
20	郑怀德	1802 年	《艮斋观光集》
21	吴仁静	1802 年	《拾英堂诗集》
22	黎光定	1802 年	《华原诗草》
23	阮嘉吉	1802 年	《华程诗集》
24	武希苏	1804 年	《华程学步集》
25	吴时位	1809 年	《枚驿诹余》
		1820 年	
26	阮攸	1813 年	《北行杂录》《使程诸作》
27	潘辉湜	1817 年	《使程杂咏》
28	丁翔甫	1819 年	《北行偶笔》
29	潘辉注	1825 年	《华轺吟录》
		1831 年	《华程续吟》
30	黄碧山	1825 年	《北游集》
31	邓文启	1829 年	《华程略记》
32	张好合	1831 年	《梦梅亭诗草》
		1845 年	
33	李文馥	1831 年	《闽行杂咏》
		1833 年	《粤行吟草》
		1834 年	《三之粤集草》《仙城侣话》
		1835 年	
		1836 年	《镜海续吟草》
		1841 年	《周原杂咏草》《使程遗录》
34	汝伯仕	1833 年	《粤行杂草编辑》
35	黎光院	1833 年	《华程偶笔录》

续表

序号	使臣	出使时间	燕行诗集
36	范芝香	1845 年	《郿川使程诗集》《志庵东溪诗集》
		1852 年	
37	裴樻	1848 年	《燕行总载》《燕行曲》
38	阮攸	1848 年	《星轺随笔》
39	阮文超	1849 年	《方亭万里集》
40	潘辉泳	1853—1855 年	《骖程随笔》
41	阮思倜	1868 年	《燕轺诗文集》
42	范熙亮	1870 年	《北溟雏羽偶录》
43	裴文禩	1876 年	《万里行吟》《雉舟酬唱集》《燕轺万里集》
44	阮述	1880 年	《每怀吟草》

由表 1-3 可见，越南使臣北使文献保存得较为完整，主要以诗集的方式存世。使臣出使途中创作的诗歌数量非常丰富，比如《华轺吟录》存诗 275 首，《华程续吟》存诗 127 首，《方亭万里集》存诗约 200 首，《星轺随笔》存诗 119 首，《郿川使程诗集》存诗 100 余首。从文献本身看，作品并非史学性与文学性并重，而是偏重于文学性。

为对赴华使臣的创作情况有更深入的了解，参考《大越史记全书》《安南志略》，以及中国复旦大学文史研究院、越南汉喃研究院合编的《越南汉文燕行文献集成》中各诗文集之前言，现将作者生平经历做简单介绍。

阮忠彦（1289—1370），本名鹊，字邦直，号介轩，陈朝兴安天诗土黄人。才思敏捷，时称神童。兴隆十二年（1304）中进士第二甲第一名。兴隆二十年（1312）为谏官。大庆元年（1314）陈明宗即位，奉使元朝报聘。次年抵达北京。归国后升任侍御史。曾因事被降职为炎朗州通判。后累官兴化安抚使、清化转运使、义安安抚使兼国史院修国史、尚书右弼、兼知枢密院事。为陈朝名儒和文章大家，著有《介轩诗集》《皇朝大典》《刑书》《磨崖纪功碑文》《亲征沱江实录》等。其中《介轩诗集》为大庆元年出使中国元朝时的作品，存诗 81 首。

冯克宽（1528—1613），字弘夫，号毅斋，别号敬斋，后黎朝山西石室县冯舍乡人。早年颇有文名。后黎朝光兴三年（1580）进士及第。历任都给事、鸿胪寺卿、工部右侍郎、清华承政使。光兴二十年（1597）七十高龄时以工部左侍郎身份出使中国明朝。使还，升吏部左侍郎，爵梅岭侯。后又任户部尚书、工部尚书。著有《使华手泽诗集》《梅岭使华手泽诗集》《旅行吟集》《言志诗集》《冯太傅诗》等。其中《使华手泽诗集》《梅岭使华手泽诗集》为光兴二十年出使明朝时所作诗歌；后者保留了冯克宽赠中国官员吏部尚书张相公、杨台爷宪公之诗，与朝鲜使臣李晬光、金羊逸士唱和之作，赠琉球使者之诗，以及六首与此番出使有关的《自述》诗。《旅行吟集》收录了 30 多首记录冯克宽出使中国情况的诗歌。

陶公正（1639—?），后黎朝海扬永赖会庵人。年十三即乡试中举，有神童之称。永寿四年（1661）进士及第，位列榜眼。历任翰林侍书、吏部右侍郎、刑部右侍郎。阳德二年（1673）以副使身份辅佐正使阮茂才和胡士扬出使清朝。撰有《北使诗集》《宝生延寿纂要》《黎朝中兴功业实录》等。其中《北使诗集》为阳德二年出使中国时所作，诗歌共 60 余首，主要内容为记录沿途风景，与同僚唱和，与清朝官员、士人赠答唱和等。

丁儒完（1671—1716），字存朴，号默翁，后黎朝骥州香山安邑人。正和二十一年第二甲进士，历任尚宝寺卿、工部右侍郎。永盛十一年奉命以副使身份出使清朝，病逝于北京城外，追赠吏部左侍郎。有《默翁使集》《默翁止斋黎参诗文合编》。其中《默翁使集》是丁儒完出使清朝时所赋诗歌，此书为阮仲常在丁氏去世后编订而成，书名亦为阮氏所取。

阮公沆（1679—1732），字太清，号静斋，后黎朝北宁东岸枕轸人。正和二十一年进士。历任金都御史、兵部左侍郎、兵部尚书、都御史、吏部尚书、太子太傅、太保，赐号佐理功臣。永盛十四年（1718）、奉命以兵部右侍郎身份出使清朝。著有《往北使诗》《星槎诗集》《表文集》等。其中《往北使诗》是其出使中国时留下的诗文，收录诗歌 50

多首，主要为咏景诗和赠答唱和诗。

阮翘（1694—1771），号浩轩，后黎朝河内慈廉富舍人。永盛十一年进士。景兴三年（1742）奉命以正使身份出使中国。使还，升任义安督同，历官都御史、兵部左侍郎、翰林院检讨，封伯爵。著有《乾隆甲子使华丛咏》《浩轩诗集》《周易国音歌》等。其中《乾隆甲子使华丛咏》为景兴三年至景兴五年（1744）阮翘和阮宗窐分别以正使、副使身份出使清朝时歌咏、唱和之作，而又以阮宗窐所作为多。

阮宗窐（1693—1767），号舒轩，后黎朝太平御善福溪人。保泰二年（1721）进士第二甲第三名。累官京北承使、宣光督同、刑部左侍郎、户部左侍郎。后因事贬为庶民。晚年居家教学，谥岸肃。景兴三年、景兴九年（1748）分别以副使、正使身份两度出使清朝。著有《乾隆甲子使华丛咏》《使华丛咏集》《使程诗集》《使程新传》《咏史诗》《五伦叙》。其中《使华丛咏集》为阮宗窐第一次以副使身份出使清朝期间诗作的结集。《使程诗集》与《乾隆甲子使华丛咏》《使华丛咏集》部分内容有重复。

黎贵惇（1726—1784），字允厚，号桂堂，后黎朝太平延河人。景兴十三年（1752）第一甲进士第二名。历官翰林院侍读、翰林承旨、海阳道督同、户部右侍郎、吏部右侍郎。景兴二十一年（1760）由翰林院侍读充任甲副使出使清朝。景兴四十二年（1781）因谗贬降。卒后追赠工部尚书、颖郡公。著作宏富，有《桂堂诗汇选》《北使通录》《桂堂文集》《春秋略说》《书经衍义》《黎朝通史》《见闻小录》《群书考辩》等。其中《桂堂诗汇选》存诗 514 首，大部分诗作是景兴二十一年到景兴二十三年（1762）黎贵惇北使中国期间撰写的。《北使通录》则是其出使中国期间所撰日记体随笔。

阮辉𠐺（1713—1789），后黎朝河静罗山人。景兴九年进士及第，赐探花。主科举和国子监多年。官至吏部左侍郎，封都御史。年七十致仕，赠工部尚书。景兴二十六年（1765）奉命为正使北行入清廷岁贡。著有《奉使燕京总歌并日记》《北舆辑览》《燕轺日记》，均为燕行文献。其中《奉使燕京总歌并日记》每条日记后赋诗一首至十数首，内容亦多为流连烟霞、咏怀古迹，及与副使的唱和。

武辉珽（1731—1789），字温奇，号颐轩，谥文忠，旧名仲恭，后黎朝海阳唐安县慕泽人。景兴十五年（1754）进士及第。景兴三十二年（1771）以甲副使的身份出使清朝，次年春启程出使。景兴三十四年（1773）冬回国，升任兵部侍郎兼国子监祭酒。《华程诗》为其使途所写诗作。

胡士栋（1739—1785），字隆甫，号瑶亭、竹轩。后黎朝艺安琼流还厚人。景兴三十三年（1772）进士。景兴三十八年（1777）以副使身份出使清朝，次年春启程。历任户部左侍郎、权府事，封爵经阳侯，改封班亭侯、班海侯。后又任顺化督同、武官都指挥使。卒后赠工部尚书，封爵郡公。撰有《花程遣兴》，记录了作者出使途中的所见、所闻、所感，还包含了作者与中国官员、文人以及朝鲜使臣的赠答或唱和之作。

黎惟亶（1743—1789 后），后黎朝北宁省安丰县香罗社人。景兴三十六年（1775）进士。官参知政事，封香派伯。生活在后黎朝和西山阮朝交替的动乱时代，于昭统二年（1788）奉黎愍帝之命与黎侗、陈名案等一同北使中国，乞兵讨伐西山军。黎亡后遁迹山林，不知所终。撰有《使轺行状》，收诗 30 首，记录作者出使清朝的所见所感。

武辉瑨（1749—?），字自昭，唐安慕泽人。光中二年（1789）受召出仕西山阮氏，任工部侍郎，著尚书，封灏泽侯，奉命出使清廷。光中三年（1790）又因新封越南国王阮光平入觐乾隆帝，与潘辉益等再度出使中国。撰有《华原随步集》《华程后集》，前者所收诗作，为武辉瑨第一次出使中国时所作，按往返的行程编排次序，内容多为写景、抒情和交游。后者所收诗作，为作者第二次出使清廷时所作，因伴君而行，故所记不乏特殊之处。

潘辉益（1751—1823），字谦受，号裕庵，天禄省收获县人。景兴三十六年会元，在后黎朝任吏部右侍郎，与父潘辉盎、兄潘辉温同朝为官。在西山朝任侍中御史、礼部尚书。富有外交能力，因恢复中越交战而中断的外交关系，受封瑞严台公。光中三年乾隆帝八旬寿庆，奉命出使祝寿，因出使期间颇受礼遇，被称为越南历史上"使华之独步者"。著有《裕庵吟录》《裕庵文集》《邦交集》。其中《裕庵吟录》是潘辉益的诗文合集，由其本人晚年编订并作总序，包括《逸诗略纂》《星槎纪行》《逸诗略纂二》《南程续集》《逸诗略纂三》《云游随笔》。《星槎纪行》所收为潘辉益在光中三年出使清朝期间所赋诗歌。

段浚，生卒年不详，琼瑰县海安社人。越南西山朝、阮朝诗人。光中三年奉西山朝之命，以翰林待制的身份充使部员，跟随礼部尚书潘辉益、工部尚书武辉瑨等出使清朝。阮朝立国后，官至秘书署直学士，封海派侯。撰有《海烟诗集》《海翁诗集》，均为作者出使中国时的燕行诗集，诗中记载了沿途经历和风景名胜，部分诗歌是与中国官员、百姓和朝鲜使臣酬答唱和之作。

吴时任（1746—1803），字希尹，号达轩，河内清威县左清威社人。越南西山朝、阮朝诗人。景兴三十六年后黎朝进士，历任户部都给事中、山南道监察御史、京北督同、东阁校书。转仕西山阮朝后，任吏部左侍郎，赠爵晴派侯。光中年间，负责与中国邦交事宜，升兵部尚书，国史总裁。景盛元年（1793）奉命出使清朝。著有《皇华图谱》《春秋管见》《翰阁英华》《竹林宗旨元声》《燕台秋咏》《希尹公遗草》等。其中《皇华图谱》为燕行文献，所收以诗歌为主，间附文辞，诗作中有作者使途中的题咏和感怀，也有赠别之作。《燕台秋咏》则抄录了西山朝北使名臣武辉瑨、吴时任、潘辉益的燕行文字。该书第一部分包括两个小部分，一是以"秋某"二字为题的咏物组诗；二是紧接《燕台秋咏》组诗后的《中秋》诗，至位于《便殿趣朝》之前的《题黄冈苏东坡公祠》，作者均为武辉瑨。第二部分自《便殿趣朝》至位于《和答武工部》之前的《兴隆寺赠莲老禅师题赞》为吴时任的作品。第三部分自《和答武工部》至《特赐陪游西苑禁内恭纪》为潘辉益之作。第四部分自紧接《特赐陪游西苑禁内恭纪》后的《三江口怀古》至《扈

从万岁山恭纪》前，为武辉瑨之作。第五部分自《扈从万岁山恭纪》
至卷终，为潘辉益之作。

阮偍（1761—1805），原名儞，字进甫，号省轩，别号文村居士。
著名文人阮攸之兄。景兴四十四年（1783）后黎朝举人，任翰林院供
奉使、签书枢密院使。转仕西山朝后，累官翰林院侍书、东阁大学士、
枢密院行文书、兵部左奉护、中书省左同议等职。入阮朝后，屡被召留
京城，几年后受迫而卒。曾于光中二年、景盛三年（1795）两度以乙
副使身份出使清朝。《华程消遣集》包括两部分，依次为《华程消遣前
集》二卷、《华程消遣后集》四卷，内容各自独立。前集收录阮偍首次
出使清朝时所作之诗。后集依秋、冬、春、夏时序排列，收录阮偍第二
次出使清朝时所作之诗。

郑怀德（1765—1825），一名安，字止山，号艮斋。福建人后裔，
曾官户部尚书。学问博洽，擅长诗文。曾辑黎光定、吴仁静及自己之作
为《嘉定三家诗集》，遂有"嘉定三家"之名。撰有《艮斋观光集》，
是其于阮朝嘉隆元年（1802）至二年（1803）出使清朝期间所作的诗
歌合集。

吴仁静（约1763—1813），字汝山，嘉定人。自称祖籍为浙江山阴
县。历官翰林院侍学、兵部右参知、工部尚书等职。工于诗文，与郑怀
德、黎光定并称"嘉定三家"。撰有《拾英堂诗集》，书中诗作除《丁
卯年季秋钦命赐封高绵国王途经广义茶曲江遇洪水驻节龙头山》等数
首可明确判断非燕行文献外，其余均作于阮朝嘉隆元年至二年吴氏出使
清朝之际，诗作内容以描绘沿途自然风光及抒写旅程情思为主。

黎光定（1759—1813），字知止，号晋斋，承天富荣人。历官翰林
院制诰、东宫侍讲、兵部右参知、兵部尚书、户部尚书等职。曾于阮朝
嘉隆元年至二年任请封正使一职，偕副使黎正路、阮嘉吉出使清朝，请
求清廷承认阮朝立国，并改国号。擅长诗文，与郑怀德、吴仁静并称
"嘉定三家"。主修《大越一统舆地志》《嘉定城通志》。撰有《华原诗
草》，是其使华诗集。

阮嘉吉，号迪轩，文江县华救社人，生卒年不详。后黎朝昭统元年（1787）制科进士。入阮朝后，曾于嘉隆元年至二年以乙副使身份出使中国。回国后升礼部右参知，封葵江侯。性诙谐，敏应对，有文名。撰有《华程诗集》，是其出使清朝时的燕行诗集，收录 58 首诗歌，既有描述出使过程的心境和写景记事的诗，也有赠予中国文人的诗。

武希苏，号澹斋，阮朝唐安慕泽人，生卒年不详。博学多才，阮朝初年曾随军出征，奉旨佐师。嘉隆三年（1804）以使部录事身份奉命出使中国，并撰有《华程学步集》，内容包括歌咏使途中的名胜古迹，抒发对故乡的怀念，感叹世事艰辛，等等。

吴时位，生卒年不详，吴时任之弟。曾任吏部金事。于阮朝嘉隆八年（1809）、明命元年（1820）两次出使中国，撰有《枚驿诹余》。此书现存一册，仅为上集，记录作者从越南启程至中国湖北时的所见所感，描绘了清代中期从城市到农村的社会景象。

阮攸（1765—1820），字素如，号清轩，河静省宜春县仙田社人。阮朝著名的诗人、作家。阮氏为越南望族，攸兄阮偍仕西山朝，两次出使中国。阮攸以父荫封弘信大夫、卫尉出身、秋岳伯，并曾在西山朝三领乡荐。入阮朝后，知芙蓉县，历常信府知府、东阁学士，封攸德侯，官至礼部右侍郎、参知政事。嘉隆十二年（1813）充如清岁贡正使。明命元年（1820）再任求封部正使，未行，以病卒于京邸。阮攸出身文学世家，父兄叔侄皆以文名，国人以"鸿山文派"称之，而阮攸为其翘楚，博学多才，工于作诗，有《清轩诗集》《南中杂吟》《北行杂录》《使程诸作》《金云翘传》等著作。其中《北行杂录》收录的是阮攸北使中国纳贡时撰写的诗歌。

潘辉湜（1778—1844），字渭沚，号圭岳，谥庄亮，山西国威府瑞奎社安山邑人。嘉隆十二年应召出仕阮朝。嘉隆十六年（1817）以乙副使身份出使清朝。官至礼部尚书，颇受皇帝宠信。《使程杂咏》收录其使华期间所作诗歌，共 21 首，末有潘辉湜弟潘辉注作于明命元年的《使程诗集跋》。根据此跋所言，"集中该一百五十余首"，则《使程杂咏》应为《使程诗集》的选本。另有《琵琶行演音曲》《人影问答词余》《曲礼奏议》等著作。

丁翔甫，生卒年不详。于阮朝嘉隆十八年（1819）充任贺寿使出使清朝，庆贺嘉庆帝六十大寿。撰有《北行偶笔》，记录了北使行程中的自然人文景观和见闻感受。

潘辉注（1782—1840），字霖卿，号梅峰，山西国威府瑞奎社安山邑人，潘辉湜之弟。少有文名，酷爱读书，号称"书癖"。阮世祖嘉隆年间秀才。明命二年（1821）召补翰林编修。明命六年（1825）以翰林院侍读身份充任如清甲副使。后升承天府丞，调广南协镇，不久遭到贬谪。明命十二年（1831）以使团副使的身份再次北使，此次燕行的目的是贺道光帝寿辰。后又被派往荷属东印度（今印度尼西亚）。著有《华轺吟录》《华程续吟》《輶轩丛笔》《洋程记见》《历朝宪章类志》《皇越舆地志》等。其中《华轺吟录》二卷是潘辉注第一次出使清朝时的燕行诗集，分上下卷，共收录诗歌 275 首，赋 4 篇，词 8 首；《华程续吟》则是他第二次北使中国时的燕行诗集，收录诗歌 127 首。

黄碧山（1791—?），号懒斋，北宁龙编人。平生喜欢游历，工于写诗。阮朝明命六年应岁贡使部乙副使阮祐仁之邀，随使团北使中国。有《北游集》传世，书中所收乃黄碧山燕行往返时撰写的诗歌。

邓文启（1762—1834 前），号顺川，北宁文江弄亭人。阮朝明命六年举人，次年中丙戌科会元。明命十年（1829）以郎中充如清乙使。后因事降职。晚岁出使东南亚，客死他乡，赠礼部员外郎。《华程略记》收录的是其出使清朝时所作诗文。

张好合，号亮斋，新隆新庆人。阮朝嘉隆十八年举人，历官鸿胪寺卿、礼部侍郎、琼平巡抚。明命十二年、绍治五年（1845）两度出使中国。撰有《梦梅亭诗草》，此集起始有小部分诗歌作于越南，而自《梦梅亭华原草集》一诗起至卷末《抵南关喜作》，均为张好合以甲副使身份第一次如清时所作。

李文馥（1785—1849），字邻芝，号克斋，河内永顺人。其祖先原籍中国福建漳州府龙溪县，明清之际移居越南。李文馥于阮朝嘉隆十八年领乡荐，历任户部右侍郎、兵部主事、工部右侍郎、礼部右参知等职务。明命十二年至十七年（1836）曾四赴广东，一赴福建公干。绍治元年（1841）又以正使身份出使中国。李文馥著作丰富，有《闽行杂咏》《粤行吟草》《三之粤集草》《仙城侣话》《镜海续吟草》《周原杂咏草》《史程遗录》《使程括要编》《皇华杂咏》《西行见闻纪略》《西行诗纪》《吕宋风俗记》等。《闽行杂咏》收录了明命十二年李文馥奉命护送失风海上的中国官员回福建时所创作的诗歌。《粤行吟草》收录了明命十四年（1833）李文馥奉命护送中国广东水师官兵返回广东，在中国境内逗留期间所写的诗文。《三之粤集草》和《仙城侣话》收录了明命十六年（1835）李文馥第三次出使广东时撰写的诗文，此行的目的是与杜俊大、陈秀颖等人押送曾于南洋抢掠的三名中国水匪回国。《镜海续吟草》收录了明命十七年李文馥第四次出使广东时撰写的诗歌，此行的目的是与黎瑶甫、胡养轩等奉命驾"平洋号"船赴中国广东，察访遭风失踪的越南船只。《周原杂咏草》和《史程遗录》收录了绍治元年（1841）李文馥以礼部右参知充使部正使出使清朝告哀求封时所撰诗歌。

　　汝伯仕，字元力，号澹斋，生卒年不详，弘化葛川人。曾官翰林侍读，领清化督学。阮朝明命十四年（1833），与李文馥、黄文炯、黎文谦、阮文章奉命护送中国广东水师官兵返回广东。《粤行杂草编辑》是汝伯仕此行的诗文集。该书分为上下两卷，上卷主要收录汝伯仕出使途中纪行、写景、怀古之作及与使团其他成员、中国友人的唱和之作，共97首。下卷收录"馈赠诗"24首、"征诗启"1篇、"诗社"34首和"聊课"2对。

　　黎光院，生卒年不详。有《华程偶笔录》，收录了阮朝明命十四年（1833）其奉命出使中国时创作的诗歌。

　　范芝香（？—1871），字士南，号郿川，海阳省安眉县人。阮朝明命九年（1828）举人。历官知县、宁太总督、太原布政。于绍治五年（1845）、嗣德五年（1852）两次出使清朝。《郿川使程诗集》是其以第一副使身份首次出使清朝时留下的诗集。另有《志庵东溪诗集》《南史私记》《南天国语实录》等。

裴樻（1796—?），曾名裴玉樻，字海派，一字友竹，山南镇快州府仙侣县海天社人。阮朝明命九年（1828）中举，明命十年（1829）登进士第，官平富总督。历官刑部右参知、礼部右参知。嗣德元年（1848）奉阮翼宗之命以正使身份如清告哀请命。撰有《燕行总载》《燕行曲》《燕台婴语》《海派诗文集》。《燕行曲》为出使清朝时写的七言长诗，诗句多以行程所至之地名为起首文字。

阮攸（1799—?），原名保，字定甫，号九真，一号靖山，清化农贡人。阮朝嗣德元年（1848）进光禄寺卿，同年任如清乙副使一职，随正使裴樻、甲副使王有光一同出使清朝。其外祖为西山朝著名文臣潘辉益，曾于乾隆末年出使中国。《星轺随笔》分上、中、下三集，依次收录阮攸起程至镇南关、过关至抵京、在京及回程三段行程中创作的诗歌，集中原有诗140余首，今存119首。

阮文超（1799—1867，一说卒于1872），字逊班，号方亭，河内青池金缕乡人。阮朝明命六年（1825）举人，明命十九年（1838）中会试副榜。历任翰林院侍读学士、兴安按察使等职。嗣德二年（1849）以乙副使身份出使清朝。撰有《方亭万里集》《如燕驿程奏草》《方亭文类》《璧垣藻鉴》《大越地舆全编》等。《方亭万里集》收录其出使清朝往返途中所作的诗歌，约200首。

潘辉泳（1801—1871），字涵甫，号柴峰，安山瑞圭人。阮朝明命九年（1828）举人。为西山朝出使中国的著名文臣潘辉益之孙。嗣德六年（1853）至八年（1855）出使中国。归国后升刑部右参知、刑部尚书，不久改任礼部尚书，后任国史馆总裁、商舶大臣等官职，晚岁降为参知政事。撰有《骃程随笔》，是潘氏如清时所撰燕行诗集。

阮思僩（1823—?），原名文富，字恂叔，东岸榆林人。阮朝绍治四年（1844）进士。历内阁堤正、赞理海安军次，升吏部尚书，官至宁太总督。著有《燕轺笔录》《燕轺诗文集》《石农诗文集》等。嗣德二十一年（1868）以鸿胪寺卿充甲副使身份奉命出使中国。这是一次合咸丰七年（1857）、十一年（1861）与同治四年（1865）、八年（1869）四贡并进的行动。《燕轺笔录》是记录此次出使的文献丛编，主要记载出使前中越政府有关此次贡使的往复关文、使团组成人员情况、贡品清单、出使路线等，书中也有作者所见的中国当时社会状况的描述。《燕轺诗文集》则是阮思僩出使清朝时的诗文合集，诗集名为《燕轺诗草》，分上、下两卷，依使程顺序编录诸诗；文集名为《燕轺文集》，仅存上卷，主要内容多为公文，有谢表、祭神文、各类拜帖、禀文等，文集后附《中州琼瑶集》，收录的均是中国友人的临别赠诗。

范熙亮（1834—1886），字晦叔，河内寿昌南鱼人。阮朝嗣德十八年（1865）进士，官光禄卿。嗣德二十三年（1870）以甲副使身份奉使中国。撰有《北溟雏羽偶录》，是其如清时的燕行诗集，内容包括：往返途中游览名胜时的怀古之作，记述沿途有关活动和出使境遇的感慨之作，与中国士大夫往来酬和之作，与朝鲜使臣交往唱酬之作，等等。

裴文禩（1832—?），字殷年，号珠江、海农、逊庵，河内里仁府金榜县人。阮朝嗣德八年（1855）举人，嗣德十八年（1865）进士副榜，官至礼部右侍郎。嗣德二十九年（1876）以办内阁事务充丁丑贡部正使职务出使中国，有北使诗文集《万里行吟》《燕槎吟草》，又有唱和集《中州酬应集》《雉舟酬唱集》。《万里行吟》收录裴文禩燕行往返时所作诗歌；《中州酬应集》是裴文禩出使中国时士人赠诗、书札的丛编，收录了中国士大夫盛庆绂、杨恩寿、张秉铨、王先谦等三十余人的投赠或唱和之作；《雉舟酬唱集》为中国接伴使臣湖北护贡官员杨恩寿在湖南的家刻本，共录杨恩寿诗 56 首，裴文禩诗 49 首，附录孙衣言诗 1 首，张炳堃诗 2 首。

阮述（1842—?），字孝生，号荷亭，广南人。阮朝嗣德二十年（1867）举人，次年中进士副榜，累官养善堂教导、兴化巡抚、清化总督、吏部尚书、户部尚书、太子太保、协办大学士、兵部尚书。嗣德三十三年（1880）任如清岁贡正使，嗣德三十五年（1882）再充副使，与刑部尚书范慎遹往使天津，商讨对法事宜。《每怀吟草》二卷是阮述以正使身份第一次出使清朝时所作诗歌的结集，但抄本的卷一《明江登州因纪》至卷末、卷二《黄河早泛》至《济湘喜赋》并非阮述之诗。

综上所述，14—19 世纪中国使臣使越途中创作的诗歌，主要散见于其个人别集之中，且散佚情况较为严重。目前笔者收录中国使臣与使程有关的诗歌仅一千余首，其中明代诗歌留存约 600 首，清代诗歌留存约 300 首。相对而言，越南使臣燕行文献保存得比较完好，主要以诗集的方式流传，诗歌数量丰富，初步统计有几千首，其中阮朝诗歌留存数量最多。

第二章　中越使臣诗歌的地理空间

人类的社会活动和作家的文学创作，总离不开具体的时间和空间。地理环境不仅为人类生存提供了物质生活资料，也为文学创作提供了审美观照对象。"地理要素是作家想象力的源泉之一，文学中包含着大量的地域风情描写、地理空间感知和区域精神展示。几乎任何文学样式都有对地方色彩的描摹、对地域特性的刻写，文学与地理之间有着天然的亲缘关系和必然的内在联系。"[①] 中越使臣在出使过程中，行程万里，行经不同的区域，明显感受到不同地区山川风貌的不同特征。沿途的自然山水和城市风光是使臣着墨最多的对象，这些诗歌体现了使臣诗歌对地理空间的探索，呈现出丰富多彩的"在场感"与可视感，反映出文学与地理之间的密切关联，以及异域书写的特点和意义。

第一节　自然地理之美的文学呈现

中越使臣带着使命与荣耀出发，越过万水千山，途经州县府城，行程数以万计，时间动辄经年。正如明代使臣张弘至在《惶恐滩》中所言："异域经年到，孤舟万里还。"[②] 张以宁在《舟中望赣州》中亦称：

---

①　徐汉晖：《中国现代文学的地理维度探究》，《社会科学动态》2018 年第 12 期。
②　沈乃文主编：《明别集丛刊》（第一辑）第 84 册，黄山书社 2013 年版，第 272 页。

"欲问交州何处是，五羊南去万山高。"① 均指出目的地之遥远，给人以任重道远之感。而在越南使臣的笔下，也有颇多关于道路漫长的感慨：范芝香《元旦试笔次韵》云，"北上关河真万里，南来冠剑动经旬"（《志庵东溪诗集》）②；吴仁静《河北道中夜宿》云，"年余踪迹等萍蓬，越水燕山路万重"（《拾英堂诗集》）③；阮文超《回轺出燕京留宿西河》云，"皇华万里路，敢诧是知津"（《方亭万里集》）④；潘辉泳《出燕京》："又历关山八千里，吟鞭遥指日南峰"（《骐程随笔》）⑤；武辉珽《自梧州至昭平舟程即事》诗后有注云："自梧州至北京八千三百里，自苍梧至昭平三百六十六滩。"（《华程诗》）⑥ 使臣们不仅在诗歌中吟唱使程之遥远、任务之艰巨，有些使臣甚至将自己在使程中创作的诗歌结集后以"万里"命名，如张弘至《万里志》、裴文禩《万里行吟》、阮文超《方亭万里集》等，无不透露出超大的空间跨度。张弘至在《万里志自叙》中说："《万里志》，所以纪志万里之程者也。予奉使安南国，行且万三千余里。"⑦ 这些诗集的命名，也充分说明了使程空间距离之广远。相对于日本、朝鲜等地的燕行使臣，越南燕行使臣的空间跨度用"超大"来形容毫不为过。

广袤的地理空间为中越使臣的诗歌创作提供了不一样的机会，万里江山尽收眼底，跨国观照意趣无穷，故中越使臣诗歌呈现出丰富多彩的内容和鲜明生动的特点，既有对林泉清幽、洞石奇趣、平野空旷的展

---

① 《景印文渊阁四库全书》，（台北）台湾商务印书馆 1986 年版，集部别集类集 1226，第565 页。

② 中国复旦大学文史研究院、越南汉喃研究院合编：《越南汉文燕行文献集成》（越南所藏编）第 17 册，复旦大学出版社 2010 年版，第 181 页。

③ 中国复旦大学文史研究院、越南汉喃研究院合编：《越南汉文燕行文献集成》（越南所藏编）第 9 册，复旦大学出版社 2010 年版，第 61 页。

④ 中国复旦大学文史研究院、越南汉喃研究院合编：《越南汉文燕行文献集成》（越南所藏编）第 16 册，复旦大学出版社 2010 年版，第 298 页。

⑤ 中国复旦大学文史研究院、越南汉喃研究院合编：《越南汉文燕行文献集成》（越南所藏编）第 17 册，复旦大学出版社 2010 年版，第 305 页。

⑥ 中国复旦大学文史研究院、越南汉喃研究院合编：《越南汉文燕行文献集成》（越南所藏编）第 5 册，复旦大学出版社 2010 年版，第 267—268 页。

⑦ 沈乃文主编：《明别集丛刊》（第一辑）第 84 册，黄山书社 2013 年版，第 247 页。

示，又有对山水险峻、关河壮阔、风俗殊异的描写，诗情与画意交融，优美与壮美叠加，异彩纷呈。正如周晓琳等评价作家的纪行作品时所言："他们一方面饱尝了行走带给自己的各种痛苦，另一方面也有幸观赏到行走途中不断呈现的各种奇景异物。……以审美的目光深情地注视沿途的山水草木和风俗民情，并将自己的见闻诉诸笔墨之后，一首首登临之诗，一篇篇纪游之文，便向世人呈现出中华大地的自然地理和人文地理之美。"①

一　山水风貌的区域性

14—19 世纪中国使臣出使越南时，在中国境内主要经行的路线是：北京—河北—河南—湖北—湖南—广西（按今之行政区划）。比如元朝陈孚和傅若金在赴越途中走的就是这一线路。据元朝的行政区划，他们共途经三个省，依次为中书省、河南江北行省、湖广行省，最后进入越南境内。而明朝初年的使臣，则从南京出发，经安徽—江西—湖北—湖南—广西（按今之行政区划），抵达越南。比如黄福《奉使安南水程日记》就对其在永乐四年（1406）出使越南的路线有详细的介绍，从南京下关龙江驿启程，途经安庆、彭泽、九江、黄州、武昌、湘阴、长沙、湘潭、醴陵、衡阳、永州、桂林、阳朔、平乐、苍梧、藤县、平南、桂平、横州、南宁等地，之后从凭祥进入越南。清代前期的使臣，往往从北京出发，经过今之天津、河北、山东、江苏、安徽、湖北、湖南、广西，到达越南河内。比如吴光于康熙三年（1664）出使越南时就走这一路线，其《使交集》留下路程的清晰记录。而清代中后期，赴越使臣多由广西地方官担任，其行程就大大减少了。

14—19 世纪越南使臣出使中国时最常规的路线是：广西—湖南—湖北—河南—河北—北京（按今之行政区划）。比如，乾隆五十四年（1789）阮偍等人、乾隆五十八年（1793）吴时任等人、嘉庆九年（1804）

---

① 周晓琳、刘玉平：《空间与审美——文化地理视域中的中国古代文学》，人民出版社 2009 年版，第 146 页。

武希苏等人、道光五年（1825）潘辉注等人、道光二十九年（1849）
阮文超等人、同治七年（1868）阮思僩等人奉使如清走的都是这一贡
道，河北当时属于直隶。因 14—19 世纪时间跨度较大，古代中国在这
期间经历了元、明、清三个朝代，所以各个时期的贡道有一些差异。按
今之行政区域大致区分，延祐元年（1314）阮忠彦等使臣从广西入境，
经湖南、湖北、江西、安徽、江苏、河北，最终到达北京（元大都）。
万历二十五年（1597）冯克宽等使臣从广西到广东，再经江西、浙江、
江苏、山东、河北，抵达北京。康熙五十四年（1715）阮公基等使臣
走的是广西—湖南—湖北—江西—安徽—浙江—江苏—山东—北京这一
路线。乾隆七年（1742）阮宗窒等使节、乾隆二十五年（1760）黎贵
惇等使臣经广西、湖南、湖北、江西、江苏、山东、河北，到达北京。
乾隆五十五年（1790）潘辉益等使臣由广西至广东，再经江西、湖北、
河南、河北，抵达北京。嘉庆七年（1802）郑怀德等使节则由广东入境，
再经广西、湖南、湖北、河南、河北，到达北京。

　　14—19 世纪中越使臣不辞万里奉命出使，行程所及半个中国，从
他们的经行路线看，在中国境内主要跨越了桂岭、湘水、江汉、河朔和
燕云等区域，即今之广西、湖南、湖北、河南、河北、北京等省市，部
分使臣如李文馥到过福建，郑怀德到过广东，阮述到过天津，等等。经
行的区域不同，这些使臣诗歌带有明显不同的地域特征。越南潘辉注在
道光五年（1825）出使大清时曾说道："长路驰驱，周星涉历，凡梧江
桂岭之苍幽，湘水灵山之秀峭，与夫荆湖江汉胜景之无涯，河朔燕云壮
观之攸萃，随地游瞩，眼思豁如。"（《华轺吟录》自序）① 明确指出各
地山水风光的区域性特点，广西风光之"苍幽"有别于湖南山水之
"秀峭"，湖北江湖之开阔不同于黄河以北地区关河之壮观。越南使臣
阮文超也有相似的感受："自出南关，至燕京，道广西、湖南、湖北、
河南、直隶，凡有万里。广西地连五岭，其大概则山粗水急。湖广地称

---

① 中国复旦大学文史研究院、越南汉喃研究院合编：《越南汉文燕行文献集成》（越南所藏
编）第 10 册，复旦大学出版社 2010 年版，第 178 页。

泽国,其大概则水秀山清。河南豫土,四野宽平,岷山黄河,众水所
归。直隶冀野,地居高脊。太行自南而北,水随山上游,颇为独异。"①
这是阮文超在道光二十九年（1849）出使清朝时所言,反映了 19 世纪
中期广西、湖南、湖北、河南、河北等地山水风貌的不同特征。相较于
潘辉注所言,阮文超不但指出了各地的区域性特征,还说明了特征形成
的原因。阮文超认为,广西地连五岭,地貌以山地和丘陵为主,故江河
水流湍急。湖南、湖北湖泊与河流众多,被誉为泽国水乡,故山水清
嘉。河南地处中州,所以"四野宽平";黄河汇纳百川,所以大气磅
礴。河北"地居高脊",水流独异。潘辉注和阮文超非常准确地概括出
中国山川风貌的区域特点,下面试结合中越使臣的诗歌创作再分述之。

广西山地丘陵多,江河水流湍急,所以中越使臣途经此地时所创作
的诗歌较多描写山岭的险峻和河流的曲折。盘石山、画山、八十里山、
摩云岭、仙弈山、五险滩等都曾出现在诗人的笔下。陈孚的《盘石山》
就用夸张的手法突出盘石山的高峻:"悬崖千仞铁崔嵬,势似飞虬卷海
来。我见只疑山欲跃,马蹄不敢蹴青苔。"② 盘石山位于广西全州西面,
据《广西通志·山川略》记载,磐（盘）石山"两峡壁立千寻,下临
寒潭,澄澈无底。壁上有泉数道,跳玉溅珠,飞流注江"③。陈诗描写
了盘石山峭壁高耸、山势飞跃,犹如海上的飞龙卷浪而来,就连马都望
而却步、畏惧不前了,突出了山的险要。傅若金在《仙弈山》中写道:
"绝壁青天里,危亭绿树中","五岭尘犹暗,三山路岂通"。④ 傅若金使
程所见,仙弈山的绝壁直入云天,山上的高亭隐没在绿树丛中;五岭绵
延不断,道路不通。阮宗窒的《五滩晓泛》云:"十里石堆千级浪,一
流矶转五回澜。"⑤ 写五险滩水急浪高、航道曲折。阮偍的《槎江舟程》

---

① 中国复旦大学文史研究院、越南汉喃研究院合编:《越南汉文燕行文献集成》（越南所藏
编）第 17 册,复旦大学出版社 2010 年版,第 5—6 页。

② 杨镰主编:《全元诗》第 18 册,中华书局 2013 年版,第 376—377 页。

③ （清）谢启昆修,（清）胡虔纂:《广西通志》,广西人民出版社 1988 年版,第 3016 页。

④ 杨镰主编:《全元诗》第 45 册,中华书局 2013 年版,第 63 页。

⑤ 中国复旦大学文史研究院、越南汉喃研究院合编:《越南汉文燕行文献集成》（越南所藏
编）第 2 册,复旦大学出版社 2010 年版,第 162 页。

也描写了五险滩的奇险："既下五险滩，龙门与立壁"，"矶藏水底锥，峰露江中戟"，"船头横后斜，屡转随水脉"①，两岸峭壁耸立，江中暗礁藏匿，不时露出石峰，水流很急，船头屡受水势所牵。当然，广西也有不少美丽的风光，尤其让越南使臣流连忘返。越南使臣诗中有大量关于桂林八景、梧州八景、浔州八景的描写和歌咏，还有《左江春泛》（阮宗窐）、《画山春泛》（阮忠彦）、《邕州江行》（范熙亮）、《花桥夜步》（范熙亮）、《阳朔江行》（范熙亮）等对各地风光的吟唱。这些数量相当的描写秀丽山水风光的诗歌，改变了世人眼中广西"穷山恶水"的刻板印象。由此可见，广西山水有两种明显的特色，一是山高水急，悬崖峭壁林立，暗礁险滩密布，使臣在此地的创作更多沾染当地奇瑰崔嵬之气；一是山清水美，奇花缀岸，舟行江中，风景如画，这又使创作于此地的相关诗作呈现清奇俊逸的特征，可谓"得江山之助"。

湖南、湖北位于长江中游，河湖众多，是湘、资、沅、澧四水流经之地，且拥有洞庭湖、鄱阳湖等众多湖泊，山高林密，气候湿润。近人汪辟疆说："荆楚地势，在古为南服，在今为中枢。其地襟江带湖，五溪盘亘，洞庭云梦，荡漾其间。"② 使臣途经此地留下不少歌咏洞庭湖、长江的诗句，意境壮阔、气象万千。比如咏洞庭湖的有"洞庭水色接天边"③，"波吞地尽鱼龙阔，岸杳天兼星月浮"④；咏长江的有："长江万顷碧连天"⑤，"长江夜色碧悠悠"⑥，"舟泛长江浪接天"⑦；等等。这

---

① 中国复旦大学文史研究院、越南汉喃研究院合编：《越南汉文燕行文献集成》（越南所藏编）第 8 册，复旦大学出版社 2010 年版，第 193 页。

② 汪辟疆：《汪辟疆说近代诗》，上海古籍出版社 2001 年版，第 20—21 页。

③ 中国复旦大学文史研究院、越南汉喃研究院合编：《越南汉文燕行文献集成》（越南所藏编）第 3 册，复旦大学出版社 2010 年版，第 188 页。

④ （清）吴光：《使交集》，刘承干辑：《吴兴丛书》，吴兴刘氏嘉业堂刊 1927 年版，第 7 页。

⑤ 中国复旦大学文史研究院、越南汉喃研究院合编：《越南汉文燕行文献集成》（越南所藏编）第 5 册，复旦大学出版社 2010 年版，第 152 页。

⑥ 中国复旦大学文史研究院、越南汉喃研究院合编：《越南汉文燕行文献集成》（越南所藏编）第 7 册，复旦大学出版社 2010 年版，第 25 页。

⑦ 中国复旦大学文史研究院、越南汉喃研究院合编：《越南汉文燕行文献集成》（越南所藏编）第 8 册，复旦大学出版社 2010 年版，第 50 页。

些诗句将湖北、湖南的美景展露无遗，令人神往。

河南是中华文明和中华民族最重要的发源地，又称"中州""中原"，被华夏民族视为天下的中心。河南地势西高东低，北、西、南面有太行山、伏牛山、桐柏山、大别山；中、东部为黄淮海冲积平原；西南部为南阳盆地。河南地理位置优越，素有"九州腹地、十省通衢"之称。途经河南的越南使臣，记录了此地的地貌特点："驱车入河南，古道平如址"①"平原回望阔，粮麦连天起"②"太行山峻西瞻近，三晋云连北向遥"③。

河北在元、明、清三代，因首都设在北京，成为京畿重地。元属中书省，明为北直隶，清置直隶省。河北地势西北高、东南低，西北部为山地、丘陵和高原，中部和东南部为平原。全省主要由坝上高原、燕山和太行山山地、河北平原三大地貌单元构成，而以平原为主。广阔的平原、肥沃的土地造就了河北优越的自然环境。越南使臣在北使过程中，记录了他们对河北地理环境的初印象："康衢冀北野，流水唐河名"④，"四野分城阔，双泉夹郡流"⑤。

中国幅员辽阔，各地的山川地貌呈现不同的区域特征。带着或"壮游"或"清游"的心态，使臣们且行且赏，边行走边记录沿途风光，阮宗窑说，"江天迢递挂帆樯，饱闲眼观上国光。楚水吴山经点检，鲁风燕月共平章"（《到河西》）⑥；潘辉注说，"莫讶故乡天海远，

<hr />

① 中国复旦大学文史研究院、越南汉喃研究院合编：《越南汉文燕行文献集成》（越南所藏编）第11册，复旦大学出版社2010年版，第323页。
② 中国复旦大学文史研究院、越南汉喃研究院合编：《越南汉文燕行文献集成》（越南所藏编）第11册，复旦大学出版社2010年版，第323页。
③ 中国复旦大学文史研究院、越南汉喃研究院合编：《越南汉文燕行文献集成》（越南所藏编）第12册，复旦大学出版社2010年版，第69页。
④ 中国复旦大学文史研究院、越南汉喃研究院合编：《越南汉文燕行文献集成》（越南所藏编）第16册，复旦大学出版社2010年版，第289页。
⑤ 中国复旦大学文史研究院、越南汉喃研究院合编：《越南汉文燕行文献集成》（越南所藏编）第16册，复旦大学出版社2010年版，第291页。
⑥ 中国复旦大学文史研究院、越南汉喃研究院合编：《越南汉文燕行文献集成》（越南所藏编）第2册，复旦大学出版社2010年版，第257页。

壮游且喜渡桑乾"(《过卢沟桥》)①；武辉瑨说，"公驿题诗应乐趣，吟鞭趁月也清游"(《涿州夜行，回观家尊诗稿有〈涿州见雪〉之作，依韵抒怀》)②；阮偍说，"胜景重兼闲趣味，津头唤酒醉渔翁"(《赵坡晴眺》)③。越南使臣在北使过程中，因空间跨度大，可以对比观照，故能对使程所经之地进行整体统揽而写下他们的总印象。潘辉注、阮文超等人的整体感知基本是符合实际的。

二　山川风貌的丰富性

早在出使之前，越南使臣就以文献为媒介在心中描绘了中华大地的种种景致，所以一旦踏上中土就满怀期待地一一印证或带着新奇的目光一路探寻。中越使臣在南来北往的长途跋涉中，既体会到了各地山川地形的区域差异，也见证了各地山川风貌的多彩呈现，山水之秀、洞石之奇、林壑之幽、江湖之阔、平野之旷、关河之壮尽收眼底并形诸笔端，其中既有名山胜水，也含荒岭幽谷，全方位、多角度地展现了出使途中万水千山的真实画卷。

（一）山水之秀

中华大地，秀丽的风光随处可见。著名的有桂林山水、杭州西湖等。韩愈用"江作青罗带，山如碧玉簪"描摹出桂林如诗如画的自然风光；苏轼用"水光潋滟晴方好，山色空蒙雨亦奇"极力夸赞了西湖浓淡相宜的秀美景象，这些明秀的山山水水，让人心驰神往。在中越使臣的纪行诗中，不仅包含桂林八景、潇湘八景等名闻天下的自然景观，而且囊括许许多多不为人知的美丽景致，比如梧州八景、浔州八景、龙州风光、湘江美景等。中越边界的龙州罕为人知，如果不是赴越出使，

---

①　中国复旦大学文史研究院、越南汉喃研究院合编：《越南汉文燕行文献集成》（越南所藏编）第10册，复旦大学出版社2010年版，第275页。

②　中国复旦大学文史研究院、越南汉喃研究院合编：《越南汉文燕行文献集成》（越南所藏编）第6册，复旦大学出版社2010年版，第323页。

③　中国复旦大学文史研究院、越南汉喃研究院合编：《越南汉文燕行文献集成》（越南所藏编）第8册，复旦大学出版社2010年版，第238页。

元末明初的林弼几乎不会涉足此地。正是出使的契机，让他能够一览广西的山水美景。林弼《龙州》其八："白沙青石小溪清，鱼入疏罾艇子轻。谩说南荒风景异，此时真似剡中行。"其十："龙州溪洞极南边，鸡犬桑麻自一天。流水桃花今有路，何须更觅武陵仙。"① 在中原人的眼中，广西被冠以"穷山恶水"的标签，故诗中有"谩说南荒风景异"之句。林弼用清新自然的语言描写了龙州山水风光和田园风光的美好景致，并将其与闻名遐迩的剡中、武陵之景相媲美，评价甚高。人们很难将龙州与剡中、武陵相联系，剡中为今浙江嵊州、新昌一带，当地有剡溪，山清水秀，李白"竹色溪下绿，荷花镜里香"（《别储邕之剡中》）② 的诗句早就深入人心；而陶潜《桃花源记》中的武陵源更是让人向往："忽逢桃花林，夹岸数百步，中无杂树，芳草鲜美，落英缤纷。"③ 林弼见证了龙州的山水之秀美，消除了别人对广西山水的成见。越南使臣范熙亮的《邕州江行》《花桥夜步》《阳朔江行》等，都是描绘广西秀丽山水的诗歌，改变了世人眼中桂岭荒僻的刻板印象。越南使臣阮宗窐在乾隆七年（1742）出使清朝，对广西的秀美山水也多有描绘，其《桂江晓发》一诗云："嫩凉轻拂草萋萋，竖起牙樯万岭低。细雨浸空春世界，奇花缀岸锦山溪。云妆岫色清于画，树点村容翠欲迷。好向晚晴舒望眼，长松系缆步沙堤。"④ 这是一幅流动的画面，既有空间的位移，也有时间的推移，可谓"诗中有画，画中有诗"，将桂江的秀美细细点染。早上从桂江出发的时候，有一点微寒，故用"嫩凉"二字轻轻挑出。"竖起牙樯"照应诗题"晓发"，"万岭低"则指出观景的角度，即在舟中远观。"细雨"一联形容入妙，一个"浸"字写足春天时节细雨蒙蒙、滋润万物的景象；"奇"和"缀"字将各种不知名的花朵竞相开放的热闹场面表现得淋漓尽致。而随着时间的流动和空间的

---

① 《景印文渊阁四库全书》，（台北）台湾商务印书馆 1986 年版，集部别集类集 1227，第 64 页。
② （清）彭定求等编：《全唐诗·卷二》，中州古籍出版社 2018 年版，第 826 页。
③ （晋）陶潜著，逯钦立校注：《陶渊明集·卷之六》，中华书局 1979 年版，第 165 页。
④ 中国复旦大学文史研究院、越南汉喃研究院合编：《越南汉文燕行文献集成》（越南所藏编）第 2 册，复旦大学出版社 2010 年版，第 183 页。

转换，云妆山色、树点村容——呈现，美不胜收。尾联叙述为了从容观赏雨过天晴的黄昏景致，故泊舟江岸，漫步沙堤。中间两联写景灵动、对仗工丽，是越南使臣诗中难得的佳句杰构。可以毫不夸张地说，阮宗窐很好地吸纳了中国唐代格律诗的传统，写出了极具审美价值的汉文诗。又如《画山春泛》，阮宗窐描绘了画山一带山水相映的美丽图景："春光淡淡水迢迢，高挂风帆拂绛霄。山列瑶岑迎鹥首，烟横玉带束林腰。青涵碧落罗千顷，白界苍岩练一条。就是辋川奇妙手，江山如许笔难描。"①（《画山春泛》）山如瑶簪，水若玉带，春光淡淡，意兴甚浓。如此景致，即使王维在世，恐怕也难以描画。阮诗化用了韩愈诗句，将桂林山水之秀美融入叙述、描写和抒情，全诗自然浑成。吴光于康熙三年（1664）赴越出使，在他眼中，湘江无处不美，无论是"江青细雨中"（《湘江杂咏》其一），"城西照夕曛"（《湘江杂咏》其二），或是"朗月正娟娟"（《湘江杂咏》其三），都"胜绝临图画"，让人发出"烟霞思不穷"（《湘江杂咏》其一）的感慨。"渚蒲依浆绿，罾火动波红"②（《湘江杂咏》其一），"悬泉泻壁冷，落木响岩闻"③（《湘江杂咏》其二），"缥缈山沉雾，虚无水接天"④（《湘江杂咏》其三），正是这一幅幅流动的画，让诗情勃发，故流泻出一首首动听的山水清音。

（二）洞石之奇

广西地处我国南方边陲，石灰岩广布，降水丰沛，属于典型的喀斯特地貌，即岩溶地貌。清人汪森在《粤西诗载》序中说："粤西僻在遐陬，声明文物之盛，虽逊于中土，若林薮岩洞之奇特，则夙称山水区者，亦莫或过之。"⑤ 即指出了广西奇峰罗列、洞幽石奇的独特景致。中国使臣吴光，越南使臣黎贵惇、潘希曾、武辉珽、阮宗窐等，对广西

---

① 中国复旦大学文史研究院、越南汉喃研究院合编：《越南汉文燕行文献集成》（越南所藏编）第2册，复旦大学出版社2010年版，第173页。

② （清）吴光：《使交集》，刘承干辑：《吴兴丛书》，吴兴刘氏嘉业堂刊1927年版，第7页。

③ （清）吴光：《使交集》，刘承干辑：《吴兴丛书》，吴兴刘氏嘉业堂刊1927年版，第7页。

④ （清）吴光：《使交集》，刘承干辑：《吴兴丛书》，吴兴刘氏嘉业堂刊1927年版，第8页。

⑤ （清）汪森编辑，桂苑书林编辑委员会校注：《粤西诗载校注》，广西人民出版社1988年版，第8页。

的溶洞岩石皆有描述。吴光《槎江杂咏》其十云："溪谷连诸峒，风沙绕百蛮。松门云淡淡，藤峡水潺潺。壁向青蓉削，林腰锦树斑。斯游良不厌，多遇绝奇山。"① 槎江位于今广西横县境内，吴诗描绘了溪谷与山洞相连、石壁陡峭、藤树茂密的景象，并发出了"斯游良不厌"的感慨。黎贵惇在《游龙头大岩》中记录游赏龙头大岩的直观感受："一洞横云石似钟，千峰回绕玉玲珑。面前数亩平如席，春在柴扉竹坞中。"② 岩洞高耸入云，岩石形似洪钟，千峰环绕，玉石玲珑，而出人意料的是数亩平地的突然出现，"柴扉竹坞"的怡然自得，让人有"柳暗花明又一村"的意外惊喜，可谓石奇景奇。广西奇石甚多，曾让过往的使臣叹为观止、玩之不厌。潘希曾有《南宁太平之间岩石奇绝累日玩之不厌》诗："两涯回石壁，悦玩竟忘疲。混沌何人凿，玲珑一世奇。累累鼎象物，隐隐画藏诗。绝顶云昏处，惟应仙鹤知。"③ 各种各样姿态万千的奇石让诗人赞叹不已，并遗憾无法俯瞰"绝顶云昏处"的岩石，只能羡慕仙鹤。尾联想象丰富，饶有意趣。阮翘、阮宗窒的《题半仙洞》，武辉珽的《题伏波岩》，等等，也是描写岩洞之奇的诗歌。

（三）林壑之幽

在使臣诗歌中，对幽深山林的描写也随处可见。吴光的《祁阳道中》描写了幽峭深秀的林壑之景："岭阜蕴奇秀，岩壑隐深窈。樛枝相蔽亏，崇霞朗余照。崖仄景已沉，谷显阳尚曜。澄观清潭濑，静聆哀猿噭。……攒丹被云锦，积翠郁蒨峭。参错沿莽樾，摇曳映松萝。"④ 诗中描绘的是祁阳沿途风光，山岭奇秀，岩壑幽深，枝叶交错遮蔽，崖谷明暗相异，潭水清澈，哀猿时鸣，红霞与绿树交相辉映，莽樾和松萝互相缠绕。吴光的《画山》也有关于林泉与幽壑的描画："云重锦树合，

---

① （清）吴光：《使交集》，刘承干辑：《吴兴丛书》，吴兴刘氏嘉业堂刊 1927 年版，第 17 页。

② 中国复旦大学文史研究院、越南汉喃研究院合编：《越南汉文燕行文献集成》（越南所藏编）第 3 册，复旦大学出版社 2010 年版，第 130 页。

③ 《景印文渊阁四库全书》，（台北）台湾商务印书馆 1986 年版，集部别集类集 1266，第 666 页。

④ （清）吴光：《使交集》，刘承干辑：《吴兴丛书》，吴兴刘氏嘉业堂刊 1927 年版，第 9 页。

雾袅细泉分。蛮落深崖聚，恒穿虎豹群。"① 傅若金于元统三年（1335）
南使，路过衡山，作《登岳》诗二首，其一云："衡阳烟树翠重重，知
有仙居近古松。采药犹嫌山鬼识，诵经不使世人逢。日光冷射朱陵洞，
云气晴熏紫盖峰。惟恨南征逼霜雪，未能相逐遍携筇。"② 诗中描写了
衡山环境的幽静与清雅，绿树重叠、古松遒劲。仙人避于山林，独自
"采药"、独自"诵经"，不愿与世人来往，甚至不愿与山神相遇。日光
之下，朱陵洞依然清冷无比，紫盖峰周围云气缭绕。诗句交代了仙人喜
欢独居的禀性以及衡山山洞、山林的清幽。

（四）江湖之阔

中越使臣均有咏洞庭湖的诗作，写出洞庭湖水势浩大、广阔无垠的
浩瀚气象。且看越南使臣黎贵惇的诗："洞庭水色接天边，青草湖旁一
望连。闻说轩皇张乐处，山巅台址尚依然。"③ 这是黎贵惇《潇湘百咏》
中的九十八首，前两句描写了洞庭湖和青草湖两湖相连的壮阔景象。再
看中国使臣吴光的《洞庭湖》："泱漭风涛万里秋，洞庭东枕大江流。波
吞地尽鱼龙阔，岸杳天兼星月浮。隐见云帆归澧浦，微茫草树识巴丘。
君山祠庙瞻空翠，落日湘灵起暮愁。"④ 这首诗境界开阔、气象磅礴，首
联描写洞庭湖风起涛涌，远接长江的壮阔气势，颔联更是神来之笔，可
与杜甫"吴楚东南坼，乾坤日夜浮"（《登岳阳楼》）一联相媲美，极言
洞庭湖吞吐宇宙的恢宏气势。越南使臣潘辉注的《望黄鹤楼歌》则写了
从黄鹤楼俯瞰长江的开阔景象："我来万里泛星槎，云水楼前阔眼多。江
汉浩茫今古意，夕阳凭眺俯沧波。"⑤ 诗人从万里之外的越南来到黄鹤楼，
登楼远眺，看到浩浩汤汤的长江沧波，不免心情激荡，思接千古。

---

① （清）吴光：《使交集》，刘承干辑：《吴兴丛书》，吴兴刘氏嘉业堂刊1927年版，第12页。
② 杨镰主编：《全元诗》第45册，中华书局2013年版，第92页。
③ 中国复旦大学文史研究院、越南汉喃研究院合编：《越南汉文燕行文献集成》（越南所藏
编）第3册，复旦大学出版社2010年版，第188页。
④ （清）吴光：《使交集》，刘承干辑：《吴兴丛书》，吴兴刘氏嘉业堂刊1927年版，第7页。
⑤ 中国复旦大学文史研究院、越南汉喃研究院合编：《越南汉文燕行文献集成》（越南所藏
编）第10册，复旦大学出版社2010年版，第247—248页。

（五）平野之旷

越南使臣由南往北，进入荆楚之地，有一种豁然开朗的感觉，"路入中州眼界宽，山无烟瘴水无澜"（黎光定《答赠汉阳员外郎汪》）①。而且，田园风光也很宜人，阮述《孝感道中》其一云："群山缭绕马溪东，日上春云散晓红。好为田家装画幅，瓜棚雨后麦畦风。"② 春日晓云、瓜棚雨声、麦田春风，如诗如画。到达中原以后，平野显得更加开阔，阮思僴在《新乐喜雨》中说："我行历燕赵，麦地平以宽。"③ 吴时任在《河北道中》中云："迢迢荡道宣车战，漠漠平原可井田。"④ 记录的是黄河以北一带平原辽阔、稻田广布的景象。郑怀德在《直隶道中书事》中写道："正熟平田秋万顷，风吹禾黍制人香。"⑤ 描写了直隶省田地一望无际、粮食丰收在望的场景。

（六）关河之壮

使臣诗中记录了黄河的壮阔、太行山的高峻、卢沟桥的险要、长城的雄伟，展示了中国山水的壮丽之美。黄河是位于中国北方地区的大河，是中华文明最主要的发源地。自古以来，对黄河的歌咏不绝如缕，王之涣"白日依山尽，黄河入海流"（《登鹳雀楼》）⑥，"黄河远上白云间，一片孤城万仞山"（《凉州词》）⑦，都是脍炙人口的名句，前两句写出了黄河向着大海滔滔东去的壮丽景色，后两句从自下而上的视角写出远眺黄河的特殊感受，别出心裁。而李白则用夸张的手法，描绘了黄河自天

---

① 中国复旦大学文史研究院、越南汉喃研究院合编：《越南汉文燕行文献集成》（越南所藏编）第 9 册，复旦大学出版社 2010 年版，第 133 页。

② 中国复旦大学文史研究院、越南汉喃研究院合编：《越南汉文燕行文献集成》（越南所藏编）第 23 册，复旦大学出版社 2010 年版，第 59 页。

③ 中国复旦大学文史研究院、越南汉喃研究院合编：《越南汉文燕行文献集成》（越南所藏编）第 20 册，复旦大学出版社 2010 年版，第 130 页。

④ 中国复旦大学文史研究院、越南汉喃研究院合编：《越南汉文燕行文献集成》（越南所藏编）第 7 册，复旦大学出版社 2010 年版，第 223 页。

⑤ 中国复旦大学文史研究院、越南汉喃研究院合编：《越南汉文燕行文献集成》（越南所藏编）第 8 册，复旦大学出版社 2010 年版，第 338 页。

⑥ （清）彭定求等编：《全唐诗·卷三》，中州古籍出版社 2018 年版，第 1298 页。

⑦ （清）彭定求等编：《全唐诗·卷三》，中州古籍出版社 2018 年版，第 1298 页。

而降、滚滚东流的磅礴气势："君不见黄河之水天上来，奔流到海不复回"（《将进酒》）①，"黄河落天走东海，万里写入胸怀间"（《赠裴十四》）②，"黄河西来决昆仑，咆哮万里触龙门"（《公无渡河》）③。对于中国境内的第二条大河，越南使臣也投注了关切的目光，路经黄河，留下不少吟咏之作。潘辉泳《渡黄河》："一带长河接远空，九千余里水朝东。涵虚量纳群流细，望秩名高四渎中。今古几回包老笑，源头何处汉槎通。海邦人过吟怀爽，泛泛轻帆趁晓风。"④ 首句依稀可见王之涣《凉州词》的痕迹，远观黄河，清新淡远，第二句则展示了黄河壮阔的气势，"九千余里水朝东"，大气磅礴；颔联重在揭示黄河海纳百川的胸襟，深化对景物的描写；颈联以清官包拯的"清"暗写黄河水之"浊"，意味深长；尾联自写感受，表达游赏时的惬意。潘辉注《过黄河》："黄河自古曾称险，华辔如今又问程。十里冲关洪浪涌，片帆稳送晓风轻。八千此路欣重涉，五百何年见一清。觅胜苍茫征思缈，绿水堤上远山横。"⑤ 此诗围绕黄河之险、壮、浊抒写观感，既写出了历史的悠久，也突出了空间的跨度，结语余韵袅袅。范熙亮的《渡黄河》记录由南往北一路奔波沿途览胜的经过："浮湘涉汉阅时多，荣泽秋风继棹歌。旅况莫愁催白发，胜游今始渡黄河。地交南北两州界，天入沧浪万顷波。清晏可能逢盛际，记予一笑此回过。"⑥ "天入沧浪万顷波"一句写得很有气势。从以上描写中可以看出黄河之水的波澜壮阔。潘辉注的《次县野望》则描写了太行山的高峻壮丽："太行山峻西瞻近，三晋云连北向遥。"⑦ 黎光院的

① （清）彭定求等编：《全唐诗·卷三》，中州古籍出版社 2018 年版，第 775 页。

② （清）彭定求等编：《全唐诗·卷三》，中州古籍出版社 2018 年版，第 801 页。

③ （清）彭定求等编：《全唐诗·卷三》，中州古籍出版社 2018 年版，第 774 页。

④ 中国复旦大学文史研究院、越南汉喃研究院合编：《越南汉文燕行文献集成》（越南所藏编）第 17 册，复旦大学出版社 2010 年版，第 297 页。

⑤ 中国复旦大学文史研究院、越南汉喃研究院合编：《越南汉文燕行文献集成》（越南所藏编）第 12 册，复旦大学出版社 2010 年版，第 68 页。

⑥ 中国复旦大学文史研究院、越南汉喃研究院合编：《越南汉文燕行文献集成》（越南所藏编）第 21 册，复旦大学出版社 2010 年版，第 66 页。

⑦ 中国复旦大学文史研究院、越南汉喃研究院合编：《越南汉文燕行文献集成》（越南所藏编）第 12 册，复旦大学出版社 2010 年版，第 68—69 页。

《望太行山》对太行山的悠久历史和壮观景色娓娓道来:"独访殷墟胜,兹山最有名。风埃行役色,日日古人情。去鸟依千嶂,闲云共一程。悠悠淇上望,暮霭过江城。"①"去鸟依千嶂"一联尤为精到,高耸绵延的山脉如在目前。郑怀德的《过滹沱河》描绘了滹沱河水流的湍急:"翠堤红蓼白沙濒,滹水萦迴险要津。雨涨雁门泉泻玉,风高鹿郡浪翻银。偶因秋过燕行客,忽忆水坚汉度晨。天命有归河助顺,清流遗见帝王真。"②阮偍的《赵坡晴眺》将赵坡风景的壮阔诉诸笔端,以表达胜游的愉悦:"雄山山下两河通,耀日亭台耸碧空。万顷烟波浮古渡,四辰云水远行宫。□桥晚拂长堤柳,华铺寒依夹岸枫。胜景重兼闲趣味,津头唤酒醉渔翁。"③潘辉注的《过卢沟桥》突出了卢沟桥地理位置的重要:"崚嶒百丈石槛杆,路入京华此要关。沉渧流萦燕塞地,葱苍源拥太行山。金汤胜磐红云外,烟水秋光晓月间。莫讶故乡天海远,壮游且喜渡桑乾。"④武辉瑨的《长城怀古》既写了眼前之景的壮阔,也追忆了长城在御敌方面的历史贡献,将时空糅合,抒写自我感受:"延袤山头万里横,祖龙曾此役蒙乡。亡秦未见关胡识,逼汉徒劳侈雉城。四序风云长出入,千秋戎忧几分争。祇今九有车同轨,使节安从口外行。"⑤

中国土地辽阔、地貌多样,作为审美客体的山川河流呈现出千姿百态的外部特征,体现了自然地理之美的丰富性与多样性。

三 山水纪行诗的艺术美

在中越使臣出使期间所写诗歌中,纪行诗占了绝大多数,其中又以

---

① 中国复旦大学文史研究院、越南汉喃研究院合编:《越南汉文燕行文献集成》(越南所藏编)第12册,复旦大学出版社2010年版,第359页。
② 中国复旦大学文史研究院、越南汉喃研究院合编:《越南汉文燕行文献集成》(越南所藏编)第8册,复旦大学出版社2010年版,第337页。
③ 中国复旦大学文史研究院、越南汉喃研究院合编:《越南汉文燕行文献集成》(越南所藏编)第8册,复旦大学出版社2010年版,第238页。
④ 中国复旦大学文史研究院、越南汉喃研究院合编:《越南汉文燕行文献集成》(越南所藏编)第10册,复旦大学出版社2010年版,第275页。
⑤ 中国复旦大学文史研究院、越南汉喃研究院合编:《越南汉文燕行文献集成》(越南所藏编)第6册,复旦大学出版社2010年版,第317—318页。

描写山水风光的居多，我们不妨称之为山水纪行诗。这些诗呈现出优美与壮美兼具、诗心与画意融合的艺术美。

优美和壮美是一对非常重要的美学范畴，是对客观对象的审美特性和主观感受的概括。王国维说："美之为物有两种：一曰优美，一曰壮美。"又说："无我之境，人惟于静中得之；有我之境，于由动之静时得之。故一优美，一宏壮也。"（《人间词话》）① 具体而言，优美是一种清新秀丽、典雅柔和的美，能引起审美主体恬适、愉悦的感受，是一种静态美，而壮美则是一种雄奇壮阔、刚劲有力的美，能引起审美主体惊奇、震撼的感受，是一种动态美。

优美与壮美在中国古典美学中表述为阴柔美与阳刚美。中国先民对"阴柔阳刚"的认识始于先秦时期的哲学著作《周易》。在此基础上，《易传》进一步提出"地道之美"贵在阴柔、"天道之美"贵在阳刚的看法。随后，南北朝时期刘勰的《文心雕龙》、唐代司空图的《诗品》、宋代严羽的《沧浪诗话》都发展和丰富了阴柔阳刚说的意蕴和内涵。清代的姚鼐则对"阴柔阳刚"美学理论进行了系统论述，将美的形态明确地概括为"阴柔美"与"阳刚美"，并指出阳刚与阴柔相互结合，不容偏废。近代以后，王国维在考察美的形态时将西方理论和中国古典美学理论进行整合，提出了"优美"与"壮美"两个概念，影响深远。

在自然界中，青山绿水、幽林曲涧、茂林翠竹、鸟语花香这些具有优美属性的客观景物，带给了审美主体赏心悦目的审美感受，因而成为历代作家反复描写的对象，体现出自然地理对诗人文学选择和审美情趣的促成与熏染。优美是美的一种最常见的状态。上文所言山水之秀、林壑之幽、平野之旷多属于优美的范畴；关河之壮、江湖之阔、洞石之奇等则多属于壮美的范畴。不少作品中，实则优美与壮美交织，呈现出一种中和之美。具体而言，龙州的田园风光、桂江的秀美山水、画山的春色、湘江的朗月、祁阳的林泉、新乐的麦地、直隶的稻田等，无不体现

① 王国维：《王国维遗书》第三册，上海书店出版社 1983 年版，第 420 页。

自然的优美之态；奔腾的黄河、浩渺的长江、高耸的太行山、壮阔的洞庭湖、气魄雄伟的长城、千奇百怪的岩石和溶洞等，都在彰显自然的壮美之姿。而有一些描写林壑之美的诗歌，糅合了优美和壮美的不同风格，既有山之险峻，又有水之清幽，体现了优美和壮美的统一。中越使臣的山水纪行诗，展现了大自然雄奇而秀美的风光，或壮美，或优美，既令人赏心悦目，又令人荡气回肠。

诗心与画意融合是中越使臣山水纪行诗的又一艺术特色，诗心通过借景和炼字来传达，画意通过色彩、声响等来体现。比如，武希苏的《游昆明湖》中"楼台倒影波中见，舸舰沿流镜里行"① 这一联以清丽之笔渲染昆明湖的清澈和美丽，衬托出作者的闲适与惬意。将湖水喻为明镜，诗中有画，景中含情。黎贵惇的《经珠山塘》一诗中间两联为："棹影摇晴旭，锣声破晓寒。春光归牧笛，烟景上渔竿。"② 颔联描摹细腻，刻画传神，"摇"字描绘出舟行水中的景象，"破"字刻画出锣声打破清晨宁静的瞬间景象；颈联则通过悠扬的牧笛、早起的渔翁，形象地描绘了当地的春日美景，抒发了风景如画、心旷神怡的审美感受。阮宗窒在《夜客闻歌》中写道："和雨高低敲醉枕，随风断续弄愁音。"③ 这一联描写作者北使途经桂林时，夜间听到歌声夹杂风声和雨声而难以成眠、引发乡愁的情景，"敲"和"弄"字的使用，形象生动。其《舟程夜雨》诗也抒发了相似的感受："滴碎乡心天万里，敲残客枕梦三更。寒侵戍角楼前响，冷带飞泉岸畔声。"④ 诗人在拿宽塘驿站停船休息，窗外雨声潺潺、江畔泉声淙淙、戍楼角声萧萧，这些混杂的声音不但搅碎了诗人的旅梦，而且增添万里家山之哀愁。通过这两

---

① 中国复旦大学文史研究院、越南汉喃研究院合编：《越南汉文燕行文献集成》（越南所藏编）第 9 册，复旦大学出版社 2010 年版，第 223 页。

② 中国复旦大学文史研究院、越南汉喃研究院合编：《越南汉文燕行文献集成》（越南所藏编）第 3 册，复旦大学出版社 2010 年版，第 130 页。

③ 中国复旦大学文史研究院、越南汉喃研究院合编：《越南汉文燕行文献集成》（越南所藏编）第 2 册，复旦大学出版社 2010 年版，第 174 页。

④ 中国复旦大学文史研究院、越南汉喃研究院合编：《越南汉文燕行文献集成》（越南所藏编）第 2 册，复旦大学出版社 2010 年版，第 155 页。

联的刻画，渲染了绵绵不断的乡愁。还有不少使臣诗歌是通过对色彩的
对比，传达对山水风光之喜爱。如丁儒完的"叶稀僧扫红当径，草没
樵通绿遍丘"（《过半仙岩》）[1]；阮宗窦的"青涵碧落罗千顷，白界苍
岩练一条"（《画山春泛》）[2]；阮公沆的"绥施素练千寻碧，篆刻丹崖
万点斑""沙鹭弄晴浮槛白，石苔匀雨傍阶青"（《过平乐驿印山
亭》）[3]。在"红"与"绿"、"青"与"白"、"素"与"丹"等这些明
丽的色彩描写中，流露出作者徜徉其间的愉悦之情。诗心与画意的融
合，令使臣诗歌呈现出较高的审美价值。

第二节　城市形象的不同风貌

　　"形象"指一个人或事物的外部特征，而文学形象是文学反映现实
生活的一种特殊形态。不管是人与物，抑或是物与物，在彼此的对视
中，其"形象"才渐渐明晰。法国学者达尼埃尔-亨利·巴柔在《形
象》一文中说："一切形象都源于对自我与'他者'，本土与'异域'
关系的自觉意识之中，即使这种意识是十分微弱的。因此，形象即为对
两种类型文化现实间的差距所作的文学的或非文学的，且能说明符指关
系的表述。"[4] 由此可见，"形象"是对一种文化现实的描述，通过这种
描述，显示或表达出"他者"对置身其间的那个社会的、地理的和文
化的空间的看法。所以，"形象"不仅被看作作家个人的创作，它更被
看作一种文化对另一种文化的言说。本节所言之"形象"主要探讨的
是"他者"对"异域"文化总体或局部的看法，当然也包括"自我"

---

　　① 中国复旦大学文史研究院、越南汉喃研究院合编：《越南汉文燕行文献集成》（越南所藏
编）第 1 册，复旦大学出版社 2010 年版，第 319 页。
　　② 中国复旦大学文史研究院、越南汉喃研究院合编：《越南汉文燕行文献集成》（越南所藏
编）第 2 册，复旦大学出版社 2010 年版，第 173 页。
　　③ 中国复旦大学文史研究院、越南汉喃研究院合编：《越南汉文燕行文献集成》（越南所藏
编）第 2 册，复旦大学出版社 2010 年版，第 13—14 页。
　　④ 孟华主编：《比较文学形象学》，北京大学出版社 2001 年版，第 155 页。

对本国文化的看法，因为"形象"是在"自我"与"他者"的对视中逐渐生成的。

行走的诗人，除了关注途经的自然山水，也迫不及待记录对城市的初印象。每一座城市都是一个独特的存在空间，都是一张独立的名片，是政治、经济、文化综合作用的产物。中越使臣横跨大半个中国，所经大大小小的城市无数，南至南宁、北至北京，中间经过梧州、桂林、永州、衡阳、岳阳、武昌、安阳、真定、涿州等。本节选取特色鲜明、风貌不一的若干城市，观察 14—19 世纪中国城市的变迁，以及越南使臣眼中的中国城市形象。本节所言之"不同风貌"，包含两个层面的内涵，一是城市之间的气质、特色有别，二是中越两国使臣对城市形象的书写有别。

一　帝都北京

北京城历史悠久，有三千多年的建城史、八百多年的建都史。自西周初年的燕、蓟两国，战国七雄中的燕国，到辽以前的北方重镇蓟城、辽南京城，有着厚重的历史文化基础。随着金中都、元大都的确立，北京城的中心地位越来越彰显。明清时期，北京更是成为全国政治、经济、文化的中心。

金代参照北宋汴京城的规划和建筑式样，在辽南京城的基础上扩建新城。天德五年（1153）三月正式迁都，改燕京为中都。定名为"中都"，意谓天下之中。这是中华文明史上第一次以命名的方式对北京进行的中心定位，也是北京作为封建王朝都城的正式开端。元代，蒙古贵族霸都鲁曾对忽必烈极力推荐北京："幽燕之地，龙蟠虎踞，形势雄伟，南控江淮，北连朔漠。且天子必居中以受四方朝觐，大王果欲经营天下，驻跸之所，非燕不可。"① 忽必烈在继承汗位之后，在金中都东北郊外建设新都——元大都。"大都"之名来自突厥语"汗八里"（Khanbaliq），

---

① （明）宋濂等：《元史》第 10 册，中华书局 1976 年版，第 2942 页。

意为"大汗的居处"，进一步显示这座城市的帝王之气，也使北京作为封建王朝政治中心的地位得到了彻底强化。

明代，成祖朱棣有意将京城迁往北京，为此进行了一系列的准备工作。永乐五年（1407）五月开始兴建北京宫殿。永乐八年（1410）朱棣在北京奉天殿接受朝贺。永乐十三年（1415）修筑北京城垣，次年八月修建北京西宫，同年十一月，诏文武百官复议营建北京之事，《明太宗实录》记载群臣上疏："切惟北京河山巩固，水甘土厚，民俗淳朴，物产丰富，诚天府之国，帝王之都也。皇上营建北京为子孙帝王万年之业。"①"伏惟北京，圣上龙兴之地，北枕居庸，西峙太行，东连山海，南俯中原，沃壤千里，山川形胜，足以控四夷、制天下，诚帝王万世之都也。"②永乐帝准奏。永乐十九年（1421）正月初一，正式迁都北京。明中叶以后，北京城内"间阎栉比，阛阓云簇。鳞鳞其瓦，盘盘其屋。马驰联辔，车行击毂，纷纭并驱，杂遝相逐。富商巨贾，道路相属"③。"百货充溢，宝藏丰盈，服御鲜华，器用精巧，宫室壮丽。"④万历年间，"帝都所在，万国梯航鳞次毕集"⑤。随着政治中心、经济中心、军事中心地位的确立，北京也逐渐成为文化中心，形成了皇家宫廷文化、士大夫精英文化、市井文化多元共存的格局。

到了清代，基本延续明代在北京的建置，城市布局、宫城及干道系统均未发生变动，只是在内城兴建不少皇亲贵族的府邸，在西郊兴建许多皇家园林。城市分为内城和外城，内城以宫城、皇城为中心。旗人住内城，汉人住外城。清代的北京城雄伟壮丽、文化蕴涵丰厚，展示出无愧于世界各大古都的审美风貌。

作为帝王之都、皇权的中心，北京城具有至高无上的尊贵气质，中

---

① （明）张辅、杨士奇等：《明太宗实录》卷182，（台北）台湾"中央"研究院历史语言研究所1962年版，第1964—1965页。

② （明）张辅、杨士奇等：《明太宗实录》卷182，（台北）台湾"中央"研究院历史语言研究所1962年版，第1965页。

③ （清）于敏中等编：《日下旧闻考》第一册卷六，北京古籍出版社1983年版，第94页。

④ （明）张瀚著，盛冬铃点校：《松窗梦语》卷四，中华书局1985年版，第77页。

⑤ （明）谢肇淛撰，傅成校点：《五杂组》卷三，上海古籍出版社2012年版，第40页。

国文人不遗余力夸赞京畿皇城，越南文人也以欣赏的眼光、崇慕的心情
描写北京的壮丽、繁华、尊贵与神秘。明代文人王廷相《帝京篇》云：
"帝京南面俯中原，王气千秋涌蓟门。渤海东波连肃慎，太行西脊引昆
仑。九皇天运坤维奠，万国星罗北极尊。尧舜升平见今日，按图形胜不
须论。"① 极力夸说帝都北京东连渤海、西接太行、北枕蓟门、南俯中原
的地理优势，以及万国来朝的至尊地位。越南使臣在诗中也表达了对北
京城的礼赞，如黄碧山《初到帝州歌》云："帝州壮丽蓬莱上，万国衣冠
迎棨仗。"② 上句形容北京如传说中的仙山，既壮丽又缥缈，下句用夸饰
的语言描写君临天下、万方来朝的尊贵。武辉瑨《八月初五，奉侍陪国
王，遍觐御园记见》云："层叠珠宫丹凤华，周回宝殿彩虹连。"③ 极力渲
染宫殿的高大巍峨与金碧辉煌。在越南使臣的眼中，北京（尤其是宫城）
不但雄伟壮丽，而且带有一种神秘的气息。如潘辉益《过燕京》云：

> 祥云缥缈帝王居，拱带山河壮地舆。上国繁花都会处，熙朝声
> 教肇培余。龙蟠虎踞瞻城堑，马骤车驰畏简书。绮丽街尘堪艳目，
> 乾清宫阙乐何如。④

宫廷禁地，可望而不可即，因而总带有一丝神秘的感觉，潘辉益用
"祥云缥缈"来形容紫禁城是最合适不过了。末句"乾清宫阙"也让人
浮想联翩。诗中还铺叙了帝都地势"龙蟠虎踞"的雄伟险要和北京街
道"马骤车驰"的热闹繁华，也指出了泱泱大国"声教"之盛。阮偍
的《到京喜赋》也表达了自己对北京的印象和感受：

---

① 张还吾主编：《历代咏北京诗词选》，北京出版社1996年版，第114—115页。
② 中国复旦大学文史研究院、越南汉喃研究院合编：《越南汉文燕行文献集成》（越南所藏
编）第11册，复旦大学出版社2010年版，第332页。
③ 中国复旦大学文史研究院、越南汉喃研究院合编：《越南汉文燕行文献集成》（越南所藏
编）第6册，复旦大学出版社2010年版，第373页。
④ 中国复旦大学文史研究院、越南汉喃研究院合编：《越南汉文燕行文献集成》（越南所藏
编）第6册，复旦大学出版社2010年版，第229页。

衔命梯航拜冕旒，八千余里路途修。抚今文物繁华地，景古衣
冠礼乐州。致远果酬余素志，观光不负此情游。宸居咫尺威颜近，
景仰天垣瑞气浮。①

"抚今"一联高度概括了北京城经济之繁华和文教之昌盛。尾联直接抒发
景仰之情，"瑞气浮"的写法与潘诗"祥云缥缈"同，这是帝都所特有的
气象。阮辉僴在到达北京之后，也情不自禁抒怀，其《抵燕京》云：

瑶畿万里会车书，犹记陶唐此故墟。前后山岗形胜地，金汤城
堑帝王居。九霄湛渥瞻依近，八景奇观眺咏余。何幸钧天翰羽到，
乔云阙下诵如如。②

这首诗写自己不远万里来到历史悠久的古城燕京，眼前所见，地势险
要、城池稳固、宫殿巍峨、风景如画，全城笼罩在一片祥云瑞气之中。
全诗打破了时空的界限，由古到今，字字珠玑，高度涵盖，用欣赏和喜
悦的口吻书写对燕京的总印象。

城市景观是异域者观察城市、感悟城市、体味城市的最直接入
口。③ 从以上诗歌看，高耸入云、富丽堂皇的宫殿是帝都皇权地位、尊
贵身份的象征，这是其他城市不可能具有的特征。当然，北京还是经济
中心和文化枢纽，所以潘辉益写京城的通衢大道"马骤车驰""绮丽街
尘"，阮偍概括北京城是"文物繁华地""衣冠礼乐州"。对于北京的热
闹与喧嚣，潘辉泳说："车声尽日喧"，全诗如下：

骊骐迢递赋周原，万里观光入国门。大地山河天府壮，重霄宫

①　中国复旦大学文史研究院、越南汉喃研究院合编：《越南汉文燕行文献集成》（越南所藏
编）第8册，复旦大学出版社2010年版，第135—136页。
②　中国复旦大学文史研究院、越南汉喃研究院合编：《越南汉文燕行文献集成》（越南所藏
编）第16册，复旦大学出版社2010年版，第142页。
③　徐汉晖：《中国现代文学的地理维度探究》，《社会科学动态》2018年第12期。

殿帝居尊。金凝檐影沿街声，石激车声尽日喧。八景可能穷胜览，不妨吟橐带芳樽。

——《燕京即景》①

层层叠叠的巍峨宫殿依然是潘辉泳吟唱的重点，对于皇宫这样充满威严和神秘的建筑物，不可不写，而"金凝"一联主要写市井烟火气，体现了这座城市宫廷文化与市井文化的融合。阮思僴于同治七年（1868）出使中国，在他的《燕台十二纪》诗中，对北京城的市井生活有更详细的铺写：

海上云帆陌上车，荆扬百货汇京华。升平犹说乾嘉际，歌舞楼台亿万家。

——《燕台十二纪》（其四）②

关外貂珠积若云，大钱交钞日纷纷。货居不独琉璃厂，殷地雷车处处闻。

——《燕台十二纪》（其五）③

这两首诗集中描述商贸的繁荣，第一首写荆州、扬州等各地货物通过水路、陆路纷纷汇集京师，呈现一片歌舞升平的现象，不免让人想起乾嘉盛世欢歌曼舞的热闹场景；第二首写貂皮、珠玉、人参等奇珍异宝从关外运往京师，而让越南使臣耳目一新的是京中交易用的纸币，琉璃厂本是百货交易的第一场所，而如今，到处贸易繁盛、人声鼎沸。由此可见，同治时期的北京，是热闹非凡的。

---

① 中国复旦大学文史研究院、越南汉喃研究院合编：《越南汉文燕行文献集成》（越南所藏编）第 17 册，复旦大学出版社 2010 年版，第 302 页。

② 中国复旦大学文史研究院、越南汉喃研究院合编：《越南汉文燕行文献集成》（越南所藏编）第 20 册，复旦大学出版社 2010 年版，第 122 页。

③ 中国复旦大学文史研究院、越南汉喃研究院合编：《越南汉文燕行文献集成》（越南所藏编）第 20 册，复旦大学出版社 2010 年版，第 123 页。

城市景观除了街道、建筑等人文景观，当然还有自然景观。北京的自然风光也极具有地域色彩。且看明代欧大任《登宣武门楼》：

> 百二山河控上游，郁葱佳气满皇州。风驱大漠浮云出，天转滹沱落日流。双阙金茎连北极，万家红树动高秋。茱萸黄菊俱堪佩，独上城南百尺楼。①

这首诗主要描写北京的风光，境界阔大、气势雄浑。首联说明地理位置的重要和环境的优美。颔联写得大气磅礴，有气吞山河的豪迈情怀。北连大漠，横跨滹沱，指出了地域特点。颈联写的是登城楼所见之城内风光，雄伟、壮丽、繁华，有帝都气象。

当然，燕京八景更是为中越文人所关注的代表性景观，是北京城的另一张名片，体现了人工园林建筑和自然山水风光的高度融合。燕京八景，又称燕山八景或燕台八景。关于燕山八景的记载，最早见于金章宗明昌年间，这八景是太液秋风、琼岛春阴、金台夕照、蓟门飞雨、西山积雪、玉泉垂虹、卢沟晓月、居庸叠翠（《明昌遗事》）。元代改太液秋风为太液秋波，改西山积雪为西山霁雪（《一统志》）。明代称燕台八景、京师八景、北京八景，有三处名称与金代不同，即改太液秋风为太液晴波，改琼岛春阴为琼岛春云，改西山积雪为西山霁雪（《宛署杂记》）。明代李东阳于八景之外又增加"南囿秋风""东郊时雨"，并赋《十景》诗，故又有燕京十景之说。清乾隆十六年（1751），乾隆钦定燕京八景为太液秋风、琼岛春阴、金台夕照、蓟门烟树、西山晴雪、玉泉趵突、卢沟晓月、居庸叠翠。自金代以来，对燕京八景的歌咏不断出现，以明代最多。且看元代陈孚《咏神京八景》：

> 一镜拭开秋万顷，碧天倒浸琉璃影。寒飙夜卷雪波去，贝阙珠

---

① 张还吾主编：《历代咏北京诗词选》，北京出版社1996年版，第127页。

宫黛光冷。三千棹歌摇绿烟，湿鬟吹堕黄金蝉。琪树飕飕红鲤跃，衮龙正宴瑶池仙。

——《太液秋风》①

一峰亭亭涌寒玉，露花不堕瑶草绿。珠楼千尺星汉间，天飙吹下笙韶曲。万年枝上槲叶满，小鸾怅怅绕龙管。金根晓御翠华来，三十六宫碧云暖。

——《琼岛春阴》②

断崖万仞如削铁，鸟飞不度苔石裂。嵯岈枯木无碧柯，六月太阴飘急雪。寒沙茫茫出关道，骆驼夜吼黄云老。征鸿一声起长空，风吹草低山月小。

——《居庸叠翠》③

长桥弯弯饮海鲸，河水不溅冰峥嵘。远鸡数声灯火杳，残蟾犹映长庚横。道上征车铎声急，霜花如钱马鬣湿。忽惊沙际金影摇，白鸥飞下黄芦立。

——《卢沟晓月》④

冻雀无声庭桧响，冰花洒檐大如掌。平明起视岩壑间，插天琼瑶一千丈。夕阳微漏光嵯峨，倚栏更觉爽气多。云间落叶有径否，想见樵叟犹青蓑。

——《西山晴雪》⑤

黑云如鸦涨川谷，雷踊电跃风折木。半天万点卷海来，森森映窗如银竹。凤城无数笙歌楼，珠帘半卷西山秋。谁怜羁客家万里，

---

① 《景印文渊阁四库全书》，（台北）台湾商务印书馆 1986 年版，集部别集类集 1202，第 626 页。

② 《景印文渊阁四库全书》，（台北）台湾商务印书馆 1986 年版，集部别集类集 1202，第 626 页。

③ 《景印文渊阁四库全书》，（台北）台湾商务印书馆 1986 年版，集部别集类集 1202，第 626 页。

④ 《景印文渊阁四库全书》，（台北）台湾商务印书馆 1986 年版，集部别集类集 1202，第 626 页。

⑤ 《景印文渊阁四库全书》，（台北）台湾商务印书馆 1986 年版，集部别集类集 1202，第 626 页。

一灯孤拥寒衾愁。

——《蓟门飞雨》①

雪波碧涌千崖高，落花点点浮寒瑶。日斜忽奋五彩气，飞上太空横作桥。古寺钟残塔铃语，回首前村犹急雨。轻绡欲剪一幅秋，又逐西风过南浦。

——《玉泉垂虹》②

巍坡十二青云梯，老树偃伏犹躬圭。长裾已翳星辰去，残阳空挂卢沟西。召南六百年宗社，一日黄金重天下。精缠宝气夜不收，又见残霞明朔野。

——《金台夕照》③

陈孚这一组描绘燕京名胜古迹的诗歌，将每一处景致都勾勒得生动传神，无论是太液池的碧波、琼华岛的春色、居庸关的峭壁、卢沟桥的晨景，还是西山的飞雪、蓟门的暴雨、玉泉山的泉水、黄金台的夕阳，皆形容入微。而且，陈孚抓住了燕京之景与其他地方风景的不同特点，突出帝都的大气和霸气。比如第一首提到"贝阙珠宫""衮龙正宴瑶池仙"，突出太液池宫殿的华贵和帝王宴饮的排场；第二首"珠楼千尺星汉间，天飙吹下笙韶曲""金根晓御翠华来，三十六宫碧云暖"两联，用阔大的意象、夸饰的语言强调宫廷的雍容华贵；第六首"凤城无数笙歌楼"一句，以"凤城"点明京都，"无数笙歌楼"指出北京的繁华。第八首"召南六百年宗社，一日黄金重天下"一句，善用燕昭王筑黄金台招徕贤士的典故，表达对开明君王的期许。

燕京八景在明代诗人笔下则成了常见的题材，掀起了一股创作热

---

① 《景印文渊阁四库全书》，（台北）台湾商务印书馆 1986 年版，集部别集类集 1202，第 626 页。

② 《景印文渊阁四库全书》，（台北）台湾商务印书馆 1986 年版，集部别集类集 1202，第 626 页。

③ 《景印文渊阁四库全书》，（台北）台湾商务印书馆 1986 年版，集部别集类集 1202，第 627 页。

潮。"台阁体"的代表人物杨荣创作了以歌咏盛世为目的的大量作品，八景组诗也是其中之一，言辞华丽典雅，写得雍容大气。比如，《京师八景图诗·居庸叠翠》一诗云：

> 群山耸列势峥嵘，日照峰峦积翠明。高出烟霞通绝塞，低徊城阙拥神京。休论函谷双崖险，绝胜匡庐九叠横。扈从常时经此处，坐看天际白云生。①

居庸关是古代北京西北的重要屏障，形势险要，自古为兵家必争之地。这首诗中，杨荣层层铺叙了居庸关群山高峻、翠峰层叠、花木茂盛的既雄伟又壮丽的景象，并将其与函谷关和庐山九叠屏相比较，尤其突出其"拥卫神京"的重要作用。末联从容娴雅、言近意远。又如《京师八景图诗·琼岛春云》云：

> 仙岛依微近紫清，春光淡荡暖云生。乍经树杪和烟湿，轻覆花枝过雨晴。每日氤氲浮玉殿，常时缥缈护金茎。从龙处处施甘泽，四海讴歌乐治平。②

这也是一首典型的台阁体诗作，将览景与颂圣相结合，从琼华岛的春色联想到"四海治平"，以歌咏太平盛世的祥瑞和隆盛。琼华岛在今北京市北海太液池南部，金代名琼华岛，元代称万寿山，清代于山顶建白塔，故始名白塔山。杨荣在这首诗中，用清丽淡雅的语言展现了琼华岛雨后初晴、云气缥缈、春光旖旎的美丽景致，让人产生恍如仙境的审美感受。"玉殿"和"金茎"等用语，不时透露帝都的气息。

茶陵诗派领袖李东阳的北京八景诗因循了台阁体的风格，也以歌咏皇恩盛德为主，有气吐山河的雄伟气魄。比如，其《京都十景·居庸

---

① （清）于敏中等编：《日下旧闻考》第一册卷八，北京古籍出版社 1983 年版，第 125 页。
② （清）于敏中等编：《日下旧闻考》第一册卷八，北京古籍出版社 1983 年版，第 121 页。

叠翠》一诗:"剑戟森严虎豹蹲,直从开辟见乾坤。山连列郡趋东海,地拥层城壮北门。万里朝风须却避,千年王气镇长存。磨崖拟刻燕然颂,圣德神功未易论。"① 首联开篇便气势如虹,说明居庸关"一夫当关,万夫莫开"的地理形势;颔联境界开阔、气象万千;颈联直言王者气脉力压雄关劲风;尾联赞叹一代君主的功德无可比拟。全诗对大明王朝的壮丽山河充满自豪,也显示出王朝帝都的气象非凡。再看《京都十景·琼岛春云》一诗,颂圣的意图也是显而易见的:"瑶峰独立倚空苍,云去云来两不妨。旋逐春寒生苑树,更随晴日度宫墙。玉皇居处重楼拥,太史占时五色光。若与山龙同作绘,也须能补舜衣裳。"② 前两联是对琼岛春云、春光的描写,实乃为后面歌颂太平盛世、抒发政治情怀做张本。

在越南使臣的诗集中,也有描写北京八景的诗歌。与中国文人不同,越南文人主要是以单篇而非组诗的形式进行书写。因篇幅所限,对景点只能做大体的勾勒,甚至点到为止。也很可能是他们受制于使臣身份,未能目睹八景全貌,故只能结合所阅文献,通过想象加以描述。阮偍《燕台八景》:

> 日照金台耀帝都,泉垂虹影涌西湖。岛云山雪时明暗,满月池波夜有无。古蓟树容青似抹,居庸峦色翠如图。化工留意文明地,妆拾风光萃一壶。③

前三联将金台夕照、玉泉垂虹、琼岛春阴、西山晴雪、太液秋风、卢沟晓月、蓟门烟树、居庸叠翠罗列叠加,抒发的是对北京"风光"和"文明"的赞美。阮述《燕京八景》也将八景高度浓缩在中间两联中:

---

① 王鸿鹏编:《帝都形胜:燕京八景诗抄》,九州出版社 2018 年版,第 85 页。
② 王鸿鹏编:《帝都形胜:燕京八景诗抄》,九州出版社 2018 年版,第 84 页。
③ 中国复旦大学文史研究院、越南汉喃研究院合编:《越南汉文燕行文献集成》(越南所藏编)第 8 册,复旦大学出版社 2010 年版,第 227 页。

　　　　燕京文物又繁花，万里观光兴转赊。琼岛春云西岭雪，金台夕
　　　照液池波。庸关叠翠泉流玉，蓟树笼烟月映河。多少风情归一轴，
　　　共随远介到南讹。①

与阮偍一样，阮述主要抒写自己对北京的总体观感，并表达了对如画风
光的礼赞。越南使臣的北京八景诗虽然没有对八景的具体铺写，但也从
使臣的视角窥探帝都的宏大与壮丽，表达了真实的感受。

二　江城武汉：武昌、汉阳、汉口

　　武昌古属楚地，三国时孙权将东吴政治中心迁往鄂（今湖北鄂州
市），寓"以武而昌"之意，改名为"武昌"。武昌位于长江南岸，与
汉口、汉阳隔江相望。汉阳位于长江和汉江交汇处，因坐落在古汉水之
阳而得名。汉口位于长江、汉江以北，东南隔长江与武昌相望，西南隔
汉江与汉阳相望。武昌、汉阳、汉口，又合称江城，水陆交通发达，贯
通南北，连接东西，地理位置十分优越。1927 年，由国民政府划汉口、
武昌、汉阳为京兆区，定名"武汉"。

　　中越使臣在出使途中，大多经过武昌、汉阳、汉口三地。在这些使
臣诗中，对这三地的初印象是人口众多、商业繁华、交通便利、江河纵
横、风景壮丽。武昌、汉阳、汉口经济的繁荣、商业的发达可以在以下
诗句中一览无余。武辉瑨《武昌江晚泛》云："汉口烟中家万井，晴川
云外树千章。"②"万井"指千家万户，写出汉口人口众多、城市繁华。
阮偍《汉口晚渡》云："南岸北堤喧贾旅，水程陆路翕舟车。"③ 汉口是
重要的交通枢纽，自古被誉为"楚中第一繁盛处"，故车水马龙、商贾

---

　　① 中国复旦大学文史研究院、越南汉喃研究院合编：《越南汉文燕行文献集成》（越南所藏
编）第 23 册，复旦大学出版社 2010 年版，第 148 页。
　　② 中国复旦大学文史研究院、越南汉喃研究院合编：《越南汉文燕行文献集成》（越南所藏
编）第 6 册，复旦大学出版社 2010 年版，第 314 页。
　　③ 中国复旦大学文史研究院、越南汉喃研究院合编：《越南汉文燕行文献集成》（越南所藏
编）第 8 册，复旦大学出版社 2010 年版，第 132 页。

喧嚣。吴时位的《汉口纪胜》云："山河险固襟三楚，人物繁华甲九州。接岸舳舻迷远浦，绕城丝韦动高秋。"① 诗中直言汉口的繁华为九州之首。黄碧山《横渡入汉阳江口》云："轻帆入汉口，万井醉人烟。"又云："喧哗闻舟子，停篙歇南船。"② 也同样写出汉口人烟稠密、城市喧哗的景象。潘辉注《汉阳道中》云："效洲自古膏腴地，邮驿观风一解颜。"③ 称汉阳为自古以来肥沃富饶的地方，是中国经济、地理中心。张好合《汉阳纪胜》："数月星槎泛楚滨，汉阳今始际芳辰。繁花地集无三省，冲要途来有壶津。七十楼通青柳巷，八千春驻绿杨邻。远游不意惟红粉，隔个窗儿看使君。"④ 此诗不仅概括了汉阳经济的繁荣和地理的优势，而且叙写了由富庶的市井生活催生的娼妓业也很兴盛。范芝香《湖北纪胜》云："荆南冀北阅梯航，名胜犹传古武昌。珠翠万家江上客，舳舻千里水中乡。"⑤ 描写武昌商业的繁盛、水路的发达。阮思僩较为全面地描绘了江城（今武汉）的全景："江城晴日冻云收，簇簇楼台叶叶舟。龟凤山连黄鹤秀，荆襄水会汉阳流。平沙新起西洋屋，贾客皆穿北口裘。才过关门更东去，麦畦柳圃遍汀洲。"（《渡汉水江汉关途中记见》）⑥ 显示了江城楼台密集、舟船辐辏、经济繁荣。颔联突出了江城地理位置的重要和自然、人文景观的奇秀。颈联则重在描写这个具有全国水陆交通枢纽地位的开放性城市对西方建筑的模仿和对北方衣着的接纳，体现了一个异域观察者的新奇感受。

---

① 中国复旦大学文史研究院、越南汉喃研究院合编：《越南汉文燕行文献集成》（越南所藏编）第 9 册，复旦大学出版社 2010 年版，第 319—320 页。

② 中国复旦大学文史研究院、越南汉喃研究院合编：《越南汉文燕行文献集成》（越南所藏编）第 11 册，复旦大学出版社 2010 年版，第 314 页。

③ 中国复旦大学文史研究院、越南汉喃研究院合编：《越南汉文燕行文献集成》（越南所藏编）第 10 册，复旦大学出版社 2010 年版，第 250 页。

④ 中国复旦大学文史研究院、越南汉喃研究院合编：《越南汉文燕行文献集成》（越南所藏编）第 12 册，复旦大学出版社 2010 年版，第 164 页。

⑤ 中国复旦大学文史研究院、越南汉喃研究院合编：《越南汉文燕行文献集成》（越南所藏编）第 15 册，复旦大学出版社 2010 年版，第 197 页。

⑥ 中国复旦大学文史研究院、越南汉喃研究院合编：《越南汉文燕行文献集成》（越南所藏编）第 20 册，复旦大学出版社 2010 年版，第 95 页。

　　武昌、汉口、汉阳位于江汉平原，风景优美、视野开阔、烟波浩渺、楼台壮观。黎光定《答赠汉阳员外郎汪》云："路入中州眼界宽，山无烟瘴水无澜。"① 将汉阳的风光与岭南的山水作对比，突出了江汉平原视野的开阔和气候的宜人。吴时位《汉口纪胜》云："舟中最爱斜阳望，芳草晴川一碧浮。"② 流露出观赏烟霞的喜悦。在吴时位看来，汉口最美的景致是夕阳晚照，故停下脚步细品烟霞。阮偍《留住武昌偶成》云："繁花城市春光暖，重叠楼台锦色舒。"③ 形容武昌春光明媚、春花烂漫、楼台层叠、城市繁华。一"舒"字的使用，既写出了视觉的感受，也传达出心里的感受，形容入妙。阮偍在《汉阳津次韵答心友吴翰林》又云："上国观光今更好，红桃绿柳美春喧。"④ 赞叹的是汉阳春天桃红柳绿的热闹景象。黄碧山在《湖北省武昌》一诗中写道："洞庭湖北岸，壮哉武昌城。砖尾连天起，烟波满地生。"⑤ 描写的是武昌城的壮阔。黎光院在《登黄鹤楼》中亦云："武昌城郭兼山壮，汉水帆樯远树深。"⑥ 前用"壮"来形容武昌的城郭和山峰，后写汉水之辽阔和舟帆之密布。张好合的《湖北武昌省城夜怀》描绘了傍晚武昌城的美好："星槎才到夕阳妆，雾满龟山水满楼。云外帆来江夏影，岸前风渡汉阳秋。碧峰树带残春雨，青草霜寒半夜洲。近听武昌鱼正美，不妨月下泛渔舟。"⑦ 雨过天晴，武昌风光迷人，令人遐想。潘辉

---

① 中国复旦大学文史研究院、越南汉喃研究院合编：《越南汉文燕行文献集成》（越南所藏编）第 9 册，复旦大学出版社 2010 年版，第 133 页。

② 中国复旦大学文史研究院、越南汉喃研究院合编：《越南汉文燕行文献集成》（越南所藏编）第 9 册，复旦大学出版社 2010 年版，第 319—320 页。

③ 中国复旦大学文史研究院、越南汉喃研究院合编：《越南汉文燕行文献集成》（越南所藏编）第 8 册，复旦大学出版社 2010 年版，第 144 页。

④ 中国复旦大学文史研究院、越南汉喃研究院合编：《越南汉文燕行文献集成》（越南所藏编）第 8 册，复旦大学出版社 2010 年版，第 143 页。

⑤ 中国复旦大学文史研究院、越南汉喃研究院合编：《越南汉文燕行文献集成》（越南所藏编）第 11 册，复旦大学出版社 2010 年版，第 312 页。

⑥ 中国复旦大学文史研究院、越南汉喃研究院合编：《越南汉文燕行文献集成》（越南所藏编）第 12 册，复旦大学出版社 2010 年版，第 355—356 页。

⑦ 中国复旦大学文史研究院、越南汉喃研究院合编：《越南汉文燕行文献集成》（越南所藏编）第 12 册，复旦大学出版社 2010 年版，第 163 页。

注的《晓发望鸡楼凤山有怀》表达了对武昌美景的喜爱之情："晴旭
晓帆扬，烟波过武昌。楼看三叠秀，山对几重苍。胜景怀登览，吟情
寄浩茫。孤舟归去还，回首忆仙乡。"[1] 武昌烟波浩渺、楼秀山青，如
同仙境一般。

三 南疆三城：桂林、南宁、梧州

桂林、南宁、梧州位于中国的南陲，属于今之广西。桂林位于广西
的东北部。自从秦始皇三十三年（前214）开凿灵渠，沟通湘、漓二水
之后，桂林便成为南连海域、北达中原的重镇。桂林在西汉时属始安
县，南朝梁置桂州、治始安，唐为桂州州治，宋为静江路治，明、清两
代为广西省治、府治。南宁位于广西南部，古称邕州。东晋大兴元年
（318），从郁林郡分出晋兴郡，郡治设在今南宁，这是南宁建制的开
始。唐改南晋州置，治宣化，后又改称宣化县、邕宁县。元为邕州路，
泰定元年（1324）改为南宁路，于是始有南宁之名。明清有南宁府。
梧州位于广西东部，自古便是广西重镇，是古苍梧郡、古广信县所在
地。汉高后五年（前183），建苍梧王城，这是梧州建城之始。梧州是
广西重要的水路交通要道，处于浔江、桂江、西江的交汇处，是明朝的
水上街市、清末的著名商埠。

在越南使臣的笔下，广西桂林、南宁、梧州等城市均为繁华都
会，商铺林立、车船辐辏、人声鼎沸，热闹非凡，完全不同于中国使
臣诗文中的荒蛮之地。作为省城的桂林，自是风景秀丽、商贾云集、
人烟稠密。如越南使臣武辉珽在《桂林美景》一诗的小序中写道：
"（桂林）其地名胜甚多，相传有八景……三市六街，商贾萃聚，城
外临河有湛恩亭，使船到省必泊亭下，河津两岸，舟舫鳞集于巡司
处，横江泛舳舻五十余只，傍催铁索，上铺平枚，人马通行。对岸地
名水东街，房屋连延，贩卖亦广。两边人烟凑集，洵是西南之一大都

---

① 中国复旦大学文史研究院、越南汉喃研究院合编：《越南汉文燕行文献集成》（越南所藏编）第10册，复旦大学出版社2010年版，第310页。

会也。"① 其诗描述桂林："秀丽山川开八景,雄夸垣屏控群州。舳舻坦架长虹脊,轮楫争趋大码头。"② 对桂林秀美的风光、发达的水运和热闹的渡口,皆极力称赞。道光五年（1825）来华出使的黄碧山在《广西省湛恩亭系缆》诗序中也称："美哉桂林之地,山川秀丽,满地繁华。"③

而南宁是越南使臣入关后的首个城市,被称为"小南京",其繁华和热闹景象在越南使臣的诗歌中也屡屡可见。潘辉注《驻南宁》诗序云："南宁城在江左岸,城内有五花峰,诸公庙,院宇并联络,镇台兵卫严整;城外江次舟帆凑集,街铺屋舍华丽,人号为'小南京'。"④ 阮述《南宁舟次》诗序亦云："南宁,古邕州,街廛联络,舟车辐辏,号'小南京'。"⑤ 对于越南使臣而言,传说中的"小南京",果然名副其实。如阮偍《南宁》诗云："两次浔江驻使旌,繁花景物望中生。商船蚁聚遵沙渚,客铺蝉联倚石城。"⑥ 黎光定《南宁记胜》诗云："仙桡一过小南京,满眼繁华焕路程。锦绣新题光水阁,管弦逸韵绕江城。"⑦ 吴时任《南宁记见》诗云："南宁俗号古南京,人物繁华满市城。夹道屋庐帱幄日,临流台榭烛垂星。"⑧ 以上诸诗无不惊叹于南宁的繁华与喧闹。

梧州地处广西与广东的交界,交通便利,经济繁荣。越南使臣潘辉

① 中国复旦大学文史研究院、越南汉喃研究院合编：《越南汉文燕行文献集成》（越南所藏编）第5册,复旦大学出版社2010年版,第272页。
② 中国复旦大学文史研究院、越南汉喃研究院合编：《越南汉文燕行文献集成》（越南所藏编）第5册,复旦大学出版社2010年版,第273页。
③ 中国复旦大学文史研究院、越南汉喃研究院合编：《越南汉文燕行文献集成》（越南所藏编）第11册,复旦大学出版社2010年版,第289页。
④ 中国复旦大学文史研究院、越南汉喃研究院合编：《越南汉文燕行文献集成》（越南所藏编）第10册,复旦大学出版社2010年版,第199页。
⑤ 中国复旦大学文史研究院、越南汉喃研究院合编：《越南汉文燕行文献集成》（越南所藏编）第23册,复旦大学出版社2010年版,第26页。
⑥ 中国复旦大学文史研究院、越南汉喃研究院合编：《越南汉文燕行文献集成》（越南所藏编）第8册,复旦大学出版社2010年版,第187页。
⑦ 中国复旦大学文史研究院、越南汉喃研究院合编：《越南汉文燕行文献集成》（越南所藏编）第9册,复旦大学出版社2010年版,第110页。
⑧ 中国复旦大学文史研究院、越南汉喃研究院合编：《越南汉文燕行文献集成》（越南所藏编）第7册,复旦大学出版社2010年版,第129页。

益《苍梧江次》诗序云："梧州府城，三江合流，舟舫凑集，商货盈积。"① 诗则赞曰："三江帆楫倚城隅，岭外繁华第一州。"② 黄碧山亦在《梧州城府》诗序中写道："城南门大书'两广咽喉'四字。即古交州地……江城两岸，舟船水阁，争相联接，乃是辐辏之地。"③ 黎贵惇《驻梧州》云："万里烟波通上国，一城风雨绕芳洲。牙樯锦缆连江树，画栋朱帘满市楼。"④ 潘辉注《梧州》云："岑寂经重嶂，繁花又此州。帆樯三水合，烟水万象稠。"⑤ 范芝香《梧州夜泊》云："东船西舫连涯泊，翠阁朱楼对岸开。十里笙歌催月上，五更星斗载人回。"⑥ 阮思僩《梧州八首》有更详细的描写："灯衢花艇人如市，十里楼船鼓角声"（其五）⑦；"江亭日日万人肩，舟子琴歌每夜阑"（其八）⑧。阮述《梧州十首》则渲染了梧州城"市列珠玑，户盈罗绮"的盛况："甲第环城列绮罗……洋货东来日渐多"（其九）；"玻璃窗里灿珠玑"（其十）。⑨以上诗歌，均着眼于梧州合三江之流而为水路要津的地理优势，也描绘了街市繁华、人烟稠密、画舫楼船夜夜笙歌的热闹景象。

对广西各府州的繁华，越南使臣极尽铺陈之能事，表达了赞美艳羡之情。而在中国赴越使臣的眼中，广西是炎热、荒蛮的烟瘴之地，风俗

---

① 中国复旦大学文史研究院、越南汉喃研究院合编：《越南汉文燕行文献集成》（越南所藏编）第 6 册，复旦大学出版社 2010 年版，第 207 页。

② 中国复旦大学文史研究院、越南汉喃研究院合编：《越南汉文燕行文献集成》（越南所藏编）第 6 册，复旦大学出版社 2010 年版，第 208 页。

③ 中国复旦大学文史研究院、越南汉喃研究院合编：《越南汉文燕行文献集成》（越南所藏编）第 11 册，复旦大学出版社 2010 年版，第 280 页。

④ 中国复旦大学文史研究院、越南汉喃研究院合编：《越南汉文燕行文献集成》（越南所藏编）第 3 册，复旦大学出版社 2010 年版，第 136 页。

⑤ 中国复旦大学文史研究院、越南汉喃研究院合编：《越南汉文燕行文献集成》（越南所藏编）第 12 册，复旦大学出版社 2010 年版，第 48 页。

⑥ 中国复旦大学文史研究院、越南汉喃研究院合编：《越南汉文燕行文献集成》（越南所藏编）第 15 册，复旦大学出版社 2010 年版，第 203 页。

⑦ 中国复旦大学文史研究院、越南汉喃研究院合编：《越南汉文燕行文献集成》（越南所藏编）第 20 册，复旦大学出版社 2010 年版，第 45 页。

⑧ 中国复旦大学文史研究院、越南汉喃研究院合编：《越南汉文燕行文献集成》（越南所藏编）第 20 册，复旦大学出版社 2010 年版，第 46 页。

⑨ 中国复旦大学文史研究院、越南汉喃研究院合编：《越南汉文燕行文献集成》（越南所藏编）第 23 册，复旦大学出版社 2010 年版，第 33 页。

粗野、王化难达。明初赴越使臣林弼《广西舟中》云："连山峡长江，千里不一断。南通交广域，西接邕桂管。竹树深蔽蔚，湍濑多激悍。林居杂众猺，水处绝群蜑。……我行持使节，道路绝阻塞。颇闻北来士，游宦愁僻远。十人九物故，岚瘴嗟满眼。……天地共一域，风气各自限。朔南殊俗习，川陆异物产……"① 这首诗概括了作者对广西的总体印象：广西水路发达，但水流湍急；少数民族杂居，风物异于中原；烟瘴满眼，北来之士难以适应。

对当时的省府桂林，中国赴越使臣很少书写其繁华与热闹。如元末傅若金《桂林》诗云："桂林南望远，山路与云连。浅水清涵石，攒峰乱刺天。干戈仍岁月，瘴疠接风烟。蛮寇何能定，边氓亦可怜。"② 诗中对桂林的山石虽有描写，但对桂林的总体印象是"瘴疠"之地，战乱不断。而明初张以宁《代简广西参政刘允中》两首诗中对桂林山水颇多赞美，认为"五岭宜人独桂林"（其一），希望趁此机会壮游一番，"饱看奇峰碧玉簪"（其一），但落后、荒蛮的印象依然根深蒂固，故云"蜑雨蛮烟岭外州"（其二）。③

南宁在中国使臣的笔下，是很难用"繁华"二字来概括的。元代赴越使臣陈孚有《邕州》诗云："两江合流抱邕管，暮冬气候三春暖。家家榕树青不凋，桃李乱开野花满。蝮蛇挂屋晚风急，热雾如汤溅衣湿。万人冢上蛋子眠，三公亭下鲛人泣。……平生所持一忠壮，荒峤何殊玉阶上。明年归泛两江船，会酌清波洗炎瘴。"④ 在陈孚的眼中，南宁并非繁华热闹的都市，而是桃李无主、野花乱开、蝮蛇挂壁、瘴气弥漫、天气炎热的荒峤之地。元末傅若金在《送南宁路总管宋侯之官诗

---

① 《景印文渊阁四库全书》，（台北）台湾商务印书馆 1986 年版，集部别集类集 1227，第9 页。

② 《景印文渊阁四库全书》，（台北）台湾商务印书馆 1986 年版，集部别集类集 1213，第229 页。

③ 《景印文渊阁四库全书》，（台北）台湾商务印书馆 1986 年版，集部别集类集 1226，第583 页。

④ 《景印文渊阁四库全书》，（台北）台湾商务印书馆 1986 年版，集部别集类集 1202，第636 页。

序》中云："边郡视中州，远王化，地重而多险，故得人则治，不得人则乱。"① 概括了南宁作为边疆要地的特点，突出其地理位置的重要，但也指出了王化难及的遗憾。南宁地处南疆，在中原人士的印象和记忆中，此地风俗粗野、文明发展缓慢。如林弼《南宁府》三首其一云："出洞蛮丁高髻角，趁圩野妇短衣裙。汉廷已下兴贤诏，从此遐荒德化间。"② 其二云："谩说天南第一关，边城依旧好江山。丰年箫鼓赛田祖，近日衣冠化洞蛮。"③ 而傅若金还将自己在广西的所见所闻记录下来，其《广西即事二首》云："南镇干戈日夜陈，西山寇盗出犹频。荒村百里无烟火，闻道官军更杀人。"④ 可见当时广西战乱纷纷，不但盗贼纵横，官军也滥杀无辜。只有少数中国使臣的诗歌中，描写南宁人口众多、竹木清润，但远称不上繁华，只是"少荒顿"而已。如明代孙承恩《南宁》云："理楫虽云远，长途岂容尽。山城忽前横，喜及朗宁郡。人烟颇稠集，阡陌少荒顿。鸡豚杂喧嚣，竹木斗清润。畏途多险艰，愁绪日苦困。此邦庶乐土，一笑破孤闷……"⑤

　　在越南使臣诗歌中经常出现的交通发达、商业繁盛的梧州，在中国使臣的诗歌中也是另一番境况。如孙承恩《至梧州》云："的的炎荒路，苍梧云物幽。孤城淡斜日，叠嶂肃高秋。鲛室光常秘，龙洲水自浮，兵戈闻处处，感时重添愁。"诗中提到的是"炎荒"、"孤城"与"兵戈"，一点都看不到楼宇画栋、人声鼎沸的景象。⑥ 他又在《苍梧》中写道："扁舟谢逆浪，泊此梧江浔。孤城倚山巅，下瞰江水深。兹惟

---

　　① 《景印文渊阁四库全书》，（台北）台湾商务印书馆1986年版，集部别集类集1213，第327页。

　　② 《景印文渊阁四库全书》，（台北）台湾商务印书馆1986年版，集部别集类集1227，第45页。

　　③ 《景印文渊阁四库全书》，（台北）台湾商务印书馆1986年版，集部别集类集1227，第46页。

　　④ 《景印文渊阁四库全书》，（台北）台湾商务印书馆1986年版，集部别集类集1213，第285页。

　　⑤ 《景印文渊阁四库全书》，（台北）台湾商务印书馆1986年版，集部别集类集1271，第178页。

　　⑥ 《景印文渊阁四库全书》，（台北）台湾商务印书馆1986年版，集部别集类集1271，第204页。

百粤冲，重镇当喉襟。辕门肃军威，杀气常萧森。……夕雾兼晨霏，瘴疠方浸淫。交南此半途，行迈方自今。极目天南陲，望望愁人心。"①梧州虽为两广重镇，处于咽喉之地，但又瘴疠遍野，让人忧愁，故而一再表达"极目天南陲，望望愁人心"（《苍梧》）、"此日南陲心北阙，不堪愁对瘴云深"（《苍梧元旦拜阙》）的无奈。张以宁《梧州即景》也只提到梧州的历史名人和水路优势，并没有提及梧州的繁华："苍梧南去近天涯，六士三陈昔此家。水合牂江通涨海，山来桂岭接长沙。"②

总之，中越使臣在途经大大小小的城市时，常常用饱含新奇的眼光去观察这些城市的自然景观和人文景观，以充满感情的笔触描绘各座城市在他们心中的初印象。在对这些城市形象的书写中，中越使臣对北京、武昌、汉口、汉阳等城市的总印象较为一致，对桂林、南宁、梧州的总印象却有很大的不同，从而在一定程度上展示了不同文化背景下的作家对城市空间评价的不同。

第三节　异域书写的特点及开拓意义

无论是中国使臣还是越南使臣，其诗集都存在一定数量的异域书写。中国使臣在越南逗留的时间不长，创作的作品也不多，保存下来的更少，所以关于越南的书写在数量上远远比不上越南使臣对中国的书写。然而，作为对异域的观察记录，还是具有一些共同的特征的。

一　异域书写的三大特征

纪实性、新奇性和特殊性是中越使臣诗歌关于异域书写的共同特点，这是区别于其他诗歌创作的新特征。

---

① 《景印文渊阁四库全书》，（台北）台湾商务印书馆 1986 年版，集部别集类集 1271，第176 页。

② 《景印文渊阁四库全书》，（台北）台湾商务印书馆 1986 年版，集部别集类集 1226，第566 页。

（一）纪实性

中越使臣用纪实的笔法描写各地山川风貌、风土人情，记录沿途经行路线、见闻感受。这些纪行诗，在使臣诗歌中占绝大多数。

中越使臣每到一个地方，往往留下以地名为题目的诗歌，所以这些纪行诗就像一部纪行日记，真实记录了他们的所见、所闻、所感。这样的例子以越南使臣的诗歌为多，可谓比比皆是，试举一二以证之。比如阮偍于乾隆五十四年（1789）第一次出使清朝路经广西时，就写下了《过关喜赋》《夕次明江水月庵》《新宁夜发》《老江晴泛》《南宁晚眺》《永福即景》《恩州道中偶成》《马栏山夜雨》《全州八景》《渡黄沙河即景》《早憩永州府城记胜》等诗。从题目可以看出，阮偍从镇南关过关入境开始，记录了他在明江、新宁、南宁、永福、全州等地所看到的景象，以及自己的感受。返程途经广西时，又写下了《题湘山寺》《初夏全州道中》《桂江晚望》《桂江舟程写景》《印山》《昭平晚泊》《题刘三烈庙》《月夜次滩江》《梧州晚泊》《抵苍梧怀古》《梧江夜雨》《藤江月夜》《平南即景》《浔江顺帆》《浔州晴夜》《晚过大滩》《又过五险滩》《过伏波祠》《望半仙洞》《横州舟次》等诗，从全州、桂江、昭平、梧州、藤江、平南、浔州、横州一路南下，所写诗歌比去程所写略多一些，也均为纪实而写、有感而发之作。又如吴时任在乾隆五十八年（1793）出使清朝，去程经过河南和直隶时，写下了《河南道中》《河南怀古》《过子贡祠》《过郾城忆岳武穆》《颍川书院》《过许都》《观欧阳公神道》《观郑城》《渡黄河歌辞》《再渡黄河歌辞》《过殷都》《文王演易处》《涉漳河》《憩彰德》《鄗城》《邯郸记游五言十四韵》《滹沱河》《河北道中》《冀州道中》《燕山》等诗歌，从诗题中明确指出经行的路线，经郾城、许都、郑城、殷都、彰德、鄗城、邯郸，渡黄河、漳河、滹沱河，最后到达北京。吴时任诗中所及，亦是从一名"他者"的视角如实观察和记录行途所见。

中越使臣关于异域书写还有一个显性特点，那就是诗题之后常有诗序，或者诗歌之中标有夹注，以说明地名或景观的具体情况、写作的背景等，这也体现了纪实的性质。比如，阮宗窐《客中除夕》诗序云："是夜水陆张灯，照耀如同白日。通宵奏乐，振地驱傩。乃秉烛迎春，微斟守岁一章以记"①，记录了其北使途中看到的中国百姓除夕守岁、辞旧迎新的盛况：到处灯火通明，音乐通宵达旦，以及广西驱傩的习俗，即在除夕举行驱鬼迎神的仪式。其诗就是在这样的背景下创作的，具有纪实的特点。又如，阮宗窐《过滩偶作》诗序云："经宣化县，江间多有石碛，横排直竖，势若遏流。内有一线通舟，水工逆势撑持，徐徐穿过，乃是一番济险。"② 介绍了宣化某一江滩的险峻，只有一线可以通船，水工没有高超的技术很难化险为夷。其诗为有感而发的纪实之作。吴时位《明江夕发》一诗的小序更像一篇文采斐然的游记："明宁州，南关百五十里，使程三日可到。地气差厚，而天时寒暑不相甚远。州城临江，城中街屋舍仿佛升隆。其江之上流自安博、禄平诸州来下，直通桂林省城。中朝以使臣行走劳顿，故并合令诸部由水路进京，俾得安适。余开船之夕，一望宽阔，两岸青山对立，江流曲折如羊肠，石窖沙滩，忽隐忽见，清奇幽雅之致。转眼如新，应接不暇。但江从琼山注水，颇恶毒，不宜游泳，为可恨也。"③ 首先交代了明宁州的地理位置，距离镇南关一百五十里，使程需要三天；其次介绍该地的气候，街道、屋舍等环境，以及明江的交通情况和沿途风景，等等。作者在诗歌中抒发了"地通西粤航梯便，天近南交气候同"④ 的真实感受。

（二）新奇性

异域书写最突出的特征是新奇性，因为无论谁踏上一片新的土地，总是不约而同用一种新奇的眼光去打量眼前这个陌生的世界。

---

① 中国复旦大学文史研究院、越南汉喃研究院合编：《越南汉文燕行文献集成》（越南所藏编）第 2 册，复旦大学出版社 2010 年版，第 157 页。

② 中国复旦大学文史研究院、越南汉喃研究院合编：《越南汉文燕行文献集成》（越南所藏编）第 2 册，复旦大学出版社 2010 年版，第 160 页。

③ 中国复旦大学文史研究院、越南汉喃研究院合编：《越南汉文燕行文献集成》（越南所藏编）第 9 册，复旦大学出版社 2010 年版，第 261 页。

④ 中国复旦大学文史研究院、越南汉喃研究院合编：《越南汉文燕行文献集成》（越南所藏编）第 9 册，复旦大学出版社 2010 年版，第 261 页。

　　中国使臣初至越南，对越南人的服饰装扮、房屋结构、气候风物、风俗习惯等多有描写。不少中国使臣的诗歌包含对越南人穿着打扮的描绘。鲁铎在《交南道中五绝》中写道："青衫黄笠群趋走，争得天朝使节看。"[①] 这两句诗饶有意趣，描绘出异域之眼互相对视的情形：越南百姓在围观中国使臣，中国使臣在观看身穿青衫、头戴斗笠的越南百姓，彼此充满好奇。周灿在《使交吟》中也不惜笔墨描写越南军民给他的印象："居人男女纷成市，跣足宽衣发满肩"[②]，"大袖长衣戴斗篷，提男扶老共匆匆"[③]，"蓬头蛮女半垂裳，两两三三立道旁"[④]，"短发披肩着浅红，平头深目小蛮童"[⑤]，"金枪画盾护龙旗，披发班军左右驰"[⑥]。从以上诗句看，越南人的着装打扮有四大特点。一是喜欢穿宽大宽松的衣服，即"宽衣""大袖长衣"。二是喜欢把头发披散下来，即无论是街市中的行人，还是卖槟榔的女子，或是剪短发的小孩，都是"发满肩"，甚至连军士也披发，只剃去额前一寸多以区别于百姓："金枪画盾护龙旗，披发班军左右驰"[⑦]。三是喜欢戴斗笠，上文鲁铎诗也有相关记载。四是赤脚不穿鞋，即"跣足"，潘希曾诗也有相关描写和说明："赤脚走荆榛。"（男女皆赤脚，官员才穿鞋）[⑧] 关于越南百姓着装的特点，章敞在出使越南的时候也写道："发剪鬔松宁有髻，衣穿单

---

　　① （明）鲁铎：《鲁文恪公文集》十卷，《四库全书存目丛书》集部第 54 册，齐鲁书社 1997 年版，第 71 页。

　　② （清）周灿：《使交吟》，《四库全书存目丛书》集部第 219 册，齐鲁书社 1997 年版，第 281 页。

　　③ （清）周灿：《使交吟》，《四库全书存目丛书》集部第 219 册，齐鲁书社 1997 年版，第 282 页。

　　④ （清）周灿：《使交吟》，《四库全书存目丛书》集部第 219 册，齐鲁书社 1997 年版，第 281 页。

　　⑤ （清）周灿：《使交吟》，《四库全书存目丛书》集部第 219 册，齐鲁书社 1997 年版，第 282 页。

　　⑥ （清）周灿：《使交吟》，《四库全书存目丛书》集部第 219 册，齐鲁书社 1997 年版，第 281 页。

　　⑦ （清）周灿：《使交吟》，《四库全书存目丛书》集部第 219 册，齐鲁书社 1997 年版，第 281 页。

　　⑧ 《景印文渊阁四库全书》，（台北）台湾商务印书馆 1986 年版，集部别集类集 1266，第 668 页。

夹总无棠（应为'裳'）。"① 作者认为，当地人披头散发不梳发髻，衣服为单衣没有下裙，这些都有异于中国。对此，李仙根在《安南杂记》中有更详细的说明："其人被发，以香蜡梳之。故不散。跣足，足无尘垱，以地皆净沙也。男女衣皆大领，无分别，无裙裤，女有无折围裙。其王与官或时冠带靴袜，然非其好也。"② 这段话对越南百姓披发、赤足、宽衣都进行了阐释。

越南居民的居室也引起了中国使臣的注意。"笆棚茅苫稍如楼，上处居民下圈牛。绕屋试看何障蔽，十寻刺竹猬毛稠。"（鲁铎《交南道中五绝》)③ 鲁铎是景陵（今湖北天门）人，明正德元年（1506）第一次南下，对越南人居室环境深感好奇，故上层住人下层养家禽的干栏式房屋引起了他的强烈兴趣，以刺竹为屏障也是当地的一大特色，而且越南的刺竹既高且大。诗中记载了鲁铎进入越南后的新奇感受。"野栖茅覆屋，露积竹为囷"，④ 潘希曾这两句诗也表达了他对越南百姓居住房屋的相似观感，即以茅草覆盖屋顶，以刺竹为栅栏。越南气候炎热，对建筑通风防晒要求高，以竹子为材料建造房子或以竹子为屏障遮盖房子都是因地制宜的好办法。

越南处于热带，高温多雨，气候和物产与中土不同。"南交风物异吾唐，十月终旬始见霜。"⑤ 明代章敞于宣德年间两次出使越南，这首诗是他第一次出使时对越南气候的描写。越南地处北回归线以南，属热带季风气候，故十月下旬始见秋霜，这让章敞颇为惊奇。明代潘希曾在《丕礼道中》中写道："竹树交远村，鸡鸣烟火晏。士女作队游，语笑

---

① （明）章敞：《明永乐甲申会魁礼部左侍郎会稽质庵章公诗文集》不分卷，《四库全书存目丛书》集部第30册，齐鲁书社1997年版，第305页。
② 胡传淮、陈名扬主编：《榜眼李仙根》，中国文史出版社2015年版，第36—37页。
③ （明）鲁铎：《鲁文恪公文集》十卷，《四库全书存目丛书》集部第54册，齐鲁书社1997年版，第71页。
④ 《景印文渊阁四库全书》，（台北）台湾商务印书馆1986年版，集部别集类集1266，第668页。
⑤ （明）章敞：《明永乐甲申会魁礼部左侍郎会稽质庵章公诗文集》不分卷，《四库全书存目丛书》集部第30册，齐鲁书社1997年版，第305页。

不可辨。维时王正月，桃李已零乱。"① 与中原三月桃花始盛开不同，越南的桃花、李花，正月已凋谢。潘希曾在《即事二首》中又揭示了中越农作物生长时间的不同："平畴水漫绿成行，正月交人已插秧。记得中原旧游处，雪消晴陇麦初长。"② 越南水稻一年三熟，一月就已经插秧，这与中原小麦初长的情况迥异。"无雪元知麦不宜，家家饼饵秫为之。前村日暮菜花发，错望黄云傍短篱。"③ 因天气炎热，越南不宜种植小麦，所以家中糕饼是用秫为原料制作的。在元代使臣傅若金的笔下："江路篁犹箨，山田稻始苗。"④ 清代使臣周灿说："竹树参差冬稻熟。"⑤ 清代使臣丐香说："物候南交真更早，新秧腊月已栽田"⑥，"野草闲花冬不睡，春风已度镇南关"⑦。由此可见，在越南，腊月时春花已经烂漫，稻田已经插上秧苗。

因气候的不同，越南的植物也不同于中原。清代周灿在《使交吟》中写到越南的桄榔树、龙牡草等具有地方特色的植物。明代潘希曾在《南交纪事》中说："蕉实黄初熟，椰浆白颇醇。"⑧ 芭蕉和椰子也是越南的特产之一。元代陈孚在《安南即事》中亦曾对越南的植物加以详细描写："短短桑苗圃，丛丛竹刺衢。牛蕉垂似剑，龙荔缀如珠。（自注）芭蕉极大者，冬不凋，中抽一干，节节有花。花重则干为所坠。结实下垂，一穗数十枚，长数寸，如肥皂、去皮，软烂如绿柿，极甘冷，一名牛蕉。龙荔实如小荔枝，味如龙眼，木与叶亦相似。二果，古名奇果。有波罗蜜，大如瓠，肤礧砢如佛髻，味绝甘。人面子肉甘酸，核两目口鼻皆具。又有椰子、卢都子、余甘子，皆珍味可食。"⑨

---

① 《景印文渊阁四库全书》，（台北）台湾商务印书馆1986年版，集部别集类集1266，第667页。

② 《景印文渊阁四库全书》，（台北）台湾商务印书馆1986年版，集部别集类集1266，第668页。

③ 《景印文渊阁四库全书》，（台北）台湾商务印书馆1986年版，集部别集类集1266，第668页。

④ 《景印文渊阁四库全书》，（台北）台湾商务印书馆1986年版，集部别集类集1213，第229页。

⑤ （清）周灿：《使交吟》，《四库全书存目丛书》集部第219册，齐鲁书社1997年版，第281页。

⑥ 丘良任、潘超、孙忠铨等编：《中华竹枝词全编》七，北京出版社2007年版，第690页。

⑦ 丘良任、潘超、孙忠铨等编：《中华竹枝词全编》七，北京出版社2007年版，第686页。

⑧ 《景印文渊阁四库全书》，（台北）台湾商务印书馆1986年版，集部别集类集1266，第668页。

⑨ 顾嗣立编：《元诗选》（二集　上），中华书局1987年版，第247页。

牛蕉、龙荔、波罗蜜、人面子、椰子、卢都子、余甘子等植物让陈孚目不暇接。

槟榔是越南特色物产，嚼槟榔成为越南的一种风俗。章敞在诗中写道："何处骑牛千里寻，相迎先劝吃槟榔。"① 说明槟榔是招待客人的美味食品。潘希曾于明正德七年（1512）奉使册封越南王，也记录了当地人吃槟榔的喜好："槟榔生咀嚼，橘柚杂芳辛"②，并说明因吃槟榔而牙齿变黑的现象："黑牙喧鸟雀。"③ 林弼于明洪武三年（1370）出使越南，其《珥江驿口占八首》其七描写了卖槟榔的黑齿女子："齿牙如漆足如霜，红缕衣裙紫裤裆。见客不羞娇作笑，谁家昆艾卖槟榔。（昆艾女子也）。"④ 由此可见，嚼槟榔是当地人的一种爱好，长此以往就成了一种饮食习俗。

中国使臣除了观察到越南"土俗衣冠犹自异"（潘希曾《次安南坡垒驿》)⑤ 外，还记录了山路的幽深和险峻，潘希曾《卜邻驿》云："荒山四面徒嶙峋""蹊径诘曲难具陈"⑥。张以宁《安南即景》云："龙水南边去，行穿万竹林。羊肠山险尽，蜗角地蟠深。"⑦ 都写出了同样的感受。

在中国使臣关于异域的书写中，有两位诗人的作品值得一提。一位是明洪武三年（1370）出使越南的林弼，他以组诗的方式描绘了越南士女、小卒、小吏等形象。《珥江驿口占八首》其一云："士女填街拨不开，共看天使日边来。白罗衫称乌纱帽，坐听齐声说泠腮。"（泠腮，方言，甚美也。）其三云："小卒横挑丈二殳，褒衣长帽似臞儒。当街一喝人争避，如此威狞更有无。"其四云："蛮官短发皂衣疏，江驿时

---

① （明）章敞：《明永乐甲申会魁礼部左侍郎会稽质庵章公诗文集》不分卷，《四库全书存目丛书》集部第 30 册，齐鲁书社 1997 年版，第 305 页。
② 《景印文渊阁四库全书》，（台北）台湾商务印书馆 1986 年版，集部别集类集 1266，第 668 页。
③ 《景印文渊阁四库全书》，（台北）台湾商务印书馆 1986 年版，集部别集类集 1266，第 668 页。
④ 《景印文渊阁四库全书》，（台北）台湾商务印书馆 1986 年版，集部别集类集 1227，第 63 页。
⑤ 《景印文渊阁四库全书》，（台北）台湾商务印书馆 1986 年版，集部别集类集 1266，第 666 页。
⑥ 《景印文渊阁四库全书》，（台北）台湾商务印书馆 1986 年版，集部别集类集 1266，第 667 页。
⑦ 《景印文渊阁四库全书》，（台北）台湾商务印书馆 1986 年版，集部别集类集 1226，第 547 页。

来学步趋。归去休骑割鬃马，底鸦稳卧胜篮舆。"（底鸦绳结，肩舆也）
其六云："机家舟上女如云，日日机中织缕勤。忽见江头秋月色，唱歌
声到夜深闻。"（南人谓绡为缕）① 通过这一系列诗歌，围观"天使"
的可爱士女、威风凛凛的小士兵、短发皂衣学步趋的小官吏、在船上辛
勤织布的越南姑娘等鲜活的人物形象跃然纸上，可称之为越南军民群像
图。另一位是清道光二年（1822）出使越南的丐香，他通过系列诗歌
《竹枝词》记载越南的不同气候与风俗。他在自序中称："天涯海角，
异俗殊风，瘴雨蛮烟，授餐适馆。虽无鼻饮头飞之怪，绝非耳濡目染之
常。一路衣冠人物，愈出愈奇；四时草木昆虫，无冬无夏。"② 所以他
把看到的与中国不同的越南风俗一一记载下来。他通过观察，推想越南
重武轻文，"国王身后立功勋，两把腰刀抱各分。大小陪臣多佩刀，可
知重武必轻文"③。他觉得越南的服丧期只有两年，有点不可思议："三
年达孝本伦常，异俗相沿竟短丧。死去如过廿四月，安心释服便称
祥。"④ 字里行间，浮现的是"他者"之眼的独特体会。

　　越南使臣在出使中国的时候，同样也书写了他们在异域体验的新奇
感受。因在中国停留的时间较长、跨越的地区很多，所以书写的空间更
大。总的说来，越南使臣对中国各地的秀美景色或壮丽山河饱含赞美，
对驰名中外的名胜古迹满怀兴趣，所以不惜笔墨去描写他们亲历其地时
的奇妙感受。上文已有相关论述，此不赘述。

　　对雪景的描写是越南使臣异域书写的一个重要内容。因为地处北回
归线以南，越南罕见下雪景象，故越南使臣在燕行途中大多以惊喜的心
态描写雪景。他们多以欣赏和玩味的态度描摹雪的形、色、质，或借助
比喻，或使用典故，层层渲染，写景抒情。武辉斑《涿州见雪》："北
直前来正大冬，奇葩六出喜新逢。满塘初讶堆盐虎，遍野还看撒玉龙。

---

① 《景印文渊阁四库全书》，（台北）台湾商务印书馆 1986 年版，集部别集类集 1227，第
63 页。
② 丘良任、潘超、孙忠铨等编：《中华竹枝词全编》七，北京出版社 2007 年版，第 685 页。
③ 丘良任、潘超、孙忠铨等编：《中华竹枝词全编》七，北京出版社 2007 年版，第 686 页。
④ 丘良任、潘超、孙忠铨等编：《中华竹枝词全编》七，北京出版社 2007 年版，第 689 页。

夜色映窗迷月影，晓氛当户失山容。昔闻今见真堪赏，暖酒频斟兴转浓。"① 这首诗围绕着初见雪的喜悦由点带面地铺叙涿州雪景。"六出"是雪的别称，因其基本形状为六角形而得名。早在南北朝时期，诗人们就以"六出"喻雪，徐陵的《咏雪诗》诗云："三晨喜盈尺，六出舞崇花。"② 庾信的《郊行值雪》诗云："雪花开六出，冰珠映九光。"③ 武辉珽对中国诗歌非常熟悉，所以信手拈来，也以"六出"喻雪。颔联连用比喻，以"盐虎""玉龙"形容雪的颜色，而"初讶""还看"步步深入揭示诗人的惊喜心情。颈联承接前二联，由近及远，描写白雪在月光的映照下浑然一体的景象，并想象天亮之后山容变色的图景，引人入胜。尾联表达了百闻不如一见的真实感受和赏玩的心态。此外，越南使臣还喜欢以白梅、柳絮、白玉喻雪，且看：

> 天为诗豪借佳景，侭冬花坞学梅妆。
>
> ——范芝香《雪夜偶占》④
>
> 影蘸高岗成叠璧，花沾古树茁娇梅。
>
> ——阮偍《雪望》⑤
>
> 散空作絮浑疑柳，著树成花错认梅。
>
> ——武希苏《新乡早行望雪》⑥

范芝香用拟人的手法将"花坞"学"梅妆"的调皮表现得栩栩如生，对雪景的欣赏跃然纸上。阮偍不仅将雪花比作古树上的白梅，而且将高

---

① 中国复旦大学文史研究院、越南汉喃研究院合编：《越南汉文燕行文献集成》（越南所藏编）第5册，复旦大学出版社2010年版，第329页。

② 逯钦立辑校：《先秦汉魏晋南北朝诗》，中华书局1983年版，第2534页。

③ 逯钦立辑校：《先秦汉魏晋南北朝诗》，中华书局1983年版，第2381页。

④ 中国复旦大学文史研究院、越南汉喃研究院合编：《越南汉文燕行文献集成》（越南所藏编）第17册，复旦大学出版社2010年版，第178页。

⑤ 中国复旦大学文史研究院、越南汉喃研究院合编：《越南汉文燕行文献集成》（越南所藏编）第8册，复旦大学出版社2010年版，第241页。

⑥ 中国复旦大学文史研究院、越南汉喃研究院合编：《越南汉文燕行文献集成》（越南所藏编）第9册，复旦大学出版社2010年版，第224页。

山上的积雪比作层层叠叠的白璧，形容妥帖。武希苏这一联对仗工整，用词精到，富含表现力，并连用"柳絮"和"梅花"比喻雪花，用典自然。东晋女诗人谢道韫，因一句"未若柳絮因风起"吟咏飘飞的雪花，被誉为"咏絮才"。将雪比作柳絮，与谢朗"撒盐空中"之喻相比，更鲜活生动，意境也更优美。与寻常风雨不同，雪终年难得一见，所以极受文人墨客的青睐，历代咏雪诗数以万计。谢灵运的"明月照积雪，朔风劲且哀"（《岁暮》）① 不事工巧，直陈其境；梁裴子野的"拂草如连蝶，落树似飞花"（《咏雪诗》）② 以蝶和花来比喻雪的轻盈飘逸；梁吴均"萦空如雾转，凝阶似花积"（《咏雪诗》）③ 以雾来比喻空中飞舞的雪花，以花来比喻飘落地上的积雪，都很形象。魏晋南北朝时的咏雪诗开创了以花、蝶、盐、柳絮等物喻雪的写作传统，为后世咏雪诗的创作提供了丰富的借鉴范式。武希苏、范芝香、阮偍等越南使臣深受中国咏雪诗书写传统的影响，运用丰富的比喻描摹雪的形态与颜色。诚然，下雪带来的惊喜让文人墨客诗兴大发，文思泉涌。武辉珽说："南来幸此逢奇赏，随处江山好上图"（《雪天野望》）④；阮宗窐说："江山顿改寻常色，庐井都无热闹情。满眼清光看不尽，凭谁写意入新声"（《雪天闲望》其二）⑤；潘辉泳说："沧茫暮景到芦沟，桥上吟鞍一胜游。瑞雪满天琼屑散，清冰带月镜光浮"（《芦沟暮雪》）⑥ 从"幸逢奇赏""满眼清光""胜游"等文字，不难窥见诗人的欣悦之情。

　　越南使臣还有不少诗歌透露出他们新奇的感受，独轮车、土炕、贯通中西文化的西洋人等，都让他们耳目一新。比如武辉珽的《北直纪

---

① （南北朝）谢灵运著，顾绍柏校注：《谢灵运集校注》，中州古籍出版社 1987 年版，第 22 页。

② （南朝陈）徐陵编，穆克宏点校，（清）吴兆宜注，（清）程琰删补：《玉台新咏笺注》，中华书局 1985 年版，第 380 页。

③ （南朝梁）吴均著，杜佳骊校注：《吴均集校注》，浙江古籍出版社 2005 年版，第 192 页。

④ 中国复旦大学文史研究院、越南汉喃研究院合编：《越南汉文燕行文献集成》（越南所藏编）第 5 册，复旦大学出版社 2010 年版，第 330 页。

⑤ 中国复旦大学文史研究院、越南汉喃研究院合编：《越南汉文燕行文献集成》（越南所藏编）第 2 册，复旦大学出版社 2010 年版，第 256 页。

⑥ 中国复旦大学文史研究院、越南汉喃研究院合编：《越南汉文燕行文献集成》（越南所藏编）第 17 册，复旦大学出版社 2010 年版，第 306 页。

见》用惊奇的口吻叙写京中所见："赵燕古壤即京华，到处观光兴适多。踏雪马抬双架轿，乘风航挂独轮车。炉熏□（疑缺'煤'字）炭温行褥，路坦河水滑拽槎。八景见言名胜甚，芦沟晓□（疑缺'月'字）驿初过。"①记述了北京各色人等使用的交通运输工具，如官员多乘轿，官轿两旁各夹长杠，前后二马抬之；商贾多用独轮车，上挂素帆，顺风行走。行途所见也很新奇：居舍使用土炕，炕下烧煤炭以御寒；路面结冰时，用竹槎运载拖曳货物。这一切在越南使臣看来，真是见所未见、闻所未闻。李文馥在澳门也有不少新奇体验，其《澳门观海》写道："未见星槎辞北去，每添贾舶自西来。"②说明澳门是一个繁忙的东西交通之港。其《澳门诸夷有识华字者》云："镜窗举白称寒舍，铅笔签红写晚生"③，描写了当时在澳门的西洋人对中西文化的融会贯通，其居室以玻璃为窗却自称"寒舍"，其用铅笔写字而自题"晚生"。总之，以异域之眼观察，处处透露出新的发现、新的体验和新的感受。

（三）特殊性

中越使臣关于异域的书写因使臣身份的固有特征而带有一定的特殊性，主要表现在重在记载地理位置与地理地貌，密切关注沿途的关卡和警备情况，等等。

塘和汛，是明清时期于关隘和要道驻军警备的两种大小不同的关卡，通称塘汛。塘汛是明清最基层的军事机构，主要任务是稽查奸匪、抓捕盗贼、维持治安等。越南使臣对沿途的关卡是十分留心的，在不少的诗序中有相关记录，这说明越南使臣对中国的军事情况颇为关注。比如冯克宽《过关自述》诗中"塘"字旁注如下："此作水陆程，每十里

---

① 中国复旦大学文史研究院、越南汉喃研究院合编：《越南汉文燕行文献集成》（越南所藏编）第 5 册，复旦大学出版社 2010 年版，第 330 页。

② 中国复旦大学文史研究院、越南汉喃研究院合编：《越南汉文燕行文献集成》（越南所藏编）第 14 册，复旦大学出版社 2010 年版，第 45 页。

③ 中国复旦大学文史研究院、越南汉喃研究院合编：《越南汉文燕行文献集成》（越南所藏编）第 14 册，复旦大学出版社 2010 年版，第 22 页。

筑石塘三堆，置烽火在中，屯兵城守，有警则藏。使船至，则发铳鸣锣。"① 阮翘、阮宗窒《乾隆甲子使华丛咏》一首无题诗前的小序也记录相关情况："北俗沿途每十里或十五里，各设戍店，累石为塘三堆，每堆高五长许，下方上锐，外实中虚，贮烽火其中，有警则发。"② 武希苏《自受降城至宁明道中》诗序亦云："天朝规例，十里或二十二里，设塘坊一所，留更兵五六人，盘诘奸匪，驿递文书。凡有官司往来，塘兵各具军服弓矢，排立道傍，放炮鸣锣接贺。"③ 由上可见，虽然三则材料的陈述偶有出入，但基本可以归结为以下三点：一是在交通要道与关隘要地，根据一定距离（十里或十五里或二十二里）设立关卡，累石为"塘"，置烽火于其中；二是"塘"有驻兵把守，五六人的规模，属于军事机构；三是"塘"负责稽查奸匪，驿传文书，迎接使臣或有司，等等。越南使臣经过塘汛一般会有所记录，如丁儒完《过永淳县》诗序云："县有蓑衣、火烟、黄范诸塘司"④；阮偍《剪刀晓发》诗序云："剪刀，塘名。辰经涉滩，舟行颇难，舟中人皆惧"⑤；黎贵惇在《经珠山塘》一诗中写道："觇村三十里，水汛始珠山"⑥；等等。

　　明清时，越南使臣一般从镇南关出入关，故多有留题过关经历与心情。丁儒完《过关上》、段浚《过关》、武辉珽《回程出关喜赋》、胡士栋《南关晚度》、阮偍《过关喜赋》、阮嘉吉《过关纪实》、阮攸《镇南关》、丁翔甫《过关》、潘辉注《过关》、黄碧山《度南关作》、邓文

　　① 中国复旦大学文史研究院、越南汉喃研究院合编：《越南汉文燕行文献集成》（越南所藏编）第 1 册，复旦大学出版社 2010 年版，第 182 页。
　　② 中国复旦大学文史研究院、越南汉喃研究院合编：《越南汉文燕行文献集成》（越南所藏编）第 2 册，复旦大学出版社 2010 年版，第 45 页。
　　③ 中国复旦大学文史研究院、越南汉喃研究院合编：《越南汉文燕行文献集成》（越南所藏编）第 9 册，复旦大学出版社 2010 年版，第 195—196 页。
　　④ 中国复旦大学文史研究院、越南汉喃研究院合编：《越南汉文燕行文献集成》（越南所藏编）第 1 册，复旦大学出版社 2010 年版，第 318 页。
　　⑤ 中国复旦大学文史研究院、越南汉喃研究院合编：《越南汉文燕行文献集成》（越南所藏编）第 8 册，复旦大学出版社 2010 年版，第 188 页。
　　⑥ 中国复旦大学文史研究院、越南汉喃研究院合编：《越南汉文燕行文献集成》（越南所藏编）第 3 册，复旦大学出版社 2010 年版，第 130 页。

启《初抵南关》、黎光院《启关漫述》、范芝香《过关书怀》、范熙亮《出关》、裴文禩《启关恭纪》、阮述《启关》等为诗人入关或出关时赋诗纪念之作。而吴时位在《过关》诗序中则详细叙述了过关的过程、感受和体会："内地官员验贡毕，急催使臣登舆而传令闭关。谅山官舆与护送员弁皆收军回城。鸣金击鼓，开旗发射，人马行声响振山谷。予及同部进行，或先或后，不相照顾。抬夫喧呼笑语。喧呼笑语，皆不可晓。前途万里，渐离乡国，虽江山无异而风景顿殊，不觉凄然，有居行之感。"① 吴时位是越南著名诗人吴时任的弟弟，也是当时有名的诗人。继其兄出使清朝十七年之后，吴时位也于嘉庆十四年（1809）北使。其诗集《枚驿诹余》中有不少篇幅较长、富有文采的诗序。上引诗序保存了当时他们过关时的具体情状，非常生动。越南官员循例入贡，入关之际，中国官员例行验贡，验完之后立即传令闭关。完成交接之后，越南的护送官员也道回府。使臣到来之时，中国官兵会举行鸣锣击鼓仪式，非常热闹。当地轿夫的语言，已经全然不懂，顿使诗人心生家国乡邦之思、羁旅行驿之愁。由此可见，越南使臣通过诗或者诗序，真实记录了奉使入关时的具体经过和心理感受，体现了使臣诗歌的独特性。

越南使臣对中国军兵巡逻情况比较重视，这在一定程度上也说明了异域书写的特殊性。阮公沆《过平乐驿印山亭》诗序云："此处有船横江为巡关。三岐水有印山。"② 记录了在广西平乐驿有官船在江上巡查的情况。吴时位《夜眺》诗序云："是夜微雨，天气稍寒，余寝不成寐。余步出江桥外，但见月光朦胧，山暝水黑，东船西舫，悄然无言。江岸布幔一所，巡军五六人，狼藉相枕；一人执锣江行，或二三步一鸣，或四步一鸣，自去自来，形状踽踽。余见之闷绝，

---

① 中国复旦大学文史研究院、越南汉喃研究院合编：《越南汉文燕行文献集成》（越南所藏编）第9册，复旦大学出版社2010年版，第259—260页。

② 中国复旦大学文史研究院、越南汉喃研究院合编：《越南汉文燕行文献集成》（越南所藏编）第2册，复旦大学出版社2010年版，第13页。

返几兀坐。又时闻锣声断续，倍增惆怅。子卿塞上之笳、李白江城之笛，其亦辰时欤。"① 这篇小序，记录了江岸巡警的人数，以及巡逻时几步一鸣锣的具体情况，描写细致，体现了越南使臣对巡查细节的关注。

越南使臣在诗序中也多对中国的地理位置和地形地势进行描述，反映了他们关注的焦点。阮偍《梧州顺泛即景》诗序云："梧州五里，系至龙州，经排界塘，是广东广西交界。又十里，至双鱼泽。"② 介绍了梧州地理位置的重要性，以及梧州附近的塘汛分布。黎惟亶《总督行台》诗序云："行台在太平府治。右背五岭一条山前，左三江分派。地形最强，控制百粤旧境。"③ 说明了太平府总督行台背岭面江为两广咽喉、控制百粤的优越地形。越南使臣对中国地形、地理的重视还体现在《越南汉文燕行文献集成》中现存的四种手绘本燕行使程图上。这四种使程图分别为《燕台婴语》《燕轺万里集》《燕轺日程》《如清图》，绘制时间在清乾隆至光绪年间。这些如清使程图绘画出越南使臣北使途中的重要山川、河流、道路、地势、府县城郭、重要建筑和景观等，尤其重视标注沿途各塘汛的分布位置和相隔距离。从所绘图看，塘汛之间间隔的距离以十里和十五里居多，亦有五里、二十里、三十里，甚至六十里的，正好补充上文越南使臣诗序记录的不足。而且，这些如清使程图也说明了越南使臣对中国军事情况的重视。

二 题材内容的新开拓

中越使臣的异域书写，其开拓意义更多体现在对题材内容的拓展上，而这种突破是建立在地理空间变化的基础上的。空间的位移、视角

---

① 中国复旦大学文史研究院、越南汉喃研究院合编：《越南汉文燕行文献集成》（越南所藏编）第 9 册，复旦大学出版社 2010 年版，第 264 页。

② 中国复旦大学文史研究院、越南汉喃研究院合编：《越南汉文燕行文献集成》（越南所藏编）第 8 册，复旦大学出版社 2010 年版，第 202 页。

③ 中国复旦大学文史研究院、越南汉喃研究院合编：《越南汉文燕行文献集成》（越南所藏编）第 6 册，复旦大学出版社 2010 年版，第 172 页。

的变换，给一些传统题材带来了新的血液，从而使传统题材焕发出新的活力。

首先，中越使臣诗歌扩大了山水诗的题材内容。中国使臣将越南风光纳入山水诗的范畴，从而使中国传统诗歌的表现范围更加阔大，而越南使臣因与广西接壤、山水相依、风俗相近等因素，对中国文人较少关注或完全忽视的广西风光详加描绘，留下了大量的作品，数量远超歌咏湖南、湖北、河南、河北等地风光的作品，使有水上"蜀道"之称的乌蛮滩等广西风光得到了充分的展示，补充了中国文学史上的不足。另外，越南使臣大量赋咏"八景"诗，也是对中国传统"八景"诗的继承与发展。"八景"作为一种文化现象，自宋代开始，逐渐演变为一种成熟的审美范式被广泛接受。"八景"究竟起于何时，学界一直存在"沈约起源说"、"苏轼起源说"、"李成起源说"和"宋迪起源说"的争议，而笔者比较赞同"宋迪起源说"。据北宋沈括记载："度支员外郎宋迪工画，尤善为平远山水，其得意者有平沙雁落、远浦帆归、山市晴岚、江天暮雪、洞庭秋月、潇湘夜雨、烟寺晚钟、渔村落照，谓之'八景'，好事者多传之。"① 这是最早关于"八景"的载录，说明自宋迪作《潇湘八景图》始，"八景"风行天下，同时也暗示，"八景"最早盛行于绘画领域。其实在宋迪之前，"八景"就已进入艺术领域，后蜀黄筌有《潇湘八景》②、南唐董源有《潇湘图》③ 等，但"八景"之名是宋迪之后才广为流播的，而最早给"八景"诗命名的是惠洪④。顾宝林对"八景"诗进行一番梳理后指出："北宋若是典型'八景诗'的产生时期，南宋则开始走向扩散与发展，历经元代的过渡，明代则是'八景'文化及八景诗的创作繁盛时期。据不完全检索，宋代有陈著等

① （宋）沈括著，金良年、胡小静译：《梦溪笔谈全译》，上海古籍出版社 2013 年版，第 159 页。

② （宋）郭若虚撰，王群栗点校：《图画见闻志》卷 2，浙江人民美术出版社 2013 年版，第 62 页。

③ 佚名撰，王群栗点校：《宣和画谱》卷 11，浙江人民美术出版社 2012 年版，第 111 页。

④ 冉毅：《宋迪其人及"潇湘八景图"之诗画创意》，《文学评论》2011 年第 2 期。

人创作过'八景'诗，其中尤以'潇湘八景'诗为多，涉及诗人苏轼、刘克庄、周密等人；元代八景诗进一步向地方扩散，如歌咏湖山、嘉禾、澄江、星源、潮居、鉴湖、雪湖、南雄等地的八景诗开始出现；同时也开启了书写元大都北京的'八景诗'大门，如陈孚有《咏神京八景》8 首，黄仲翁有《香山八景》，而《潇湘八景》诗依旧是众多文人们的喜好。"① "明代是'八景诗'高涨的重要时期，无论数量还是歌咏地区，都大大超越前代。"② 的确，"八景"诗自宋代以来，一直影响到元明清时期，尤其是明清时期，八景诗创作极其繁盛，数不胜数。单就燕台八景组诗而言，明代王洪、王绂、薛瑄、胡俨、杨荣、李东阳、金幼孜、倪岳、唐之淳以及清朝的乾隆皇帝都写过燕京八景的组诗。③ 八景诗还影响到日本、高丽、朝鲜和东南亚等国家，不少文人（如高丽的李仁老、陈澕、李齐贤，朝鲜的李荇、柳楫、金弘郁、郑宗鲁、朴永元等）都创作有"潇湘八景"诗④，而越南使臣笔下的"八景"诗更是丰富，赋咏的八景有：浔州八景（桂平八景）、梧州八景（苍梧八景）、桂林八景、潇湘八景、金陵八景以及燕京八景（燕台八景）等。在形式上，有单篇的吟咏，也有大型的组诗。前者如阮偍《燕台八景》，阮述《燕京八景》，胡士栋《桂林八景》，邓文启《浔州八景》，阮偍《全州八景》《浔州八景》《梧州八景》，黄碧山《浔州八景》《苍梧八景行》《桂林八景歌》等都是单篇诗歌；后者如阮宗窐《题苍梧城八首》《题桂林地八首》《题金陵八首》，武辉珽《梧州八景》《桂林八景》，阮做《谅山八景》等均为八首一组的组诗。

　　"八景"涵盖了当地主要的自然景色和人文景观，所以八景诗带有

---

　　① 顾宝林：《论明代八景诗的特性及八景诗的圈层影响机制——以曾启八景诗为例》，《临沂大学学报》2020 年第 3 期。

　　② 顾宝林：《论明代八景诗的特性及八景诗的圈层影响机制——以曾启八景诗为例》，《临沂大学学报》2020 年第 3 期。

　　③ 刘沁淳：《元明清"燕京八景诗"研究》，硕士学位论文，河北大学，2019 年，第 28、33 页。

　　④ 马若晗：《韩国文人"潇湘八景"诗接受研究》，硕士学位论文，福建师范大学，2019 年，第 10、24、36、40、41、45、47 页。

强烈的地域文学特色。相对而言，中国使臣留下的八景诗数量较少，目前可见的有元代陈孚于至元二十九年（1292）九月出使越南经过潇湘时创作的"潇湘八景"诗，记载了当地的美丽风光：

> 月明水无痕，冷光泫清露。微风一披拂，金影散无数。天地青茫茫，白者独有鹭。鹭去月不摇，一镜湛如故。
>
> ——《洞庭秋月》①
>
> 山深不见寺，藤阴镶修竹。忽闻疏钟声，白云满空谷。老僧汲水归，松露堕衣绿。钟残寺门掩，山鸟自争宿。
>
> ——《烟寺晚钟》②
>
> 长空卷玉花，汀洲白浩浩。雁影不复见，千崖暮如晓。渔翁寒欲归，不记巴陵道。坐睡船自流，云深一蓑小。
>
> ——《江天暮雪》③
>
> 昭潭黑云起，橘洲风卷沙。乱雨洒篷急，惊堕樯上鸦。鼋鼍互出没，暗浪鸣橹牙。渔灯半明灭，湿光穿芦花。
>
> ——《潇湘夜雨》④
>
> 十里黄晶荧，菰蒲映原隰。乱鸿忽何来，影坠西风急。嘹唳三数行，欲起又飞立。水寒夜无人，离离爪痕湿。
>
> ——《平沙落雁》⑤
>
> 日落牛羊归，渡头动津鼓。烟昏不见人，隐隐数声橹。水波忽惊摇，大鱼乱跳舞。北风一何劲，帆飞过南浦。
>
> ——《远浦归帆》⑥
>
> 茅屋八九家，小桥跨流水。市上何所有，寒蒲缚江鲤。犬吠樵

---

① 《景印文渊阁四库全书》，（台北）台湾商务印书馆 1986 年版，集部别集类集 1202，第 633 页。
② 《景印文渊阁四库全书》，（台北）台湾商务印书馆 1986 年版，集部别集类集 1202，第 633 页。
③ 《景印文渊阁四库全书》，（台北）台湾商务印书馆 1986 年版，集部别集类集 1202，第 633 页。
④ 《景印文渊阁四库全书》，（台北）台湾商务印书馆 1986 年版，集部别集类集 1202，第 633 页。
⑤ 《景印文渊阁四库全书》，（台北）台湾商务印书馆 1986 年版，集部别集类集 1202，第 633 页。
⑥ 《景印文渊阁四库全书》，（台北）台湾商务印书馆 1986 年版，集部别集类集 1202，第 633 页。

翁归，家家釜烟起。共喜宿雨收，霞明乱山紫。

——《山市晴岚》①

雨来湘山昏，雨过湘水满。夕阳一缕红，醉眠草茵暖。渔罾晒石上，腥风吹不断。野凫沉更浮，沙汀荻芽短。

——《渔村返照》②

自北宋以来，潇湘八景名扬天下，在诗画界作品频出，所咏之景为：平沙雁落、远浦帆归、山市晴岚、江天暮雪、洞庭秋月、潇湘夜雨、烟寺晚钟、渔村落照（沈括《梦溪笔谈·书画》），这些题目基本上是恒定的，偶尔在名称上有出入，如"远浦帆归"又为"远浦归帆"（见陈孚诗），"渔村落照"又作"渔村返照"或"渔村夕照"，但景观是一致的。在陈孚诗意的叙写中，呈现在我们眼前的是洞庭湖秋夜的静谧，既有微风吹拂下"金影散无数"的情状，亦有风平浪静时"一镜湛如故"的明净；山寺悠扬的钟声在空中回响，而在"长空卷玉花，汀洲白浩浩"的苍茫中有独钓寒江雪的渔翁；潇湘夜雨倏然而至、平沙落雁顾影自怜、渡头津口的烟火气息、小桥流水人家的恬静适意等图景也一一展现，掩卷而思，使人陡然生出许多出尘之念。此处的描写大多为实景，但也不乏虚景的加入。陈孚至元二十九年九月从京城出发，次年二月抵达越南，据路程推测，到潇湘大概是冬天。但陈孚的诗歌中既有秋月，也有荻芽，都非潇湘冬季可见之景，而"江天暮雪"的描写中，多少带有柳宗元《江雪》的影子，蕴含诗人想象的成分。陈孚所写，基本囊括潇湘的主要景观。

与陈孚采用五言律诗咏八景不同，越南使臣黎贵惇采用七言绝句的形式歌咏潇湘八景，主要也是由实景触动情思，偶有想象的因素。黎贵惇于乾隆二十五年（1760）以翰林院侍读充越南国如清副使出使中国，其《潇湘百咏》中对八景描写如下：

---

① 《景印文渊阁四库全书》，（台北）台湾商务印书馆 1986 年版，集部别集类集 1202，第 633 页。
② 《景印文渊阁四库全书》，（台北）台湾商务印书馆 1986 年版，集部别集类集 1202，第 634 页。

寒江秋影雨中稀，沙岸芦花湿不飞。吹起西风催旅雁，一行作字报南归。

——《平沙落雁》①

渔舟来往蓼花村，濯足沧浪秋水浑。斜日滩鱼将唤酒，江湖随处有桃源。

——《渔村夕照》②

清秋未报雪飞花，连日朝云撒水涯。霜气通宵争月色，独留晚照让明霞。

——《江天暮雪》③

江天霜夕一声钟，敲散秋云绕客蓬。四望茫茫何处寺，山连烟树水浮空。

——《烟寺晚钟》④

客帆摇曳碧云间，向背东西各自还。极目长江秋意动，斜晖太半隐青山。

——《远浦归帆》⑤

林峦雨洗转新晴，嘈杂村墟贸易声。鱼菜生涯山景晚，野花溪水有人行。

——《山市晴岚》⑥

---

① 中国复旦大学文史研究院、越南汉喃研究院合编：《越南汉文燕行文献集成》（越南所藏编）第 3 册，复旦大学出版社 2010 年版，第 183 页。
② 中国复旦大学文史研究院、越南汉喃研究院合编：《越南汉文燕行文献集成》（越南所藏编）第 3 册，复旦大学出版社 2010 年版，第 183 页。
③ 中国复旦大学文史研究院、越南汉喃研究院合编：《越南汉文燕行文献集成》（越南所藏编）第 3 册，复旦大学出版社 2010 年版，第 183 页。
④ 中国复旦大学文史研究院、越南汉喃研究院合编：《越南汉文燕行文献集成》（越南所藏编）第 3 册，复旦大学出版社 2010 年版，第 184 页。
⑤ 中国复旦大学文史研究院、越南汉喃研究院合编：《越南汉文燕行文献集成》（越南所藏编）第 3 册，复旦大学出版社 2010 年版，第 184 页。
⑥ 中国复旦大学文史研究院、越南汉喃研究院合编：《越南汉文燕行文献集成》（越南所藏编）第 3 册，复旦大学出版社 2010 年版，第 184 页。

珠玑敲起楚天凉，错杂银壶滴漏长。此夜西风初定雁，有情吹雨过江乡。

——《潇湘夜雨》①

乾坤四望共澄鲜，明净当空月镜圆。蟾影蚌光交混漾，湘阴城外水如天。

——《洞庭秋月》②

黎贵惇这一组诗，紧扣诗题将所见之景、所闻之声、所见之人形诸笔墨，"沙岸芦花湿不飞"的落雁，"斜日漉鱼将唤酒"的渔翁，"向背东西各自还"的客舟，"嘈杂村墟贸易声"的山市，"错杂银壶滴漏长"的夜雨，"明净当空月镜圆"的秋月等，无不形容入妙、栩栩如生。在《洞庭秋月》一诗中，还化用了谢灵运"空水共澄鲜"（《登江中孤屿》）语，自然浑成。而"蟾影蚌光交混漾"一句则利用洞庭湖巨蚌吞吐明珠的传说使描写更形象生动。这些八景诗，审美观照的成分比较多，个人情怀的抒发比较淡化，主要为了介绍和描写当地景色。

苍梧八景和桂林八景也经常出现在越南使臣的燕行诗集中。后黎朝阮宗窒是《越南汉文燕行文献集成》中最早写八景诗的诗人，他于乾隆七年（1742）出使清朝，其赋咏的苍梧八景为：《桂江春泛》《龙州砥峙》《云岭晴岚》《金牛仙渡》《冰井泉香》《火山夕焰》《鹤岗夕照》《鳄池漾月》；桂林八景为《象鼻山》《斗鸡山》《栖霞寺》《钟鼓楼》《刘仙岩》《七星岩》《独秀峰》《诸葛台》。从题目看，苍梧八景是地名与景观的组合，桂林八景只涉及地名而已，这在八景诗的命名中比较罕见。武辉珽于乾隆三十七年（1772）任甲副使出使中国时所写苍梧八景和桂林八景诗也延续了以上题目。在苍梧八景中，《桂江春泛》

---

① 中国复旦大学文史研究院、越南汉喃研究院合编：《越南汉文燕行文献集成》（越南所藏编）第 3 册，复旦大学出版社 2010 年版，第 185 页。

② 中国复旦大学文史研究院、越南汉喃研究院合编：《越南汉文燕行文献集成》（越南所藏编）第 3 册，复旦大学出版社 2010 年版，第 185 页。

《龙州砥峙》《云岭晴岚》《火山夕焰》多为自然景观，《金牛仙渡》《冰井泉香》《鹤岗夕照》《鳄池漾月》多为人文景观。如武辉斑的《桂江春泛》就重在描写自然景色：

> 名胜南来第一州，江天景色好春游。三叉路达东西省，片棹舟随上下流。翠合松杨双岸绕，清兼风月一壶收。星槎到处饶奇趣，胜似桃源觅径秋。①

诗中对桂江之景是极为称赏的，这从首联和尾联均可看出。中间两联重在写景，颔联突出苍梧地理位置的优越，交通便利、水路通达；颈联写在明月清风之下桂江两岸一片翠绿的春日美景。阮宗窒《龙州砥峙》也以自然景观的描画为主，中间穿插人文掌故：

> 突兀江心一碧浮，吞波吐雾卷长洲。石头高上千峰秀，砂角横冲万水流。云卧有时张老兴，磴攀何日解郎游。夕阳稳步层梯上，四顾江山一望收。②

第一、二联直奔主题，描写江上沙洲的壮丽美景，如中流砥柱。第三联系张石仙坐卧的传说和明进士谢缙旧游处的典故，使自然景观增添了更多的人文色彩。尾联移步换景，再写风景之美。《金牛仙渡》《冰井泉香》《鹤岗夕照》《鳄池漾月》等诗中的人文气息显得更浓厚。《金牛仙渡》的命名与吴时道士牵金牛渡江的传说有关，《冰井泉香》涉及唐经略使元结为井水命名的典故，《鹤岗夕照》与南汉太守刘曤凿断石英山时有鹤飞去的传闻关联，《鳄池漾月》来源于扶南王范寻将犯人放入

---

① 中国复旦大学文史研究院、越南汉喃研究院合编：《越南汉文燕行文献集成》（越南所藏编）第 5 册，复旦大学出版社 2010 年版，第 259 页。

② 中国复旦大学文史研究院、越南汉喃研究院合编：《越南汉文燕行文献集成》（越南所藏编）第 2 册，复旦大学出版社 2010 年版，第 57 页。

鳄池的故事。这些传说和典故，使苍梧八景更有历史底蕴，也更具神秘色彩。

在桂林八景中，象鼻山、斗鸡山、独秀峰都是桂林特有的自然景观，刘仙岩、诸葛台等则属于人文景观，地域色彩也很分明。桂林以山水清奇而闻名，象鼻山外形独特，"岩脚谁雕象鼻形，俯垂漓渚最分明"（武辉珽《象鼻山》）[1]，"从天龙下吞波势，跨海虹来饮涧辰"（阮宗窐《象鼻山》）[2]，让人不得不感慨大自然的鬼斧神工。斗鸡山也是充满奇趣，"石耸峨冠如对向，砂横尖距欲相争"（武辉珽《斗鸡山》）[3]，"粤天当路并峥嵘，势若相争静不争"（阮宗窐《斗鸡山》）[4]，让人叹为观止。独秀峰卓然挺立在古城中，"孤高卓立擎天柱，奇丽平超满地峰"（武辉珽《独秀峰》）[5]，"四面屏开青簇簇，擎天一柱壮南封"（阮宗窐《独秀峰》）[6]，也是桂林城标志性景观。而刘仙岩则因宋代刘景（字仲远）得道登仙的传说而闻名，"铅汞丹成海又田，清幽栖处尚依然。一壶世界洞中洞，四壁烟霞天外天"（阮宗窐《刘仙岩》）[7]，是典型的人文景观；《诸葛台》当然与诸葛亮引兵破花苗峒的传说有关，"苗峒当年远即戎，将台一簇峙危峰。南屏遥对星坛址，西粤长留羽扇踪"（武辉珽《诸葛台》）[8]，让人感怀卧龙的丰功伟绩。总之，越南使

---

[1]　中国复旦大学文史研究院、越南汉喃研究院合编：《越南汉文燕行文献集成》（越南所藏编）第 5 册，复旦大学出版社 2010 年版，第 276 页。

[2]　中国复旦大学文史研究院、越南汉喃研究院合编：《越南汉文燕行文献集成》（越南所藏编）第 2 册，复旦大学出版社 2010 年版，第 177 页。

[3]　中国复旦大学文史研究院、越南汉喃研究院合编：《越南汉文燕行文献集成》（越南所藏编）第 5 册，复旦大学出版社 2010 年版，第 276 页。

[4]　中国复旦大学文史研究院、越南汉喃研究院合编：《越南汉文燕行文献集成》（越南所藏编）第 2 册，复旦大学出版社 2010 年版，第 178 页。

[5]　中国复旦大学文史研究院、越南汉喃研究院合编：《越南汉文燕行文献集成》（越南所藏编）第 5 册，复旦大学出版社 2010 年版，第 281 页。

[6]　中国复旦大学文史研究院、越南汉喃研究院合编：《越南汉文燕行文献集成》（越南所藏编）第 2 册，复旦大学出版社 2010 年版，第 182 页。

[7]　中国复旦大学文史研究院、越南汉喃研究院合编：《越南汉文燕行文献集成》（越南所藏编）第 2 册，复旦大学出版社 2010 年版，第 180 页。

[8]　中国复旦大学文史研究院、越南汉喃研究院合编：《越南汉文燕行文献集成》（越南所藏编）第 5 册，复旦大学出版社 2010 年版，第 276 页。

臣"八景"诗的涵盖面非常广，写法也多种多样，极大地丰富了山水诗的题材。

其次，中越使臣诗歌扩大了唱和诗的题材内容。唱和的对象不同，唱和的内容当然也有区别。《越南汉文燕行文献集成》（越南所藏编）中所收录的唱和诗，其唱和对象有皇帝、使臣、官员、文人等，又可以细分为几类。一是越南国王与中国使臣、中国皇帝与越南使臣的唱和，如《往北使诗》收录有后黎朝襄翼帝与明朝正德年间使臣湛若水、潘希曾的唱和诗八首；《华程后集》收录清朝乾隆帝的御制诗和武辉珽代越南国王的唱和之作；西山朝阮偍还因赓和乾隆的御制诗而获得乾隆帝的褒奖。二是越南使臣北使过程中正副使之间的唱和，如《乾隆甲子使华丛咏》收录的是后黎朝阮翘和阮宗窒的唱和之作。三是中国官吏、文人与越南使臣的唱和，如《使臣诗集》收录了越南使臣与中国护送人员之间的唱和诗；《拾英堂诗集》收录了阮朝吴仁静与广东文人的赠答唱和诗；《华原诗草》收录了阮朝黎光定与清朝官员、幕宾及普通文人的唱和诗；《华程诗集》收录了阮朝阮嘉吉与河南督学使吴云樵、进士许世封的文学交流和唱和诗。四是越南使臣与同在中国的朝鲜使臣之间的唱和，如《星槎纪行》保存了潘辉益与同在中国的朝鲜使臣的大量赠答诗文。还有一种情况是，不少诗集收录了各类唱和对象的作品，如《桂堂诗汇选》收录了中国各级官绅与后黎朝黎贵惇的唱和诗，越南正副使之间的唱和诗，以及朝鲜使臣与黎贵惇的唱和诗；《华程诗》下集包含越南正副使之间的唱和诗，武辉珽与朝鲜使臣的唱和诗，武辉珽与中国官员、文人的唱和诗；《华程消遣集》收录近二十首阮偍与清朝官员、朝鲜使臣的赠答之作；《海烟诗集》收录了段浚与中国儒医裴绳应、江西戴状元以及朝鲜使臣的唱和诗；等等。

唱和对象的不同，必然会带来视域和内容上的新开拓。比如道光十一年（1831）越南使臣李文馥出使福建期间留下了大量交游酬唱的诗歌。这些作品记录了李文馥与厦门巡检来子庚、厦门文人王香雪、兴化府同知孙盛诏、福州府同知黄心斋、台湾县尹陈炳极、厦门海防同知许少谔、兴泉永道周芸皋等往来的情况，体现了李文馥与这些中国官员和文人深厚的友谊。除此之外，他们的唱和诗还反映了对中越文化同源的认可，体现出内容上的新元素。王香雪诗有"天然两地一家同"、许少鄂诗有"同居一统车书内"等语，而李文馥在与中国文人交游酬唱作品中，更是多次强调两国文化的同源与相似性。

再次，中越使臣诗歌扩大了祝寿诗的题材内容。祝寿是我国一种传统习俗，历史悠久。《诗经》中已出现了大量表达祝寿之意的祝词，如《诗·小雅·天保》："如月之恒，如日之升，如南山之寿，不骞不崩。"[①]《庄子·天地》中亦有"请祝圣人，使圣人寿。"[②] 这些祝寿之词，是否出现于庆祝生辰之际，尚无可考。祝寿这一活动何时与生辰相联系，亦无从知晓。但最晚在唐朝，已出现了围绕出生周年纪念日而开展的活动，并出现了专门的祝寿诗，如张说《皇帝诞辰日集贤殿赐宴》、唐高宗《十月诞辰内殿宴群臣效柏梁体联句》、杜甫《宗武生日》等。宋代出现了大量的祝寿诗，其中有不少寿圣诗，即寿主为皇帝的祝寿诗。一般情况下，寿圣诗的创作者为本国子民，而越南使臣向中国皇帝进献的祝寿诗因创作主体的特殊性，也产生了一些新的特点，融入了异域观察者对皇帝祝寿场面的真实记录，可从冯克宽《万历寿庆贺诗集》、潘辉益《钦祝大万寿词曲十调》、阮思僩《万寿圣节恭纪二首》等祝寿诗中窥见，尤其是潘辉益记述了蒙古族、回族、哈萨克族等民族以及朝鲜、缅甸、越南各藩属国为乾隆皇帝祝寿的场景。

综上所述，中越使臣在对异域地理空间的书写中，呈现出纪实性、新奇性和特殊性等特点，尤其是使臣的固有身份使其对地理环境的关注带有一定的政治、军事色彩。另外，中越使臣诗歌在山水、唱和、祝寿等题材上也有一定的开拓，其中对"八景"诗的偏爱，使潇湘八景、桂林八景、浔州八景、梧州八景、燕京八景等各地的八景名胜成了越南使臣诗歌中一道耀眼而美丽的风景线。

---

① （宋）朱熹：《诗经集传》，上海古籍出版社1987年版，第71页。
② 陈鼓应注译：《庄子今注今译·盗跖》，中华书局1983年版，第306页。

第三章　中越使臣诗歌的历史空间

中越使臣由于行旅的多变性以及空间的流动性，拥有更多的机会接触不同地域、不同国度的历史人物、历史事件和历史遗迹。他们由行程所及的现实空间出发，追忆在历史上此地发生过的历史故事，在时空交织的错综复杂背景下，借助诗歌这一文学样式艺术地抒发自己丰富的历史感受，或缅怀古代明主贤臣、英雄义士，或仰慕古代诗人、文豪，或表达人生无常的悲哀，或揭示功业难成的无奈。在人类历史的发展长河中，世事沧桑，时有巨变，而历史又是有规律可循的，其发展常常有惊人的相似性。透过历史可以反观现实，观察现实则可以预见未来，所以，对历史空间的探索富有现实意义和参考价值，而对文学作品里历史空间的探寻也必定为文学阐述打开一扇多元的视窗。

第一节　中越使臣对中国历史人物的书写

中越使臣出使途中创作的诗歌，很大一部分是咏怀历史名人、凭吊名胜古迹的作品。他们亲临古地、寻访遗迹、赋诗抒怀，或以某一地点、地域为依托，吟咏与之相关的历史题材。尤其是越南使臣，在书籍和前辈的述说中早就对中国有所了解，有些还储备了非常丰富的中国历史知识，而一旦踏上中国的土地，现实的空间与往昔的印象互相激发碰撞，文思泉涌，寄于笔端，化而为诗。"古迹"既展示着现在，又联系着过去，构成了层次多样的历史空间。

一　所咏历史人物的类型

对历史题材的歌咏，或直接评骘历史人物，或叙述历史事件，或缅怀历史遗迹，而后两者虽然不是专咏历史人物而实际上与历史人物息息相关，故本节以历史人物为纲，统揽历史事件与历史古迹。中越使臣诗所咏中国历史人物主要有两类，一类是著名文人，一类是忠臣义士。

（一）著名文人

中越使臣有相当数量的咏写中国文人的诗歌作品。因为使程所至，他们吟咏最多的是屈原、贾谊、李白、杜甫、王维、孟浩然、柳宗元、苏轼、范仲淹等著名文人，尤其是唐宋时期的诗人名家。在这些使臣诗歌中，他们或表现出对中国古代文人杰出文学成就的称扬与赞美，或表现出对中国古代文人爱国忧民情怀的歌颂与服膺，或表现出对中国古代文人高洁人品情操的欣赏与敬重，或表现出对中国古代文人不逢其时、怀才不遇的同情与惋惜。比如，越南使臣阮攸称赞杜甫"千古文章千古诗"（《耒阳杜少陵墓》）的文学成就，肯定柳宗元"千古文章八大家"（《永州柳子厚故宅》）的文学地位，表达了自觉追慕的情怀；潘辉注称美柳宗元的诗文"琼琚文字古，山水有清芬"（《望零陵诸山怀柳子厚》）；范熙亮则感叹柳宗元的遭遇："万里荒陬作逐臣，千秋余迹在湖滨"（《访子厚遗迹》）。中国使臣吴光既赞叹柳宗元"文章寥阔留天地"的文学造诣，又对其"千载长含放逐悲"（《愚溪谒柳侯祠》）的不幸遭遇表示极大的同情。又如，越南使臣黎贵惇表达对宋代大文豪苏轼的钦佩："文章故事并名家，七百年来几似坡"（《谒东坡祠》）；丁儒完歌颂了范仲淹爱国忧民的政治情怀："晴倚岳楼看不尽，希文一记爱忧深。"（《过湘阴县题青草湖》）

在中国文学史上，"屈贾"并称。中越使臣留下了不少歌咏屈原和

贾谊的诗歌。屈原是战国末期楚国诗人和政治家，出身楚国贵族，早年
受楚怀王信任，曾任左徒、三闾大夫，提倡"美政"，主张举贤任能，
修明法度，联齐抗秦，后因遭贵族排挤毁谤而去职。顷襄王时被放逐，
长期流浪于沅湘一带。秦将白起攻破楚都郢后，屈原深感无力挽救楚国
的危亡，故自沉于汨罗江。屈原虽流放，却仍眷顾楚国，留下了《离
骚》《九章》《天问》《九歌》等不朽的诗歌。鲁迅称赞《离骚》："逸
响伟辞，卓绝一世"①，"后人惊其文采，相率仿效，以原楚产，故称
'楚辞'"②，"其影响于后来之文章，乃甚或在三百篇以上"③。贾谊是
西汉初年著名政论家、文学家，与屈原并称为"屈贾"。贾谊少有才
名，汉文帝时任博士，迁太中大夫，后因被权贵中伤，谪为长沙王太
傅。三年后被召回长安，为梁怀王太傅。后因梁怀王坠马而死，贾谊亦
抑郁而亡，年仅三十三。贾谊的著作主要是散文和辞赋，代表作有
《过秦论》《论积贮疏》《吊屈原赋》《鹏鸟赋》等。中越使臣在出使途
中创作的诗歌，常常借屈原、贾谊的遭遇和命运抒发怀古的幽情、被贬
谪的悲愤或怀才不遇的感受。中国使臣章敞在《长沙怀周长史孟简》
诗中写道："长沙形胜控南邦，贾傅寸名世罕双。读罢招魂肠欲断，一
蓬烟雨过湘江。"④ 明朝时期两入越南的章敞，在经过长沙时怀念同年
及第的周孟简。周孟简才华横溢，以进士第三名登第，与其兄周述同列
鼎甲，一时名动京师。章敞以贾谊比之，感叹其才华横溢却英年早逝，
并借屈原《招魂》之意，表达伤悼之情。越南使臣大多对中国历史、
文学相当熟悉，他们在出使时创作的诗歌中也常论及屈、贾之事。丁翔
甫在《长沙贾太傅》中言："少年已是遇明君，空向长沙做逐臣。"⑤ 对
贾谊才名早彰却因谗被逐表示同情。"在庭且惮谋经别，宣室何劳问鬼

---

① 鲁迅：《中国小说史略》，商务印书馆 2011 年版，第 345 页。
② 鲁迅：《中国小说史略》，商务印书馆 2011 年版，第 345 页。
③ 鲁迅：《中国小说史略》，商务印书馆 2011 年版，第 345 页。
④ （明）章敞：《明永乐甲申会魁礼部左侍郎会稽质庵章公诗文集》不分卷，《四库全书存目丛书》集部第 30 册，齐鲁书社 1997 年版，第 302 页。
⑤ 中国复旦大学文史研究院、越南汉喃研究院合编：《越南汉文燕行文献集成》（越南所藏编）第 10 册，复旦大学出版社 2010 年版，第 142 页。

神"① 两句，对汉文帝深夜召来贾谊却"不问苍生问鬼神"一事予以讽刺，暗含对贾生政治才能无法施展的惋惜。"过客至今凭吊处，三闾祠畔正相邻"② 两句，将屈原与贾谊并举，抒发怀古幽情。黎贵惇也有专门歌咏屈原的诗歌："《离骚》遗调不堪听，长慨三闾旧义馨。南楚山河非是昔，凄凉千古独醒亭。"③ "独醒亭"又名"招屈亭"，是为了纪念屈原所建，故址在今湖南常德。这是黎贵惇《潇湘百咏》之九十五首，路经潇湘而追怀屈原，对屈原忠贞爱国而被流放、坚持美政理想而不被理解，只能通过《离骚》这首政治长诗抒发自己的忧愤之情表达深切的理解与同情，认为其"忠义"之气永远散发芳馨，其"众人皆醉我独醒"（《楚辞·渔父》）的语句永远振聋发聩。裴文禩也有《长沙怀屈左徒贾太傅》诗哀屈原、贾谊之不幸，赞二人之品格：

> 屈贾清风百代（一作"万古"）降，岂惟骚赋擅词腔。悲歌何
> 处空湘水，流涕当年到楚江。忧国深心嗟此独，论交谪地竟成双。
> 烟波极目芳洲阔，春草萋萋过是邦。④

诗人认为，屈原、贾谊不仅诗赋文章写得好，更重要的是他们的政治品操让人敬仰、政治情怀令人感动、政治才能令人钦佩，故代代相传。诗人在经过"湘水""楚江"时，想起屈、贾当年的不幸遭遇，不禁也悲从中来，故写下此诗表达伤悼之情。由此可见，途经此地的诗人，凭吊逐臣遗迹，往往会追念先贤的生前过往，赞其伟绩，哀其遭遇，表达自己的敬仰与伤悼之情。

---

① 中国复旦大学文史研究院、越南汉喃研究院合编：《越南汉文燕行文献集成》（越南所藏编）第 10 册，复旦大学出版社 2010 年版，第 142 页。

② 中国复旦大学文史研究院、越南汉喃研究院合编：《越南汉文燕行文献集成》（越南所藏编）第 10 册，复旦大学出版社 2010 年版，第 143 页。

③ 中国复旦大学文史研究院、越南汉喃研究院合编：《越南汉文燕行文献集成》（越南所藏编）第 3 册，复旦大学出版社 2010 年版，第 187 页。

④ 中国复旦大学文史研究院、越南汉喃研究院合编：《越南汉文燕行文献集成》（越南所藏编）第 21 册，复旦大学出版社 2010 年版，第 244 页。

　　李白是盛唐诗歌的杰出代表，诗国中最耀眼的明星之一，对中越诗人的诗歌创作都产生了重大影响。使程所及，每遇到险峻的山路滩峡，诗人的脑海中常常会浮现李白的《蜀道难》。如阮偡《谅山即景》：

> 林麓阴森石径屼，花骢踏遍谷溪间。路从云上连天远，风带霜飞特地寒。白滚滚来泉瀑水，碧堆堆起树含山。青莲居士如经此，未必单吟蜀道难。①

诗歌以夸张的手法渲染谅山奇峻的山光水色，并认为李白至此也会叹为观止。这首诗无论关于自然风光的描写，还是字句的锤炼和修辞手法的运用，均有唐人之风，尤具李白气象。采石矶，唐时也叫牛渚矶，是当年李白流连忘返、多次登临吟咏的地方，留下了《夜泊牛渚怀古》《牛渚矶》《横江词》《望天门山》等脍炙人口的作品。中国明朝使臣张以宁经过采石矶时，写下了《过采石》（二首），第一首写重过牛渚，三山无恙，面对东流的江水，生发出"若为唤起青莲客，共醉西风亭上秋"②的逸兴。诗歌中不难看出对李白的崇敬之情。李白是张以宁最崇敬的诗人之一，效仿太白诗体现了他的诗歌美学追求。中国清代使臣程芳朝也有过牛渚矶而怀李白之作《过采石作》：

> 牛渚矶头浪拍天，风流供奉忆当年。殿上脱靴叱力士，太真捧砚侍御筵。西凉葡萄玛瑙碗，清平几曲霓裳篇。忽尔夜泛金陵船，江上明月正婵娟。锦袍箫鼓剧可怜，长河耿耿太白悬。我来寒江水涓涓，风吹雪片大如拳。举杯遥望隔江烟，安得酹酒吊昔贤。百年文采亦徒然，大雅不作谁当传。③

---

①　中国复旦大学文史研究院、越南汉喃研究院合编：《越南汉文燕行文献集成》（越南所藏编）第 8 册，复旦大学出版社 2010 年版，第 113—114 页。
②　《景印文渊阁四库全书》，（台北）台湾商务印书馆 1986 年版，集部别集类集 1226，第 578 页。
③　四库禁毁书丛刊编纂委员会编：《四库禁毁书丛刊》集部第 98 册，北京出版社 1997 年版，第 584 页。

诗中盛赞李白的文采与风流，并表达了以传"大雅"为己任的情怀。李白令高力士脱靴，为杨贵妃写诗，傲岸不羁，高旷不群，诗笔高妙，洒脱倜傥，正可谓"兴酣落笔摇五岳，诗成笑傲凌沧洲"（李白《江上吟》）①。据《旧唐书·李白传》记载，李白曾身穿锦袍与友人崔宗之于月夜泛舟长江，诗酒唱和。程芳朝面对冬日寒江，不禁思接古人，并生发出"大雅"寂寂、后难为继的忧思。

柳宗元是唐宋八大家之一，在中国文学史上占有重要的一席。中越使臣在经过永州时，留下了不少歌咏柳宗元的诗作。永州是明清时期越南北使贡道的必经之地。越南使臣在行经永州时，不免思接千载，联想到唐朝的著名政治家、文人柳宗元。大多使臣为柳宗元在永贞改革失败之后被贬谪到荒僻之地赋以同情，同时也认为"文章憎命达"，诗人命运坎坷却造就了"琼琚文字"千古流传。如阮朝范熙亮在《访子厚遗迹》一诗中既感叹其遭遇："万里荒陬作逐臣，千秋余迹在湖滨"，又言："文字非由憎命达，江山何幸得传人"，②认为柳宗元的文名，正如钻鉧潭边的明月一样，光照千古。后黎朝丁儒完在《过永州城》中则悲柳宗元之境遇，为其鸣不平，"石镜石潭兼石隙，愚溪愚谷又愚丘。放情山水唐司马，词赋频令读者愁"③。柳宗元在永州不但写了"永州八记"，还写了《八愚诗》与《愚溪诗序》，表达了自己济世之志不能实现的孤愤之情。此处，丁儒完借柳宗元文中之意向其致意。阮朝潘辉注在《望零陵诸山怀柳子厚》一诗中借韩愈《祭柳子厚文》"玉佩琼琚，大放厥词"语表达对柳宗元诗文的赞美：

> 一带临江郭，千岩郁树云。苍幽空蕴秀，藻丽孰描神。我忆唐

---

① （清）彭定求等编：《全唐诗》，中州古籍出版社 2018 年版，第 791 页。

② 中国复旦大学文史研究院、越南汉喃研究院合编：《越南汉文燕行文献集成》（越南所藏编）第 21 册，复旦大学出版社 2010 年版，第 44 页。

③ 中国复旦大学文史研究院、越南汉喃研究院合编：《越南汉文燕行文献集成》（越南所藏编）第 1 册，复旦大学出版社 2010 年版，第 337—338 页。

司马，宦游湘水滨。琼琚文字古，山水有清芬。①

首联写零陵山水之美：山水相依，树木苍郁。中间二联写此处幽美秀丽
的景致让作者很自然地想起了柳宗元。尾联高度称扬柳宗元书写山水清
音的诗文如玉石一般清润俊秀、流芳千古。这首诗也与柳诗幽峭的风格
相似。阮朝阮攸在参观永州柳宗元故宅后，同样感怀于柳宗元的仕途失
意，亦充分肯定其文学成就："一身斥逐六千里，千古文章八大家"，
同时，阮攸将柳宗元视为知己，抒发了自己怀才不遇的感受："壮年我
亦为材者，白发秋风空自嗟。"（《永州柳子厚故宅》）② 阮攸工诗、善
文，博学多才，是越南有名的诗人，所以也相当自负，自称"为材
者"。而他所处的时代，则是越南历史上最动荡不安的时代，内战不
断，先是阮文惠推翻了郑朝的统治建立西山政权，后来阮朝又取代了西
山朝的统治。嘉庆十八年（1813），阮攸升任阮朝勤政殿学士，并担任
出使中国的正使。此时其已四十八岁，所以感慨于一生蹉跎、功业难
成。在这首诗中，我们不仅感受到异代知音的惺惺相惜，还领略到异域
诗人的隔空仰慕，在彼时与此时、此地与彼地的时空交错中，诗歌之脉
绵延不绝。对柳宗元的喜爱还有另一种表达方式，那就是直接在诗中引
用柳宗元的诗句，如后黎朝阮宗窒《旅中闲咏》其九的前二联："野烟
轻翠望苍茫，摘诵河东第一章。岭树横遮千里目，江流曲似九回肠。"③
首联明言"摘诵河东第一章"，领联对柳诗《登柳州城楼寄漳汀封连四
州》颈联只改动了一个字，可以说是原样照搬，从中既可看出阮宗窒
对柳宗元诗歌的熟稔，也可以反观越南诗人对柳宗元诗歌的欣赏程度。
中国使臣在永州、柳州等故地拜谒柳侯祠时，也多留下凭吊之作。兹举

---

① 中国复旦大学文史研究院、越南汉喃研究院合编：《越南汉文燕行文献集成》（越南所藏
编）第 10 册，复旦大学出版社 2010 年版，第 223 页。
② 中国复旦大学文史研究院、越南汉喃研究院合编：《越南汉文燕行文献集成》（越南所藏
编）第 10 册，复旦大学出版社 2010 年版，第 32 页。
③ 中国复旦大学文史研究院、越南汉喃研究院合编：《越南汉文燕行文献集成》（越南所藏
编）第 2 册，复旦大学出版社 2010 年版，第 276 页。

一例，吴光《愚溪谒柳侯祠》云：

> 潇水桥西见古祠，胜游遗迹至今思。文章寥阔留天地，泉石苍
> 凉空岁时。径暗悬萝愁夕狄，台荒枯柳啸寒鸥。潺湲日暮愚溪曲，
> 千载长含放逐悲。①

吴光也如越南使臣一样，亲临古祠时，生发怀古之思，将历史与现实
联结起来。诗中除了赞扬柳宗元的文章长留天地，更多传达的是对诗
人政治命运和被贬遭遇的同情，通过"径暗""悬萝""台荒""枯
柳"，以及狄愁、鸥啸等意象的叠加，渲染了悲凉的气氛。由此可见，
吴光不仅肯定了柳宗元的文学成就，更主要抒发的是对文士怀才不遇
的感受。

由于行迹所至，越南使臣对宋代文人苏轼、范仲淹也颇多致意，他
们在途经湖北黄冈和湖南岳阳时，留下了不少感怀之作。乾隆五十五年
（1790）清高宗八旬寿庆，潘辉益奉西山朝之命赴华祝寿，路经赤壁，
寻访坡仙遗迹，有感于在越南国内时曾"效先岳公所制东坡国语词谱，
以新声令诸歌姬演戏"② 事（见诗前序），写下《亭下偶感》一诗：

> 豪旷曾希赤壁翁，清游谱入绮罗丛。扣舷逸韵歌喉爽，洗盏高
> 怀舞袖工。世变十年隳乐教，使华万里访仙踪。山亭眺到秋云暮，
> 忽记浮生雪上鸿。③

由诗序可知，在越南国内，东坡词已广为传唱，影响深远。"扣舷逸韵
歌喉爽"一句表达了对苏轼《赤壁赋》的熟稔，而从诗的末句"忽记

---

① （清）吴光：《使交集》，刘承干辑：《吴兴丛书》，吴兴刘氏嘉业堂刊1927年版，第11页。
② 中国复旦大学文史研究院、越南汉喃研究院合编：《越南汉文燕行文献集成》（越南所藏
编）第6册，复旦大学出版社2010年版，第221页。
③ 中国复旦大学文史研究院、越南汉喃研究院合编：《越南汉文燕行文献集成》（越南所藏
编）第6册，复旦大学出版社2010年版，第222页。

浮生雪上鸿"又可推测，坡仙《和子由渑池怀旧》等诗深入潘辉益等越南使臣之心，所以"使华万里访仙踪"，并且长久不忍离去，"山亭眺到秋云暮"。潘辉益不仅熟知苏轼之诗词赋，而且仿效东坡以新声令歌姬唱之风雅，这些均说明东坡文学影响之大，超越了国界，并且在700 年之后还能遇到异国知音。与潘辉益一同出使清廷的武辉瑨也写下了《题黄冈苏东坡公祠》一诗：

> 二赋雄文传赤壁，一亭名迹在黄州。暂时寄兴成佳话，终古留铭忆胜游。磷石竹梅同远韵，扣舷风月自长秋。孙曹争战知何处，山水苍苍山共浮。①

诗中极力称颂苏轼的《赤壁赋》《后赤壁赋》，表达文章千古、英雄寂寂之意，孙曹之争早已湮没在历史长河中，唯东坡之雄文可以长留天地间，与山川相辉映。翻开越南使臣的燕行文集，还可以看到不少仰慕东坡文才、赞美赤壁二赋的诗句，如黎贵惇《谒东坡祠》"文章故事并名家，七百年来几似坡"②，胡士栋《登黄冈二赋亭》"烟景至今犹赤壁，风流自古几东坡"③，武辉珽《赤壁怀古》（其二）"惟有玻（应为"坡"）翁前后赋，山川千古为传神"④，潘辉益《夜渡赤壁江口》"坡仙游后将谁续，孤艇前滩见夜渔"⑤，等等，不胜枚举。

范仲淹的《岳阳楼记》可以说是北宋时代精神的一种象征，表达了"先天下之忧而忧，后天下之乐而乐"的爱国忧民思想，影响了一代又一

---

① 中国复旦大学文史研究院、越南汉喃研究院合编：《越南汉文燕行文献集成》（越南所藏编）第6 册，复旦大学出版社 2010 年版，第 362 页。
② 中国复旦大学文史研究院、越南汉喃研究院合编：《越南汉文燕行文献集成》（越南所藏编）第3 册，复旦大学出版社 2010 年版，第 208 页。
③ 中国复旦大学文史研究院、越南汉喃研究院合编：《越南汉文燕行文献集成》（越南所藏编）第6 册，复旦大学出版社 2010 年版，第 22 页。
④ 中国复旦大学文史研究院、越南汉喃研究院合编：《越南汉文燕行文献集成》（越南所藏编）第5 册，复旦大学出版社 2010 年版，第 304 页。
⑤ 中国复旦大学文史研究院、越南汉喃研究院合编：《越南汉文燕行文献集成》（越南所藏编）第6 册，复旦大学出版社 2010 年版，第 221 页。

代的中国士大夫文人，对越南使臣也有影响。仅据《越南汉文燕行文献集成》统计，有清一代有三十余位越南使臣登上岳阳楼而赋诗，诗歌数量达百余首之多。越南使臣丁儒完、黎贵惇、吴时任、郑怀德、潘辉注、吴时位、阮攸、李文馥、阮思僩、范熙亮、阮述等，均留下了吟咏岳阳楼的诗文。岳阳楼的修建起于唐朝张说，而从范仲淹应滕宗谅之请写《岳阳楼记》起，但凡登楼者，多表达对范仲淹忧乐观的景仰，对其博大胸襟的叹服和对其文学成就的欣赏。如后黎朝丁儒完《过湘阴县题青草湖》云："晴倚岳楼看不尽，希文一记爱忧深"①，后黎朝黎贵惇《经岳阳楼》云："荆楚山河千里远，希文翰笔万年香。"② 从这些诗中不难看到对范仲淹《岳阳楼记》精髓的准确把握，也深含对范公文笔的称扬。而阮朝吴时位于嘉庆十四年（1809）出使清廷，路经岳阳，登楼远眺，更是感慨万千，写下了《登岳楼台》两首：

> 秋霁湖光水接天，楼头凭轼思悠然。重修匹手归滕子，三醉豪襟属吕仙。帆影夕阳来不尽，荻花凉候落无边。几人到此能佳句，范记苏书尽在前。
>
> ——其一《即兴》③
>
> 家兄癸丑上新楼，迫我今来十七秋。桑海回头惊旧事，花程接武愧前修。古人不作云长往，世变无穷水自流。佩服贤言终有感，江湖若退更何忧。
>
> ——其二《感怀》④

---

① 中国复旦大学文史研究院、越南汉喃研究院合编：《越南汉文燕行文献集成》（越南所藏编）第 1 册，复旦大学出版社 2010 年版，第 342 页。

② 中国复旦大学文史研究院、越南汉喃研究院合编：《越南汉文燕行文献集成》（越南所藏编）第 3 册，复旦大学出版社 2010 年版，第 200 页。

③ 中国复旦大学文史研究院、越南汉喃研究院合编：《越南汉文燕行文献集成》（越南所藏编）第 9 册，复旦大学出版社 2010 年版，第 316 页。

④ 中国复旦大学文史研究院、越南汉喃研究院合编：《越南汉文燕行文献集成》（越南所藏编）第 9 册，复旦大学出版社 2010 年版，第 316 页。

第一首提到"范记""苏书",其诗序云:"宋滕子京重修,范文正公作记,苏子美书,刻于门板。"作者登楼所见,一是烟波浩渺,一是苏子美所书范仲淹之《岳阳楼记》,情不自禁生发出"几人到此能佳句"的感叹,表达对范公的叹服。第二首,作者由其兄吴时任曾于十七年前登临此楼写起,吴时任于乾隆五十八年(1793)代表后黎朝出使清朝,写有《岳阳记胜》,诗中有"千峰苍翠万波顷,万象黄昏未月前"句①。吴时位在诗序中提到这两句诗,认为"深得楼登(应为登楼——笔者按)观湖之趣"。而此时后黎朝已经灭亡,阮朝也已建立,故作者有沧海桑田之感。诗歌的结尾,又再次提到范仲淹的"贤言",并表达了对退处江湖仍忧虑国事的钦佩。这两首诗,第一首偏重于推崇《岳阳楼记》的文学成就,而第二首则响应范仲淹先忧后乐的忧患意识。由此可见,范仲淹的忧乐观俨然跨越了地理空间及民族差异,成为中越士大夫文人所追求的精神品格。

从中越使臣创作的诗歌看,对中国著名诗人、文人的接受是显而易见的,当他们使程之所至、目之所见,此时之空间与历史之文人瞬间勾连,思接千载,浮想联翩,从而催生出不少感怀之作。其中既有对大诗人、大文豪(如李白、杜甫、苏轼等)的仰慕,也有对遭遇贬谪之士(如屈原、贾谊、柳宗元等)的同情,还有对富含家国情怀之官员(如范仲淹)的敬重。身兼使臣和文士双重身份,他们所经行之处,多留心此处曾停留的诗人、曾发生的故事、曾留下的篇章,并写下了新作,在表达向前辈致敬的同时,也在以传承文脉自励。这些使臣的诗歌虽然难以超越前人,但他们对诗歌传统的继承是值得称许的。

(二)忠臣义士

中越使臣奉使执行外交任务,途经大半个中国,面对历史遗迹,不免思接千古,将历史与现实对照或融合,以表达对古人古事的怀念,或

---

① 中国复旦大学文史研究院、越南汉喃研究院合编:《越南汉文燕行文献集成》(越南所藏编)第7册,复旦大学出版社2010年版,第171页。

表达对昔盛今衰的感慨，抒发对历史兴亡、人世沧桑的感受，而创作了
大量的怀古诗。方回在《瀛奎律髓》中说："怀古者，见古迹，思古
人，其事无他，兴亡贤愚而已。"① 刘学锴先生指出："一般地说，怀古
诗多因景生情，抚迹寄慨，所抒者多为今昔盛衰、人事沧桑之慨。"②
诗人在凭吊古迹、抒发感叹的同时往往伴随着对短暂与永恒的感悟。这
些怀古诗，依然体现的是历史与空间、彼时与此时的紧密相接。而在这
一类的作品中，诗人亲临古城，登临遗址，笔下最鲜明的是那些忠臣义
士、英雄仁人的形象。比干、廉颇、蔺相如、豫让、荆轲、岳飞等忠臣
义士被逐或惨遭杀害，引发诗人强烈的情感共鸣。

　　比干是中国历史上的第一个以死谏君的忠臣，也是中国忠谏文化的
始祖，备受后世圣主明君和仁人志士的推崇。商末帝辛纣王宠爱妲己，
厚赋重税，暴虐荒淫，甚至"以酒为池，悬肉为林，使男女倮相逐其
间，为长夜之饮"。③ 比干是纣王的叔父，官居宰相，面对国政衰颓、
纣王无道、皇兄微子远去、皇叔箕子装疯，他感叹曰："主过不谏，非
忠也；畏死不言，非勇也。过则谏，不用则死，忠之至也。"（《括地
志》）于是，冒死强谏纣王，"进谏不去者三日"，最后却被剖心而死。
比干忠君爱国、以死直谏的精神，成为中国传统优秀文化的重要组成部
分。微子、箕子和比干，被孔子誉为殷代的"三仁"（《论语·微子》）。
比干还得到了很多贤明之君的大力推许，周武王封他为国神，北魏孝文
帝感其忠心而建庙祭祀，唐太宗追赠其为太师，谥忠烈。在中国诗人的
笔下，不乏对比干精神直接讴歌的作品，比如徐彦伯《比干墓》"伟哉
烈士图，奇英千古徇"④，对比干精神进行了跨时空的称颂；汪遵《比
干墓》"国乱时危道不行，忠贤谏死胜谋生。一沉冤骨千年后，垄水虽

----

① （元）方回选评，李庆甲集评校点：《瀛奎律髓汇评》（上），上海古籍出版社1986年版，
第78页。

② 刘学锴：《李商隐咏史诗的主要特征及其对古代咏史诗的发展》，《文学遗产》1993年第
1期。

③ （西汉）司马迁：《史记·本纪第三》，中华书局1982年版，第105页。

④ （清）彭定求等编：《全唐诗》，中华书局1960年版，第822页。

平恨未平"①，认为比干的冤恨千年难平。由此可见，比干精神已经超越了一时一事的局限性，沉淀成具有永恒意义的精神象征。

受中国传统文化的影响，越南使臣出使中国，途经卫辉县时，大多留下凭吊之作。如潘辉益于乾隆五十五年出使中国，写下《殷太师比干之墓》一诗，其中有云"不堪颠倒视衰商，忠节昭面日月光。狂遁更谁忧故国，规箴何敢负时王。"② 通过叙写比干的事迹，表达歌咏与缅怀：比干不忍看到商朝的衰亡，也不像微子索性离开故国，而是犯颜直谏以死相劝，其忠节之气如日月一般长存。受其父的影响，潘辉注于道光十一年（1831）出使中国时，亦有《殷太师比干庙墓》诗："七作查殷王，宗臣义既彰。三仁宁意趣，一死更贻芳。丹窍留孤冢，残碑傍野塘。崇祠瞻仰迹，余烈凛冰霜。"③ 也流露出对比干精神的景仰。黄碧山于道光五年（1825）创作的《题比干墓》亦对比干充满了同情，发出"争奈天心已尽商""终古风悲死直刚"的感慨。④ 范芝香曾于道光二十五年（1845）、咸丰二年（1852）两次出使中国，《过殷太师比干墓》写于首次出使时："长夜厌厌九市宫，批鳞谁为改昏风。宁将七窍披丹陛，不忍周亲见一戎。"⑤ 这首绝句同样高度称赞比干敢于直言犯上的精神，认可他宁愿被剖心至死，也不愿意看到至亲陷于争战以致亡国的耿耿忠心。在众多正面描写比干形象的诗歌中，张好合《题殷太师比干墓》却有几分戏谑的味道："斫胫刳胎事已寒，弦歌终夜不为欢。古来七窍心难得，莫怪当时好一观。"⑥ 末二句

---

① （清）彭定求等编：《全唐诗》，中华书局 1960 年版，第 6958 页。

② 中国复旦大学文史研究院、越南汉喃研究院合编：《越南汉文燕行文献集成》（越南所藏编）第 6 册，复旦大学出版社 2010 年版，第 226 页。

③ 中国复旦大学文史研究院、越南汉喃研究院合编：《越南汉文燕行文献集成》（越南所藏编）第 10 册，复旦大学出版社 2010 年版，第 259 页。

④ 中国复旦大学文史研究院、越南汉喃研究院合编：《越南汉文燕行文献集成》（越南所藏编）第 11 册，复旦大学出版社 2010 年版，第 321—322 页。

⑤ 中国复旦大学文史研究院、越南汉喃研究院合编：《越南汉文燕行文献集成》（越南所藏编）第 15 册，复旦大学出版社 2010 年版，第 185 页。

⑥ 中国复旦大学文史研究院、越南汉喃研究院合编：《越南汉文燕行文献集成》（越南所藏编）第 12 册，复旦大学出版社 2010 年版，第 174—175 页。

用调侃的笔调称扬比干的聪明，强调的是"智"而不是"忠"。在中国古代，人们认为心窍越多的人就越聪明，故有着一颗七窍玲珑之心的比干，是一位极为聪明的圣人。这样的歌咏，体现了比干精神在传承中的嬗变。

战国时期廉颇与蔺相如的故事在中国可谓家喻户晓。据《史记·廉颇蔺相如列传》，廉颇是战国后期杰出的政治家、军事家，曾任赵国上卿、相国，被封为信平君，他与赵国的李牧、秦国的白起和王翦并称战国四大名将。蔺相如是战国后期著名的政治家、外交家。他生平最重要的事迹有完璧归赵、渑池之会和将相和等。《世说新语·品藻》云："廉颇、蔺相如虽千载上死人，懔懔恒如有生气。"① 越南著名诗人阮攸来到冀州，路经蔺相如故里，走访廉颇碑，对蔺相如出色的外交才能和顾全大局、谦虚忍让的高尚人格予以礼赞；高度评价廉颇的丰功伟绩，也深切同情他的暮年遭遇。阮攸《蔺相如故里》：

> 大勇不以力，仅有蔺相如。侥幸能完璧，徘徊善避车。丰碑留姓字，全赵免丘墟。惭愧力扼虎，平生无可书。②

阮攸对中国历代典籍深有研究，故诗中对蔺相如"完璧归赵"的杰出才能，以及避免与廉颇发生正面冲突的忍让态度进行了高度概括，通过典型事件突出蔺相如智勇双全的形象。而对于廉颇，阮攸更是不惜笔墨加以描写，其《廉颇碑》云：

> 廉颇亡去武安将，四十万人同宄（应为穴——笔者按）葬。乳臭小儿易言兵，一国长城徒自丧。寄阃重任须老成，内审国计外

---

① 徐震堮：《世说新语校笺》，中华书局1984年版，第293页。
② 中国复旦大学文史研究院、越南汉喃研究院合编：《越南汉文燕行文献集成》（越南所藏编）第10册，复旦大学出版社2010年版，第52—53页。

敌情。所以临敌能制胜，端在捐仇知负荆。一国两虎不可犯，二十
余年谁与争。将军在时赵以重，将军去时令赵轻。所恨谗人织蒌
斐，何须一食三遗矢。白头去后不重来，邯郸之事可知矣。赵亡秦
继三千年，将军名字至今传。摩挲古碣三太息，勃勃壮气想见其生
前。今人不少食多肉，几令家养无遗畜。清平时节无战争，一口雄
谈不数廉颇与李牧。①

司马迁云："廉颇者，赵之良将也。以勇气闻于诸侯。"② 在阮攸这首诗
中，充分肯定了廉颇"内审国计外敌情"的军事才能和"负荆请罪"
知错能改的担当精神，同时，对廉颇晚年的种种境遇表示深切的同
情。赵国中了秦国的反间计，起用赵括为将，导致了长平之战的失
利，造成四十多万战士被坑杀的惨剧。赵悼襄王即位后，又听信奸臣
郭开的谗言，解除了廉颇的职位。廉颇愤然投奔魏国，随后又到了楚
国。虽然人在他国，但是廉颇报效赵国的雄心壮志始终不减。一次，
赵王派使者到魏国大梁观察廉颇是否还能重新起用，但在郭开的阴谋
诡计下，派去的人回复赵悼襄王说："廉颇将军饭量非常大，但是吃
饭过程中去了三次厕所。"这就是"一饭三遗矢"的典故出处，意思
就是廉颇年纪已老，不堪重用。廉颇最后在楚国郁郁而终，而十多年
后，赵国亡。王夫之曰："有良将而不用，赵黜廉颇而亡，燕疑乐毅
而偾。"③ 所以阮攸也说"将军在时赵以重，将军去时令赵轻"，廉颇的
遭遇令人扼腕叹息。潘辉注于道光十一年第二次出使中国，踏上燕赵之
地，感慨颇多，写下《冀州览古》五首，其中《相如巷》云：

　　壮哉蔺相如，强秦曾震詟。回车避廉颇，大勇还若怯。由来殉

---

① 中国复旦大学文史研究院、越南汉喃研究院合编：《越南汉文燕行文献集成》（越南所藏
编）第 10 册，复旦大学出版社 2010 年版，第 54 页。
② （西汉）司马迁：《史记·廉颇蔺相如列传第二十一》，中华书局 1982 年版，第 2439 页。
③ （清）王夫之：《读通鉴论·卷三·武帝卷》，中华书局 1975 年版，第 163 页。

国忠，岂畏将军雄。断金成契友，贞石留遗踪。依依泾水上，千古
钦英风。①

潘辉注在相如巷凭吊古人，对蔺相如不畏强秦的果敢、礼让廉颇的胸
怀，都进行了渲染，体现了对中国历史的熟悉、对智勇双全的古代良将
贤臣的歌颂。

　　"古称幽燕多义烈"（刘因《渡白沟》）。燕赵侠义之士，春秋时
期有豫让，战国时期有荆轲、樊於期、田光等。豫让为报知遇之恩舍
生取义的行为以及荆轲舍生忘死、无畏强权的精神，成为燕赵侠义精
神的重要组成部分，而他们也成了中国传统文化史上富有代表意义的
历史人物。

　　刺客豫让的事迹，最早载于《战国策》，而真正浓墨重彩地叙写，
使其大放异彩的则是《史记·刺客列传》，留下了"士为知己者死"的
著名典故。豫让是春秋末年晋国人，最初是范氏的家臣，后又为中行氏
的家臣，均得不到重用。直到成为晋国正卿智伯的家臣后，被目为
"国士"，受到尊重和礼遇。公元前453年，赵、韩、魏联合在晋阳攻
打智氏，智伯兵败身亡，其头颅被做成漆器。豫让立志为智伯复仇，抱
着"士为知己者死，女为悦己者容"②的决心，多次刺杀仇家赵襄子。
在失败后又忍受常人所不能忍的痛楚"漆身为厉，吞炭为哑，使形状
不可知。行乞于市，其妻不识也"③，继续行刺，但最终为赵襄子所擒，
在象征性地斩杀赵襄子的衣物之后伏剑自杀。千百年来，这位舍生取
义、矢志不渝的死士成了中国文人笔下忠义的化身。唐代诗人胡曾
《豫让桥》云："豫让酬恩岁已深，高名不朽到如今。年年桥上行人过，
谁有当时国士心。"④ 诗中赞扬豫让义酬知己的精神横绝千古。使臣在

---

　　①　中国复旦大学文史研究院、越南汉喃研究院合编：《越南汉文燕行文献集成》（越南所藏
编）第12册，复旦大学出版社2010年版，第70页。
　　②　（西汉）司马迁撰，韩兆琦评注：《史记》，岳麓书社2011年版，第1199页。
　　③　（西汉）司马迁撰，韩兆琦评注：《史记》，岳麓书社2011年版，第1199页。
　　④　（清）彭定求等编：《全唐诗·卷六》，中州古籍出版社2018年版，第3336页。

途经豫让桥时，也多写诗缅怀这位死义之士。关于豫让桥的故址，有多种说法，其中比较著名的是以下两种：一是位于今山西省太原市赤桥村的豫让桥；二是位于今河北省邢台市邢台县的豫让桥。前者确实为豫让刺杀赵襄子未遂而自刎的遗址，而后者因《水经注》误记及长时间的讹传，也经常被人们误认为是当年豫让自刎的地方。越南使臣在经过河北省邢台市邢台县的豫让桥时，留下不少追怀豫让之作。其中以《豫让桥》或《过豫让桥》等为题赋诗的就有郑怀德、吴仁静、黎光定、阮攸、黄碧山、潘辉注、丁翔甫、张好合、阮思僩、阮述等越南使臣。郑怀德、吴仁静、黎光定于嘉庆七年（1802）出使清朝，经过邢台，都写下了歌颂豫让的诗歌：

> 仇赵难销豫让魂，赵家终破豫桥存。怒翻雄浪襄城震，气吐长虹晋水尊。柱挂苔衣铭旧擎，碣藏岁石记余吞。至今国士风犹壮，激发人思遇我恩。
>
> ——郑怀德《豫让桥》[1]
>
> 豫让桥边雨浥尘，平明秋过认前真。泉声石咽思吞炭，柱色苔斑拟漆身。岸口虽埋衣溅血，江边遗恨马惊人。至今国士风犹在，长使忠臣每问津。
>
> ——吴仁静《过豫让桥》[2]
>
> 邢台城里驾征鞍，一带长虹著眼看。梁下月低吞炭影，板头霜印漆身寒。众人今日经过易，国士当年去住难。赵孟基图随逝水，桥名终古占江干。
>
> ——黎光定《过豫让桥有感》[3]

---

[1] 中国复旦大学文史研究院、越南汉喃研究院合编：《越南汉文燕行文献集成》（越南所藏编）第 8 册，复旦大学出版社 2010 年版，第 336 页。

[2] 中国复旦大学文史研究院、越南汉喃研究院合编：《越南汉文燕行文献集成》（越南所藏编）第 9 册，复旦大学出版社 2010 年版，第 57—58 页。

[3] 中国复旦大学文史研究院、越南汉喃研究院合编：《越南汉文燕行文献集成》（越南所藏编）第 9 册，复旦大学出版社 2010 年版，第 135—136 页。

　　这三首诗，都称豫让为"国士"，字里行间也无不透露着对豫让形象的高度认同，认为豫让吞炭漆身为报主公的义举气吞长虹、名垂千古。从内容看，作者将豫让其人其事作为谈咏的主体，或同情，或敬佩，或自我激励，将情感寄托于豫让形象的刻画中。潘辉注于道光十一年第二次出使中国，登临豫让桥遗迹，抒发了对豫让刺杀失败的同情和对其忠义精神的肯定："仇赵固不成，报智良不负。虽非百炼金，亦是颓波柱。"① 而黄碧山于道光五年（1825）出使中国写的《豫让桥》倒有几分新意：

　　　　一日惊襄子，千年豫让桥。后图心已绝，千报志难消。国士恩宁忽，溪头水自漂。可能逢智伯，孤魄一相招。②

一二句总起，先说豫让的壮举让他流芳千古。三四句陈述豫让第二次刺杀失败之后知道再也没有机会了，但豫让自杀之前仍请求斩杀赵襄子的衣物以了却心愿。五六句写作者面对桥下溪水，感慨叹息。七八句别出心裁，想象智伯和豫让在地下再次遇合，也未尝不是一个好的结局。阮攸在嘉庆十八年（1813）出使中国时，也写了一首《豫让桥》，这首诗能跳出单纯的歌咏，上升到治理国家、君臣遇合的高度：

　　　　豫让匿身刺襄子，此地因名豫让桥。豫让既杀赵亦灭，桥边之草空萧萧。君臣正论堪千古，天地全经尽一朝。凛烈寒风冬日薄，奸雄过此尚魂消。③

阮攸这首怀古诗，能从豫让的事迹联系到赵国最后的灭亡，进而思考治

---

① 中国复旦大学文史研究院、越南汉喃研究院合编：《越南汉文燕行文献集成》（越南所藏编）第 12 册，复旦大学出版社 2010 年版，第 71 页。

② 中国复旦大学文史研究院、越南汉喃研究院合编：《越南汉文燕行文献集成》（越南所藏编）第 11 册，复旦大学出版社 2010 年版，第 325 页。

③ 中国复旦大学文史研究院、越南汉喃研究院合编：《越南汉文燕行文献集成》（越南所藏编）第 10 册，复旦大学出版社 2010 年版，第 58 页。

理国家的良策，如果国君能够像智伯一样礼贤下士，大臣也必然会竭尽全力辅佐君王以报知遇之恩，由此揭示了君臣遇合对国家稳定发展的重要性，最后对奸雄提出警告。阮攸身经乱世，由西山朝到阮朝，见证了历史的兴亡，所以在怀古诗中融入了更丰富的内涵。

　　荆轲也是中国文化史上一位著名的历史人物。荆轲的事迹最早载于《战国策·燕策》，也因司马迁在《史记·刺客列传》的叙写而影响更大。荆轲是战国末期卫国人，好读书击剑，嗜酒，爱结交朋友，由田光推荐给燕太子丹，前往行刺秦王。荆轲深谋远虑，向太子丹献计，拟以秦国叛将樊於期之首级及燕督亢（今河北涿县、易县、固安一带）地图进献秦王，相机行刺。公元前 227 年，荆轲在易水边高歌诀别燕太子丹、高渐离等人，与秦舞阳入秦觐见秦王。秦王在咸阳宫隆重召见了他们，在交验樊於期头颅、献督亢地图时，图穷匕首见，荆轲刺秦王不中，反被秦王拔剑击成重伤，后为秦侍卫所杀。荆轲之所以答应太子丹的刺秦请求，不仅是因为受到太子丹的礼遇而心生感激，更重要的是，反对强秦蚕食燕国、解救燕国苍生黎民也是他的愿望。司马迁对这样一位悲剧英雄无疑是赞赏的，而荆轲这一人物形象的形成，则经历了从历史文本到文学文本的发展变化，在此过程中，荆轲的个人特质与文化内涵不断积累且不断重构，最终成为中国文学史上一个富有深度的文化个体。陶渊明笔下的荆轲是一位为知己而死、勇于刺秦的英雄形象，延续了司马迁的观点。其《咏荆轲》一诗描写荆轲"提剑出燕京"的义无反顾，渲染了易水送别的慷慨悲壮，体现了对"奇功遂不成"的无限惋惜，强化了荆轲的英雄形象。唐诗中的荆轲形象有明显的时代特征，比如，李白在《少年行二首（其一）》中说"击筑饮美酒，剑歌易水湄""少年负壮气，奋烈自有时"，[①] 通过描写一个少年对荆轲的向往追慕，抒发其对人生的感慨，表现李白的"任侠"之气，体现盛唐诗人豪迈昂扬的精神气质。到了宋代，对荆轲形象的描写又出现新的变化。

----

① （清）彭定求等编：《全唐诗·卷二》，中州古籍出版社 2018 年版，第 788 页。

在宋代重文轻武的时代精神下，宋代士大夫文人对"任侠"之气有着天然的隔膜，而体现出冷静、理智的从政态度，所以对荆轲的歌咏也发生了一些新变。比如，苏轼《和陶咏荆轲》中提到："胡为弃成谋，托国此狂生。荆轲不足说，田子老可惊。燕赵多奇士，惜哉亦虚名。"① 认为燕太子目光短浅，不能忍辱负重、静待天时，反而将国家命运寄托在荆轲这一介狂生身上。荆轲的事迹"不足说"，就连燕赵奇士也不过是徒有虚名而已。由此可见，司马迁《史记》中塑造的荆轲这一"悲剧英雄"的形象，至宋代已发生巨大的变化。其形象被重新塑造成不足以成大事的"狂生"，是一个被否定的文学形象。元代，中国赴越南使臣陈孚路经易州时，写了《易州》一诗："白雁飞残水满洲，驿亭疏雨古槐秋。平生最恶荆轲事，手障西风过易州。"② 诗中直截了当地表达了对荆轲的厌恶之情。由此可见，中国文人对荆轲刺秦的态度呈现一种较为复杂的状况，或极其推崇，或深表同情，也有相当厌恶的。

越南使臣在北使过程中，按照贡道行进，必须经过古燕赵之地。所以，有不少使臣在诗歌中刻画过荆轲形象。踏上荆轲故里，面对易水汤汤，眼前之景与历史典籍中的场景碰撞对接，所思所感自然付诸吟咏。丁翔甫的《荆轲故里》、张好合的《过安肃题荆轲故里》、阮攸的《荆轲故里》、范熙亮的《易水怀古》等作品就产生在这样的情景中。在越南使臣的笔下，荆轲以怎样的面貌出现呢？阮攸《荆轲故里》云：

> 白虹贯日天漫漫，风萧萧兮易水寒。歌敢忼慨金声烈，荆卿茫此入秦关。入秦关兮挟匕首，亡国深仇一引手。殿上忽然齐振惊，左右手搏王环柱。阶下舞阳如死人，神勇毅然惟独君。纵然不杀秦王帝，也笑古今无二人。怪底行③原市隐，曾与燕丹无夙

---

① （宋）苏轼撰，（清）王文诰辑注，孔凡礼点校：《苏轼诗集》，中华书局1982年版，第2185页。

② 《景印文渊阁四库全书》，（台北）台湾商务印书馆1986年版，集部别集类集1202，第628页。

③ 原文脱"踪"字，据韩红叶《阮攸〈北行杂录〉研究》，硕士学位论文，首都师范大学，2007年，第65页。

兮。杀身只为受人知，徒得田光轻一刿。可怜无辜樊於期，以
头借人无还时。一朝枉杀三烈士，咸阳天子终巍巍。燕郊一望
皆尘土，秋日秋风满官路。市上歌声不复闻，易水流波自今古。
故里枳棘纵复横，只有残碑犹未倾。莫道匕首更无济，斩竿解
木为先声。①

诗歌一开篇就描写了一幅易水送别图，渲染慷慨悲壮的氛围。"入秦关
兮挟匕首"以下六句，详绘刺秦的场面，秦殿之上的电光火石如在目
前。"纵然不杀秦王帝，也笑古今无二人"二句发议论，高度肯定荆轲
的壮举。"怪底"以下六句，将荆轲、田光、樊於期目为三烈士，同情
他们的遭遇。末二句说明荆轲刺秦虽然失败了，但他们实乃倾覆暴秦统
治的先声，最终引发了陈胜、吴广的"揭竿而起"。阮攸对荆轲形象的
描写，除了尊重史实，还将之放置于推翻秦国暴虐统治的历史长河中考
量，使这一形象有了更深刻的意义。阮朝范熙亮于同治九年（1870）
出使清朝，有《易水怀古》一诗：

祖龙期月生，狼吞此其状。千乘且无为，一夫乌足抗。荆轲非
莽夫，乃学轵人样。士为知己谋，死生度外放。迟回几月间，积虑
岂孟浪。不顾己头颅，那惜於期吭。刺秦虽不成，报丹心可谅。古
今论人物，何当计得丧。往迹已成尘，义使一何壮。试观六国亡，
伊谁独摒挡。千载此孤亭，秋风尚飒飀。②

这首诗层层深入渲染荆轲的"壮"与"义"：一是将荆轲放置在秦王欲
吞并天下而"千乘且无为"的历史背景中，突出"一夫乌足抗"的艰

① 中国复旦大学文史研究院、越南汉喃研究院合编：《越南汉文燕行文献集成》（越南所藏编）第 10 册，复旦大学出版社 2010 年版，第 58—59 页。
② 中国复旦大学文史研究院、越南汉喃研究院合编：《越南汉文燕行文献集成》（越南所藏编）第 21 册，复旦大学出版社 2010 年版，第 78 页。

难；二是突出荆轲的智谋与忠勇，向樊於期借头颅，为报答燕太子丹的知遇之恩将生死置之度外；三是不以成败论英雄，赞美"义使一何壮"的英雄气概。从诗歌内容看，荆轲身上那种勇敢、知其不可为而为之的精神特质，应该是范熙亮所向往的。

岳飞是南宋杰出的抗金爱国将领，以收复失地、匡扶宋室为己任，用生命实践着"精忠报国"的远大志向。他的事迹在中国家喻户晓，他的文韬武略、他的浩然正气，无不垂范后世，让人敬仰。然而，岳飞的一生又是悲壮的，被秦桧等人以"莫须有"的罪名陷害至死，这又令人泣血宵吟、扼腕长叹。人们崇敬英雄，痛恨奸佞。岳王庙前跪着的铜像，表达着老百姓的憎恨。历代文人在诗文中对岳飞其人其事进行描述歌颂，并反复咏叹，或表达对古代良将的倾慕之情，或抒发悲古悼今的感伤情绪，或阐发以史为鉴的人文关怀。王相诗："大节兼忠孝，全才备文武。奇勋遍八荒，芳名耀千古"①，给予全面的评价，表达景仰之情。王铠《谒岳武穆庙》"郾城斩落金吾首，梁苑惊飞兀术魂"②　则描写了岳飞威震敌军的英雄形象。英祥《谒岳忠武庙》"精忠钦报国，至孝仰传家"③　则塑造了岳飞既"忠"且"孝"的形象。部分谒墓诗或谒庙诗更多地表达了诗人们强烈的历史悲剧感。如赵孟頫《岳鄂王墓》："鄂王坟上草离离，秋日荒凉石兽危"④，陈璧诗："荒祠掩映青山暮，高冢凄迷碧草春"⑤，等等。面对岳王遗迹的荒凉凄迷，追思他昔日奋战沙场的矫健身姿。在历史时空的转换之中，诗人们不免产生一种难以言说的历史虚无感，功名不就，不如归隐山林。如叶绍翁《题西

---

① （明）徐缙芳辑：《宋忠武岳鄂王精忠类编八卷》，《四库全书存目丛书》（史84），齐鲁书社1996年版，第719页。

② 殷时学主编：《岳飞庙志》，中州古籍出版社1987年版，第212页。

③ 汤阴岳飞纪念馆编：《汤阴岳庙明清碑刻选》，1996年，第30页。

④ （明）徐缙芳辑：《宋忠武岳鄂王精忠类编八卷》，《四库全书存目丛书》（史84），齐鲁书社1996年版，第723页。

⑤ （明）徐缙芳辑：《宋忠武岳鄂王精忠类编八卷》，《四库全书存目丛书》（史84），齐鲁书社1996年版，第724页。

湖岳鄂王庙》："早知埋骨西湖路，悔不鸱夷理钓船"①；陈赟《七律》："回首西湖湖上路，欲将兴废问渔翁"②，济世之志既然无法实现，不如放情山水，与鸥鹭为伍。

越南使臣也用诗歌的形式凭吊岳飞，感怀历史，对岳飞的人格形象反复吟咏，认为其精忠之气可以与古柏长青、与日月争辉。据《越南汉文燕行文献集成》统计，阮宗窐、武辉珽、潘辉注、黄碧山、李文馥、范芝香、阮文超、阮述等十多位越南使臣写了十几首谒岳武穆王庙或祠的缅怀之作，其中武辉珽和范芝香分别创作了三首诗歌。这些凭吊古迹的诗作，主要表达了三方面的内涵。第一，反复颂扬岳飞的精忠节义，传递无限的敬意。如阮宗窐《题岳武穆庙》"千秋俨若片标在，谁绘精忠一片心"③，武辉珽《题岳武穆王庙》（其一）"中兴建节正英年，雄略精忠万古传"④，武辉珽《题岳武穆王庙》（其三）"节义长留今想见，百年如在十年前"⑤，等等，无不突出岳飞"精忠"的高贵品质。潘辉注《岳武穆王祠》"香顶空挥中土泪，丹衷长许老天知"⑥以"丹衷"为意象，讴歌岳飞的忠贞爱国。第二，用悲愤的笔调寄予同情、表达遗恨。如武辉珽《题岳武穆王庙》（其三）"终古风波亭上过，湖光山色恨悠悠"⑦；黄碧山《过汤阴县岳武穆故里》"千年人共怒，尽系秦桧党"⑧；

---

① 殷时学主编：《岳飞庙志》，中州古籍出版社 1987 年版，第 204 页。

② （明）徐缙芳辑：《宋忠武岳鄂王精忠类编八卷》，《四库全书存目丛书》（史 84），齐鲁书社 1996 年版，第 732 页。

③ 中国复旦大学文史研究院、越南汉喃研究院合编：《越南汉文燕行文献集成》（越南所藏编）第 2 册，复旦大学出版社 2010 年版，第 91 页。

④ 中国复旦大学文史研究院、越南汉喃研究院合编：《越南汉文燕行文献集成》（越南所藏编）第 6 册，复旦大学出版社 2010 年版，第 365 页。

⑤ 中国复旦大学文史研究院、越南汉喃研究院合编：《越南汉文燕行文献集成》（越南所藏编）第 6 册，复旦大学出版社 2010 年版，第 365 页。

⑥ 中国复旦大学文史研究院、越南汉喃研究院合编：《越南汉文燕行文献集成》（越南所藏编）第 10 册，复旦大学出版社 2010 年版，第 261 页。

⑦ 中国复旦大学文史研究院、越南汉喃研究院合编：《越南汉文燕行文献集成》（越南所藏编）第 6 册，复旦大学出版社 2010 年版，第 365 页。

⑧ 中国复旦大学文史研究院、越南汉喃研究院合编：《越南汉文燕行文献集成》（越南所藏编）第 11 册，复旦大学出版社 2010 年版，第 323 页。

范芝香《题岳武穆王庙二律》（其二）"两宫雠耻山河共，三字沉冤日月知。贼桧死心何足问，奄奄终宋古今悲"①，通过谴责奸臣秦桧以"莫须有"的罪名于风波亭杀害岳飞，表现对岳飞不幸遭遇的同情。武辉珽《题岳武穆王庙》（其一）"造化厚公身后爵，何如恢复快生前"②，认为岳飞虽然身死名存、血食千秋，却是夙愿未了、遗恨千古。阮述《汤阴谒岳武穆祠》"嗟嗟豪杰士，才遭逢多如"③；潘辉注《岳武穆王祠》"唾手燕云措日期，壮图无奈讲和时。岳家旗号方惊敌，江国金牌已罢师"④；范芝香《题岳武穆王庙二律》（其一）"山河共洒班师泪，箕尾空悬报国心。痛饮黄龙嗟已矣，英雄遗恨到如今"⑤；等等，感慨岳飞生不逢时、英雄无用武之地，当时宋高宗重用秦桧等主和派，一天连发十二道金牌让岳飞班师回朝，使十年之功毁于一旦。第三，坚信浩气长存，寄托对岳飞的无尽思念。阮宗窐《题岳武穆庙》"迁转尘间自古今，悠悠浩气日星临"⑥，认为岳飞的浩然正气将和日月星辰一样永放光彩。武辉珽《题岳武穆王庙》（其三）"宋朝幽草夜如年，良将声名独永传"⑦，直言良将声名世代相传。范芝香《再题岳武穆王庙》"汤阴祠庙在，千古宋衣冠"⑧ 和潘辉注《岳武穆王祠》"二杭城郭浮云改，枌梓焄蒿万古祠"⑨

---

① 中国复旦大学文史研究院、越南汉喃研究院合编：《越南汉文燕行文献集成》（越南所藏编）第 15 册，复旦大学出版社 2010 年版，第 172 页。

② 中国复旦大学文史研究院、越南汉喃研究院合编：《越南汉文燕行文献集成》（越南所藏编）第 6 册，复旦大学出版社 2010 年版，第 365 页。

③ 中国复旦大学文史研究院、越南汉喃研究院合编：《越南汉文燕行文献集成》（越南所藏编）第 23 册，复旦大学出版社 2010 年版，第 65 页。

④ 中国复旦大学文史研究院、越南汉喃研究院合编：《越南汉文燕行文献集成》（越南所藏编）第 10 册，复旦大学出版社 2010 年版，第 261 页。

⑤ 中国复旦大学文史研究院、越南汉喃研究院合编：《越南汉文燕行文献集成》（越南所藏编）第 15 册，复旦大学出版社 2010 年版，第 171 页。

⑥ 中国复旦大学文史研究院、越南汉喃研究院合编：《越南汉文燕行文献集成》（越南所藏编）第 2 册，复旦大学出版社 2010 年版，第 91 页。

⑦ 中国复旦大学文史研究院、越南汉喃研究院合编：《越南汉文燕行文献集成》（越南所藏编）第 6 册，复旦大学出版社 2010 年版，第 365 页。

⑧ 中国复旦大学文史研究院、越南汉喃研究院合编：《越南汉文燕行文献集成》（越南所藏编）第 15 册，复旦大学出版社 2010 年版，第 184 页。

⑨ 中国复旦大学文史研究院、越南汉喃研究院合编：《越南汉文燕行文献集成》（越南所藏编）第 10 册，复旦大学出版社 2010 年版，第 261 页。

表达人们在汤阴故里建立祠或庙，寄托永远的哀思。李文馥《谒汤①阴岳武穆王祠》"故宋冠袍瞻仰处，家山古柏护灵祠"②，认为岳飞的精忠浩气与家乡的古柏一样常青永在。阮述《汤阴谒岳武穆祠》"天下见太平，潜灵谅有喜"③，以告慰亡灵的方式，表达思念。

总之，地理环境、人文景观的现场触动，引发了中越使臣在诗歌中对历史人物、历史事件的追忆，从而在作品中呈现了多样化的历史空间。14—19 世纪的中越使臣受中国古代著名的诗人、文人影响较大，无论是写作手法、作品风格的模仿还是道德风尚、人格操守的追随，都是对中国古代灿烂文化的继承与发展。中越使臣对古往今来中国文献中所记载的忠臣义士也颇多关注，写下了大量歌咏贤能之臣、忠勇之士的优秀篇章，表达了对众多历史人物的看法。这些使臣在创作的时候，善于将现实空间与历史过往糅合，从而增加了作品的空间现场感和历史厚重感。

二　中越使臣咏中国历史人物诗歌的不同特点

中国历史悠久、人物众多，帝王将相、文人雅士、侠客英豪纷纷见诸文人笔端。中越使臣对中国历史人物的歌咏，在内容和表现手法上呈现出一些不同的特点，试分述之。

从内容上看，越南使臣对中国历史人物的品评大多不出中国史书的范畴，部分诗人诗作能借咏中国历史人物而抒发个人情怀，少部分诗人诗作能别出新论，成为歌咏中国历史人物题材的有益补充。比如，越南使臣在歌咏中国文人时，普遍体现对屈原、贾谊、李白、杜甫、柳宗元、苏轼等人的文学成就的高度认同，并对他们才人失志的遭遇予以深切同情；在缅怀中国的忠臣义士时，大多表达对比干、廉颇、蔺相如、

---

①　原文为"汾"，根据岳飞籍贯改为"汤"。
②　中国复旦大学文史研究院、越南汉喃研究院合编：《越南汉文燕行文献集成》（越南所藏编）第 14 册，复旦大学出版社 2010 年版，第 205—206 页。
③　中国复旦大学文史研究院、越南汉喃研究院合编：《越南汉文燕行文献集成》（越南所藏编）第 23 册，复旦大学出版社 2010 年版，第 66 页。

豫让、荆轲、岳飞等忠臣义士高尚品格的极度推崇，以及对他们被逐或惨遭杀害的强烈不满。这些都与中国文学史、中国历史的评价基本一致。部分诗人（如阮攸）能在歌咏中国历史人物的过程中抒发自己的现实感受，诸如借歌咏杜甫表达自己不被朝廷见重的忧伤，借褒扬蔺相如表达自己拥有"扼虎"之力却"平生无可书"的无奈。部分诗人（如张好合、黄碧山等）能自出机杼，别开生面评价中国历史人物。诸如张好合以调侃的口吻"古来七窍心难得，莫怪当时好一观"① 强调比干的聪明；黄碧山以丰富的想象设想智伯和豫让在阴间的遇合"可能逢智伯，孤魄一相招"②，料想这样的结局也算抚慰人心。总之，从内容看，越南使臣对中国历史人物的叙述和评价是建立在中国史书基础上的，偶尔有新的发展。

从表现手法看，越南使臣对中国历史人物的歌咏较多采用铺陈其事或直抒胸臆的手法，而中国使臣则多采用烘托、比喻、对比等手法。比如，越南使臣铺叙了北宋名臣韩琦为相十载、辅佐三朝的事迹，范芝香以"社稷功高定策时，两朝绅笏系安危"③ 赞美韩琦为北宋繁荣、稳定所做出的贡献；阮文超在层层叙写韩琦功业、德行的基础上，以"千秋言行录，名臣第一流"④ 称之，并抒发了"恭穆仰遗容，令人静浮躁"的效仿之情。又如，越南使臣拜谒岳王祠后所写的缅怀南宋名将、抗金英雄岳飞事迹的诗歌也多采用叙事抒情的手法。范熙亮《谒岳王祠》、潘辉注《谒岳王祠》、阮文超《岳武穆王故里瞻谒灵祠感成》、李文馥《谒汤阴岳武穆王祠》、黎光院《过武岳穆王庙》、范芝香《题岳武穆王庙二律》等诗歌均铺叙了岳飞的戎马功绩，充满赞许，并对其

---

① 中国复旦大学文史研究院、越南汉喃研究院合编：《越南汉文燕行文献集成》（越南所藏编）第 12 册，复旦大学出版社 2010 年版，第 174—175 页。

② 中国复旦大学文史研究院、越南汉喃研究院合编：《越南汉文燕行文献集成》（越南所藏编）第 11 册，复旦大学出版社 2010 年版，第 325 页。

③ 中国复旦大学文史研究院、越南汉喃研究院合编：《越南汉文燕行文献集成》（越南所藏编）第 15 册，复旦大学出版社 2010 年版，第 172 页。

④ 中国复旦大学文史研究院、越南汉喃研究院合编：《越南汉文燕行文献集成》（越南所藏编）第 16 册，复旦大学出版社 2010 年版，第 274 页。

被奸臣构陷的不幸遭际表示深切哀悼。如李文馥《谒汤阴武岳穆王祠》诗云：

> 可怜戎马看花会，不果黄龙痛饮时。铁像只今空碎首，金牌当日已班师。十年虚呕孤臣血，三字难磨万古碑。故宋冠袍瞻仰处，家山古柏护灵祠。[①]

与其他越南使臣一样，李文馥对岳飞事迹相当熟悉，既了解岳飞大败金兵的种种辉煌战绩，知晓岳飞当年"直捣黄龙府，与诸君痛饮"的豪言壮语，也听说宋高宗赵构连下十二道金牌让岳飞班师回朝，使收复失地的事业功亏一篑的历史故事，更深知秦桧以莫须有的罪名将岳飞杀害的斑斑劣迹。这首诗在对历史故事的铺写中，表达了对英雄的仰慕和痛惜。而中国使臣对历史人物的叙写着眼点不在事迹的铺陈，更多的是在传人物之神。刘备是三国时期涿郡人，楼桑村是其故里，楼桑庙为纪念刘备所筑。元代陈孚赴越出使经过涿州时，写下了《楼桑庙》一诗：

> 古庙千年后，桑阴满涿州。乱山空北向，大火已西流。遗恨三分国，英风百尺楼。里人牲酒奠，想像衮龙浮。[②]

诗人没有铺叙刘备的雄才大略和仁厚形象，只借楼桑庙香火永继以说明其享有远誉。"遗恨"一联用烘托的手法，写刘备虽然没有实现一统天下的政治理想，但其"英风"足以超过"百尺高楼"，让人钦佩。最后以"衮龙"比喻刘备，赞扬其王者气概，同时表达自己的敬重之情。再如，中越使臣都有叙写"文王拘而演《周易》"故事的诗歌，越南使臣长于铺陈，中国使臣善于对比。羑里是现存中国历史上最早的一座国

---

① 中国复旦大学文史研究院、越南汉喃研究院合编：《越南汉文燕行文献集成》（越南所藏编）第 14 册，复旦大学出版社 2010 年版，第 205—206 页。
② 杨镰主编：《全元诗》第 18 册，中华书局 2013 年版，第 367 页。

家监狱，周文王姬昌曾被商纣王囚禁于此。身陷囹圄的西伯侯，取来蓍草，折成数段，在伏羲大帝先天八卦的基础上，反复推演，仰观天象，俯察地理，最终演绎成六十四卦，遂成《易经》，奠定了中国传统文化的基础。周文王被拘而写出推演人生、宇宙和社会变化规律的千古奇书，为历代帝王将相、文人学士所称颂。在汤阴县周文王推演《周易》的故地，越南使臣纷纷留题：潘辉益的《羑里演易处》、阮嘉吉的《过文王演易处》、黎光定《过周文王羑里碑》、段浚的《过羑里》、李文馥《周文王演易处敬题》、张好合的《过周文王羑里城有感》，另外潘辉注、潘辉泳、丁翔甫、吴时任均有《文王演易处》诗。潘辉注在《文王演易处》一诗中写道：

> 处困道弥亨，艰难自利贞。阴阳穷象奥，寻传发牺经。中古人文朗，先天卦义明。神功垂启牖，圣学见渊精。养晦当年地，钩深万世程。云烟留显庙，碑碣志荒城。殷宇余尘土，周编炳日星。遗墟瞻望处，履道仰中行。①

诗人对周文王韬光养晦、处困弥贞的精神深为敬仰与叹服，并以乾卦"四德"（即"元、亨、利、贞"）来形容周文王的德行。对于《周易》的"渊精"及对后世的深远影响，也加以揭示。全诗以叙述为主，反复铺写。中国元代使臣傅若金则善于用对比和烘托的手法，其《淇州》诗云：

> 汤阴县前秋气悲，路人为说纣亡时。比干死谏犹存墓，西伯拘幽尚有祠。草没废城牛牧远，树侵官道乌飞迟。西风落叶成多感，行过朝歌却赋诗。②

----

① 中国复旦大学文史研究院、越南汉喃研究院合编：《越南汉文燕行文献集成》（越南所藏编）第10册，复旦大学出版社2010年版，第261页。
② 杨镰主编：《全元诗》第45册，中华书局2013年版，第91页。

这首诗的第一句写汤阴县前"秋气悲",烘托出一种悲凉的气氛。接下来三句,述比干直言进谏遭纣王挖心、姬昌被纣王囚禁羑里七年、纣王残暴亡国等事,并通过对比,说明比干、文王的精神依然长在,故比干的墓冢、西伯的祠堂都还留存。后二联主要写景烘托,通过"草没废城""树侵古道""西风落叶"等凄凉荒败之景,表达兴亡之叹。

三 中越使臣咏中国历史人物的文化原因

中国素来重史,历史记载较之其他国家更为详备。自古以来,中国文人受历史熏陶很深,司马迁、班固、欧阳修、赵翼等集文学家和史学家于一身,他们从悠久的历史中汲取丰富的创作养料,留下了众多歌咏中国历史人物的文学作品。越南文人也深受中国历史的影响,也很关注中国历史人物。中越使臣大量写作歌咏中国历史人物诗歌的文化原因,可以归结为入世之心、时空观念和赓续文脉的意识。

首先,受传统儒家思想的影响,中越文人怀有积极入世之心,对国家、社会抱有强烈的责任感。"以天下为己任"(《南史》)、"穷则独善其身,达则兼济天下"(《孟子》)、"舍生取义"(《孟子》),这些精神深深浸润着中国文人的心灵,对越南文人也有一定的影响,"修身、齐家、治国、平天下'(《大学》)成为中国文人安身立命的政治理想和行为准则。中国古代的重要诗人(屈原、曹操、曹植、李白、杜甫、白居易、韩愈、柳宗元、刘禹锡、苏轼、陈与义、陆游、杨万里、范成大、辛弃疾、文天祥、夏完淳、龚自珍、林则徐、丘逢甲等)都是积极入世,关心国家与民族的,写下了诸多表达济世匡时之志的诗歌。李白既豪迈不羁又爱憎分明,他一直关怀国事,希望"申管晏之谈,谋帝王之术",却四处碰壁。杜甫更是作为忠君爱国的伟大诗人而千古垂名,被誉为"诗圣",苏轼指出其即使颠沛流离、饥寒交迫、终身弃用,仍然"一饭未尝忘君"。白居易"唯歌生民病,愿得天子知",他写"新乐府"的目的就是反映民生疾苦和社会弊端,希望改善吏治,减轻人民的痛苦,以利于国家的安定。苏轼虽然一生坎坷，一再被贬，依然忠君爱国、勤政为民，用世之心从未消退。陆游是宋代著名的爱国诗人，其"位卑未敢忘忧国，事定犹须待阖棺"（《病起书怀》）、"一身报国有万死，双鬓向人无再青"（《夜泊水村》）等诗句，体现了爱国忧民的赤子之心和崇高的人格风范。辛弃疾渴望收复中原，"了却君王天下事，赢得生前身后名"（《破阵子·醉里挑灯看剑》），只可惜"却将万字平戎策，换得东家种树书"（《鹧鸪天·有客慨然谈功名因追念少年时事戏作》），长期被闲置的他只好在词中抒发自己的入世之心和爱国怀抱。文天祥是南宋末年的政治家、文学家、民族英雄，留下了"人生自古谁无死，留取丹心照汗青"（《过零丁洋》）的诗句，最终以死殉国。其慷慨激昂的爱国热情、视死如归的高风亮节以及舍生取义的高尚情操，激励和感召着无数志士仁人为正义事业而英勇献身。龚自珍是清代思想家、文学家和改良主义的先驱者，主张革除弊政，抵抗侵略，其《己亥杂诗》（315首）是其感时忧国思想的集中体现。元明清时期的中越使臣常常借追怀历史人物抒发自己积极用世的理想抱负。"穷年忧黎元，叹息肠内热"的杜甫、"先天下之忧而忧，后天下之乐而乐"的范仲淹、"精忠报国"的岳飞、以国家利益为重的蔺相如等，都成了中越使臣敬重和效仿的对象，而这恰好说明了中越使臣心怀天下、爱国忧民的政治情怀。屈原、贾谊"信而见疑，忠而被谤"（《史记·屈原贾生列传》）的不幸遭遇，加深了中越使臣对世事的忧虑和对君臣遇合的思考。以死谏君的比干、舍生取义的豫让，这些历史人物身上"知其不可为而为之"的悲剧精神，震荡着文人士大夫的心灵。对以上历史人物的歌颂，主要源于中越使臣内心积极入世的政治怀抱。

其次，受创作主体时空观念的影响，他们在文学作品中往往借历史人物构建一个广阔而深邃的时空场域，以反映他们对现实、历史、文化的感应和思考。中国古典诗歌从情感抒写到谋篇布局，从意境营造到审美接受，都表现出与时间和空间的深层关联。在中国古人的观念中，宇宙就是空间与时间的统一体，体现了"时空一体化"的观念。《淮南子·齐俗训》云："往古来今谓之宙，四方上下谓之宇。"[1] 也就是说，"宙"指过去、现在、未来的时间，"宇"指四面八方延伸的空间，并且宇和宙是相互依存、相互映衬的存在。这种时空合一的特征体现了中国人"时空一体、以时统空"的观念内涵和极富玄思的宇宙意识。而由于越南使臣亲历中国，与中国的地理、人文和社会有着近距离的接触，也能激发他们情境化的想象，产生一种与中国古代文人交流的时空语境，如越南使节来到桂林、岳阳楼、黄鹤楼等地，往往能想起中国古代有许多文人在此写过的诗，从而完成了与中国古代文人在时空上的交流，激发创作的语境。张红运说："时空在古人的心理上已经整合为一个完整的生命体，'行万里路，读万卷书'，人生的经历在时空的整合中得以完成，所以以体悟生命为内容的文学之中也就没有孤立的空间或者是孤立的时间意象，时间在诗中为形象的空间序列的展开提供着条件，空间的腾挪变换里又尽现了时间的节奏。"[2] 时空观念使文人在创作时获得了高度的自由，可以"精骛八极，心游万仞""观古今于须臾，抚四海于一瞬"（陆机《文赋》）。诗人将眼前之景与历史人物相联系，创造出一种具有深邃的历史空间感的诗歌境界。为此，诗人经常采用时空对举的写法。所谓时空对举，是指在一首诗中，时间与空间意象相互分设，对比映衬。这种时空对举多出现于一联诗中，形成一种"时空对"。唐诗中时空对举的诗句相当普遍，尤其在律诗中，上下句分写时间和空间，这种时空对举几乎是典型的对仗方式。如"秦时明月汉时关，万里长征人未还"（王昌龄《出塞二首》其一）[3]，"枕上片时春梦中，行尽江南数千里"（岑参《春梦》)[4]，"故国三千里，深宫二十年"（张祜《宫词二首》其一)[5]，"窗含西岭千秋雪，门泊东吴万

---

① （西汉）刘安等编著，高诱注：《淮南子》，上海古籍出版社 1989 年版，第 116 页。
② 张红运：《时空诗学》，宁夏人民出版社 2002 年版，第 25—26 页。
③ （清）彭定求等编：《全唐诗·卷二》，中州古籍出版社 2018 年版，第 668 页。
④ （清）彭定求等编：《全唐诗·卷二》，中州古籍出版社 2018 年版，第 970 页。
⑤ （清）彭定求等编：《全唐诗·卷五》，中州古籍出版社 2018 年版，第 2644 页。

里船"（杜甫《绝句四首》其三）①，"乾坤万里眼，时序百年心"（杜甫《春日江村五首》其一）②，"一身去国六千里，万死投荒十二年"（柳宗元《别舍弟宗一》）③，"黄尘清水三山下，变更千年如走马"（李贺《梦天》）④……像这种时间意象与空间意象相伴相随、分设对举的诗句数不胜数。从语汇使用角度翻检中越使臣的诗歌可发现，具有寥廓意味的空间词汇与具有悠远意味的时间词汇屡见不鲜。空间类的比如"乾坤""万里""江湖""天地"等；时间类的比如"一年""隔岁""古今""千秋""日夜"等；同时还有兼具时空意义的"日月""宇宙"等词汇。诗人喜欢将这些语汇集中于一首诗的单联诗句中，形成时空分设对举的审美现象，营造出阔大而深邃的意境。中越使臣在歌咏历史人物时，使用时空对举的手法非常明显：

> 文章寥阔留天地，泉石苍凉空岁时。（吴光《愚溪谒柳侯祠》）⑤
> 铜柱千年恨，星槎万里心。（张以宁《安南即景》）⑥
> 砥柱留千古，乾坤老一丸。（黄碧山《伏波岩》）⑦
> 形图诸将台安在，血食千秋庙尚新。（吴时位《伏波庙》）⑧
> 共羡诗名师百世，独悲异域寄孤坟。（阮攸《耒阳杜少陵墓》）⑨
> 千秋香郁灵光庙，十里苔漫伪莽城。（潘辉注《柏乡晚眺》）⑩

---

① （清）彭定求等编：《全唐诗·卷二》，中州古籍出版社 2018 年版，第 1142 页。
② （清）彭定求等编：《全唐诗·卷二》，中州古籍出版社 2018 年版，第 1142 页。
③ （清）彭定求等编：《全唐诗·卷四》，中州古籍出版社 2018 年版，第 1786 页。
④ （清）彭定求等编：《全唐诗·卷四》，中州古籍出版社 2018 年版，第 1993 页。
⑤ （清）吴光：《使交集》，刘承干辑：《吴兴丛书》，吴兴刘氏嘉业堂刊 1927 年版，第 11 页。
⑥ 《景印文渊阁四库全书》，（台北）台湾商务印书馆 1986 年版，集部别集类集 1226，第 547 页。
⑦ 中国复旦大学文史研究院、越南汉喃研究院合编：《越南汉文燕行文献集成》（越南所藏编）第 11 册，复旦大学出版社 2010 年版，第 290 页。
⑧ 中国复旦大学文史研究院、越南汉喃研究院合编：《越南汉文燕行文献集成》（越南所藏编）第 9 册，复旦大学出版社 2010 年版，第 269—270 页。
⑨ 中国复旦大学文史研究院、越南汉喃研究院合编：《越南汉文燕行文献集成》（越南所藏编）第 10 册，复旦大学出版社 2010 年版，第 37 页。
⑩ 中国复旦大学文史研究院、越南汉喃研究院合编：《越南汉文燕行文献集成》（越南所藏编）第 10 册，复旦大学出版社 2010 年版，第 293 页。

> 英雄往事何优劣，天地空江自去来。（李文馥《赤壁怀古》）①
>
> 南巡方岳空烟雾，东去江流自古今。（武辉珽《九疑怀古》）②
>
> 犹有古今难泯处，江山正气日霜怀。（黎光院《过武岳穆王庙》）③

以上诗句，通过时空对举赋予诗歌悠长的历史感与辽阔的宇宙感。吴光在《愚溪谒柳侯祠》诗中，将"天地"（空间）与"岁时"（时间）对举，上句写柳宗元的文章长留于广阔的天地间，下句是对眼前的空间景物作时间的追思，通过苍凉的泉石，寄寓对柳宗元才人失志的伤悼之情。张以宁、黄碧山、吴时位通过时空对举歌咏的是伏波将军马援的事迹，说明其影响之深远。阮攸在《耒阳杜少陵墓》中，以"百世"（时间）对"孤坟"（空间），将杜甫的不幸遭遇与诗名的远播形成对比，使悲凉的气氛更浓郁。潘辉注在《柏乡晚眺》中，将王莽故里的荒芜凋敝和光武帝庙的香火绵延对举，引发对历史兴亡的慨叹。李文馥的《赤壁怀古》则通过对三国时期孙、曹、周、孔赤壁之战的追忆，寄托怀古之幽思。武辉珽的《九疑怀古》缅怀舜帝业绩，通过一些永恒不变的景物（如山岳、江水等）将历史与现实联结起来，达到"言有尽而意无穷"的艺术效果。黎光院的《过武岳穆王庙》表达岳飞的浩然正气与天地山川共存。以上诗句通过时空对举，使诗的境界更加开阔，表达的情感更为深入。时空对举在形式上貌似二元对立，实际上却指向内在的统一。时间与空间相随出现，正反映出时空不分离的潜在观念。时空意识渗注到诗中，使诗的整体意蕴显得更加浓厚凝重。将历史人物放置于寥廓的空间加以展示，正体现了中越使臣在创作时的时空意识。

---

① 中国复旦大学文史研究院、越南汉喃研究院合编：《越南汉文燕行文献集成》（越南所藏编）第 14 册，复旦大学出版社 2010 年版，第 199 页。

② 中国复旦大学文史研究院、越南汉喃研究院合编：《越南汉文燕行文献集成》（越南所藏编）第 5 册，复旦大学出版社 2010 年版，第 265 页。

③ 中国复旦大学文史研究院、越南汉喃研究院合编：《越南汉文燕行文献集成》（越南所藏编）第 12 册，复旦大学出版社 2010 年版，第 361 页。

再次，中越使臣对中国历史人物的吟咏，还包含着赓续文脉、传承文明的自觉意识。清代使臣程芳朝在采石矶凭吊李白的时候，抒发了"大雅不作谁当传"的感慨。李白在《古风》（其一）中对《诗经》以来直到唐朝的历代诗赋作了概括性的总结和评价，并抒发了自己的文学主张和远大抱负，即效法孔子，勉力"删述"，垂辉千古。程芳朝生活在顺治、康熙年间，博学多才，善诗文，曾任直隶学政、顺天学政、国史院侍讲学士、弘文院侍读学士、少詹事兼侍讲学士等职。康熙五年（1666），以侍读学士充任赴越南正使。程芳朝《过采石作》一诗借李白之口表达了自己力图恢复"大雅"、传承优秀文学传统的宏大志向。明代使臣湛若水不仅是著名的思想家、哲学家，是白沙学说的衣钵传人，他在诗歌创作上，也有意向诗仙李白致敬，效仿李白的经典之作，继承传统，接续文脉。比如其《渡乌蛮滩行路难》一诗糅合了李白《蜀道难》和《行路难》两首诗的语句、命意和意境，因难见巧，致敬经典。其诗云：

> 行路难兮难于上青空！龙门蜀道无乃同，千石万石罗剑峰。一望箭括不可通，急水折屈流其中。水底荦确如伏龙，倒泻倏忽疾于风。猿啼鸟唤听未终，舟人不暇辨西东，长年三老难为工。行路难兮难于上青空！我惊世路悲转蓬，夷险变态不可穷。意轻人命如发蒙，翻覆云雨仍从容。又何必瞿塘滟滪，突兀如象方为凶？①

这首诗两次感叹"行路难"，既写出了乌蛮滩石多水急的特点，更突出了世路之凶险、人心之险恶，发人深省。越南使臣对中国著名诗人诗句的化用、风格的学习、名篇的模仿，也同样体现了对中国文学传统的承继意识。比如，晚唐杰出诗人杜牧长于绝句，"托兴幽微"，尤以七绝成就最高，议论警拔，韵味隽永，于盛唐七绝之外，别开妙境。杜牧

---

① 李时人编著：《中华山水名胜旅游文学大观·诗词卷》（下），三秦出版社1998年版，第1172页。

"春风十里扬州路"（《赠别》）、"二十四桥明月夜"（《寄扬州韩绰判官》）等诗句盛传天下。"二十四桥"也成为唐代以后诗人歌咏扬州的典型意象。冯克宽于万历二十五年（1597）出使明朝时，写下《扬州府城即景》一诗，首句"二十四桥风月景"出自杜牧《寄扬州韩绰判官》诗句。胡士栋于乾隆四十三年（1778）出使清朝，其《广陵秋泛》首句"二十四桥秋色净"① 也是化用杜牧诗句。这说明了越南使臣对中国诗歌的深度了解，也说明了杜牧诗歌的深远影响。经典是值得代代相传的。越南使臣《效杜甫八仙歌体》《效孟浩然鹿门歌体》《效王维四终字体》《效岑参登古邺城体》等众多效仿中国著名诗人作品的汉文诗，也体现了对中国古典诗歌的继承和发展。

第二节　越南使臣诗歌的宗唐倾向

在对历史人物的叙写和咏叹中，中越使臣诗歌展示了广阔的历史空间，因人而事，因事见史，将古今绾合在一起。而在诗歌艺术的追求方面，越南使臣诗歌则呈现出非常明显的宗唐倾向，体现了历史积淀的厚重、文化传播的深远和历史空间的绵邈。

中国是诗的国度，而唐诗被誉为诗国的巅峰，代表着中国诗歌史上最辉煌灿烂的成就。古今文人墨客，但凡了解中国文化，无不推重盛唐。南宋严羽是盛唐气象的鼓吹者，认为"盛唐诸人，唯在兴趣，羚羊挂角，无迹可求。故其妙处，透彻玲珑，不可凑泊。如空中之音，相中之色，水中之月，镜中之象，言有尽而意无穷"。② "诗仙"李白、"诗圣"杜甫不但为中国文人雅士、黎民百姓所熟知，也受到日本、朝鲜、越南等周边国家文人的推崇。自从日本、朝鲜半岛的新罗王朝等纷

---

① 中国复旦大学文史研究院、越南汉喃研究院合编：《越南汉文燕行文献集成》（越南所藏编）第6册，复旦大学出版社2010年版，第29页。

② （宋）严羽著，郭绍虞校释：《沧浪诗话校释》，人民文学出版社2005年版，第26页。

纷派遣使臣、留学生、僧人进入唐朝，便开启了唐诗传播和接受之路，之后唐诗的影响绵延不断。越南文人对唐诗也是心慕手追。正如阮朝著名诗人、被誉为"嘉定三大家"之一的郑怀德在《艮斋诗集序》中所言："嘉定新邦，文运初开，诗流尚隘。欲沂渊源未由也，已爱购之唐名集，诸家法语，相与钻仰沉研，究其气格、体裁、关窍、底蕴之所在。寝食其间，绎意翻题，效颦学步。久候惯熟，触景生情，放笔肆吟，终不违乎杼轴之体制，而唐家樽俎，始得知其臭味也。"① 郑怀德自述其汉文诗创作的经历，从购买唐名家集、师法唐人手笔开始，废寝忘食、日夜研习唐诗之体裁、章法、内容、气韵，"久候惯熟"，始能"放笔肆吟"，而后有升堂入室之感。郑怀德所自道的当然不是个案，而是当时越南诗坛的普遍现象。越南后黎朝末年学者吴时仕在《午峰文集序》中说："风雅废而诗亡，李、杜、元、白、刘、柳、欧、苏殁而诗乱"②，肯定了李白、杜甫、元稹、白居易、刘禹锡、柳宗元、欧阳修和苏轼等唐宋诗人在中国诗歌史上的重要作用，并进一步指出他们是越南诗人"慕而效"的对象："颦何可效也，天下事未尝无对。有美不可以无恶，有巧不可以无拙，有韵不可以无俗，有西施之颦而媚，乃其气凌烟霞，夺锦绣，飘然不啻仙乩神语，故慕而效焉。"③ 唐诗在越南的各个社会阶层都有传播，其流传主要有两种形式，"一是以传统的诗文别集、总集传播；一是以杂抄本的形式而在下层民众中广为流传"④。由此可见，唐诗在越南广泛传播，并受到追捧。正是基于这样的背景，越南文人在进行汉文诗创作时，受唐诗的影响是最深的，而越南使臣在出使中国前，更是对中国诗歌（尤其是唐诗）进行了一番深入研究和模仿创作，他们的诗歌有着鲜明的宗唐倾向。中国士人对越南使臣阮宗窒诗歌的评价，也折射出阮氏对唐诗用力之深。张汉昭在

---

① ［越］郑怀德：《艮斋诗集》，越南汉喃研究院藏，馆藏号：A249。
② ［越］吴时仕：《午峰文集》，越南汉喃研究院藏，馆藏号：A192。
③ ［越］吴时仕：《午峰文集》，越南汉喃研究院藏，馆藏号：A192。
④ 刘玉珺：《越南汉喃古籍的文献学研究》，中华书局2007年版，第393页。

《使华丛咏集前集序》中说:"阮子舒轩……尤长于诗学,其声韵格律,悉学唐人。"① 明确指出其向唐诗学习的特点。越南学者陈忠喜也说道:"在整个中国古代文学遗产当中,自古到今,越南人最喜爱中国文学中的唐诗。"②

越南使臣宗唐的倾向主要体现在以下三个方面。

一 采用唐诗体裁

格律诗,又称今体诗、近体诗,是唐代的主要诗体,在篇幅、句式、平仄、押韵、对仗等方面都有明确而严格的规定。格律诗分绝句、律诗两种,还有一种排律是在律诗基础上增加篇幅而成。绝句每首四句,律诗每首八句,排律则每首十句以上。绝句、律诗又可分为五言和七言。常见的格律诗有五绝、七绝、五律、七律。格律诗在唐代定型,具有非常高的审美价值。唐代格律诗在格律、语言、构思、意境等方面都取得了杰出的成就,成为后世诗歌创作的楷模。

在越南使臣的北使诗集中,格律诗所占比例(简称"占比")非常高,试以陈朝阮忠彦、后黎朝武辉珽、后黎朝胡士栋、西山朝潘辉益、西山朝吴时任、阮朝吴仁静、阮朝郑怀德、阮朝阮攸的诗歌为例,说明越南使臣对唐诗体裁的选择和使用情况。陈朝阮忠彦《介轩诗集》诗歌共 82 首,其中七言律诗 53 首,七言绝句 19 首,五言律诗 6 首,五言绝句 4 首。格律诗占比为 100%,七言律诗占比为 64.6%。后黎朝武辉珽《华程诗》诗歌共 146 首,其中七言律诗 143 首,七言绝句 3 首。格律诗占比为 100%,七言律诗占比为 97.9%。后黎朝胡士栋《花程遣兴》诗歌共 116 首,其中七言律诗 111 首,七言绝句 3 首,五言律诗 1 首,五言绝句 1 首。格律诗占比为 100%,七言律诗占比为 95.7%。西

① 中国复旦大学文史研究院、越南汉喃研究院合编:《越南汉文燕行文献集成》(越南所藏编)第 2 册,复旦大学出版社 2010 年版,第 136 页。

② [越]陈忠喜:《越南唐诗研究和翻译的情况》,中国唐代文学学会等《唐代文学研究年鉴·一九九九》,广西师范大学出版社 2000 年版,第 392 页。

山朝潘辉益《星槎纪行》诗歌共 103 首，其中七言律诗 80 首，五言律诗 3 首，五言排律 1 首，五言古诗 1 首，赞 1 首，咏题 17 首。格律诗占比为 81.6%，七言律诗占比为 77.7%。西山朝吴时任《皇华图谱》诗歌共 111 首，其中七言律诗 103 首，七言古诗 3 首，五言古诗 5 首。格律诗占比为 92.8%，七言律诗占比为 92.8%。阮朝吴仁静《拾英堂诗集》诗歌共 103 首，其中七言律诗 43 首，七言排律 6 首，七言绝句 13 首，五言律诗 39 首，五言排律 2 首。格律诗占比为 100%，七言律诗占比为 41.7%。阮朝郑怀德《艮斋观光集》诗歌共 151 首，其中七言律诗 121 首，七言绝句 3 首，五言律诗 12 首，五言绝句 7 首，六言古诗 8 首。格律诗占比为 94.7%，七言律诗占比为 80.1%。阮朝阮攸《北行杂录》诗歌共 128 首，其中七言律诗 77 首，七言绝句 16 首，五言律诗 18 首，七言古诗 17 首。格律诗占比为 86.7%，七言律诗占比为 60.2%。以上数据至少可以说明以下两点。一是越南使臣致力于对以格律诗为代表的唐诗的学习，其汉文诗主要采用绝句和律诗的形式，其格律诗在诗集中的比例非常高，大多数占比在 90% 以上，甚至高达 100%。二是越南使臣对七言律诗十分推崇，故七言律诗在其诗集中的比重最高，一般在 60% 以上，甚至达到 90% 以上。关于越南七律诗繁荣的原因，严明先生在研究中指出："七律是汉诗各种体形中最为讲究声韵结构，艺术技巧最为华美的，被誉为汉诗中的皇冠……越南七律体繁盛的原因一是受中国文化的浸染，二是科举制度的影响，三是君主倡导，群臣唱和，形成了朝野以七律为尊的意识。"[1] 此说甚有说服力。

越南使臣学习、借鉴唐诗体裁，不仅严格按照格律诗对句数、字数、平仄、韵脚等的要求进行创作，还有意挑战难度，写下不少步唐人诗韵而作的诗。如西山朝武辉瑨《华程后集》中不少限韵诗，《石塘夜泊，与段兄即席限次贾舍人早朝大明宫诗韵》《安江晚泊，与潘段二兄即席限次刘舒州金陵怀古诗韵》等在诗题中即注明所限诗韵为唐诗韵

---

① 严明：《越南古代七律诗初探》，《学术界》2012 年第 9 期。

脚。前一首步岑参诗《奉和中书舍人贾至早朝大明宫》"阑、官、干、难"的"十四寒"韵，后一首步刘禹锡诗《西塞山怀古》"收、头、流、秋"的"十一尤"韵。我们以后一首为例，了解越南使臣对唐诗对仗、韵脚的学习及运用：

> 王濬楼船下益州，金陵王气黯然收。千寻铁锁沉江底，一片降幡出石头。人世几回伤往事，山形依旧枕寒流。今逢四海为家日，故垒萧萧芦荻秋。（刘禹锡《西塞山怀古》）
>
> 舟程迢递近梧州，晚角声将桂棹收。鸟背斜阳归岭畔，渔笼疏雾泊矶头。舒徐远磬随风到，激潋新蟾入水流。蓬上乘凉吟眼阔，不禁浩渺客怀秋。（武辉瑨《安江晚泊，与潘段二兄即席限次刘舒州金陵怀古诗韵》）①

此诗步刘禹锡原诗原韵，可见次韵之精。全诗也体现了较高的艺术水平，首联叙事，中间两联写景，尾联抒情，将叙事、写景和抒情融为一体，意境淡远，言有尽而意无穷。颔联、颈联描写晚泊安江所看到的美景，对仗精工，"鸟背"对"渔笼"，"斜阳"对"疏雾"，"归"对"泊"，"岭畔"对"矶头"；"舒徐"对"激潋"，"远磬"对"新蟾"，"随风"对"入水"，"到"对"流"。武辉瑨在诗歌创作中还有意挑战较难的韵脚，比如《燕台秋咏，与翰林段兄、吉水裴先生限沿韵三十绝》是一组由三十首绝句构成的组诗，分别使用了平水韵中平声的三十个韵部，一诗一韵，这充分说明了武辉瑨精深的汉文造诣和极高的汉诗水平。

二　化用唐人诗句

越南使臣喜欢引用或化用唐人诗句，这样的例子比比皆是，体现了越南诗人对唐诗的喜爱和模仿。

---

① 中国复旦大学文史研究院、越南汉喃研究院合编：《越南汉文燕行文献集成》（越南所藏编）第6册，复旦大学出版社2010年版，第353页。

　　陈朝阮忠彦善于化用李白、杜甫、张乔、刘禹锡、戎昱、温庭筠、韩偓等唐代诗人的诗句，如其《丘温驿》"挽尽天河洗甲兵，庙堂无意事西征"① 化用杜甫《洗甲兵》"安得壮士挽天河，净洗甲兵长不用"诗句；《夜坐》"有怀成独坐，茅店又鸡声"② 化用温庭筠《商山早行》"鸡声茅店月，人迹板桥霜"的前句；《采石渡》"六朝兴废地，蛮触独长呼"③ 直接引用张乔《寄绩溪陈明府》"六朝兴废地，行子一销魂"的前句；《即事》"舍南舍北竹编篱，红蓼花开夜燕依"④ 化用杜甫《客至》"舍南舍北皆春水，但见群鸥日日来"的前句；《歌风台》中"可惜灭秦平楚后，不歌湛露只歌风"⑤ 化用韩偓《招隐》"时人未会严陵志，不钓鲈鱼只钓名"的后句，都寓含讽刺之意；《归兴》"见说在家贫亦好，江南虽乐不如归"⑥ 融合了戎昱《长安秋夕》"远客归去来，在家贫亦好"与李白《蜀道难》"锦城虽云乐，不如早归家"的诗意；《德江怀古》"山围故国规模小，草暗荒城景物非"⑦ 化用刘禹锡《石头城》"山围故国周遭在，潮打空城寂寞回"的前句；等等。

　　后黎朝丁儒完也善于化用杜甫、张继等唐人诗句，如其《遇重阳日思乡作》"系萸堪雅登山客，屈膝羞为落帽郎"⑧ 化用了杜甫《九日蓝田崔氏庄》"羞将短发还吹帽，笑倩旁人为正冠"和"明年此会知谁

---

① 中国复旦大学文史研究院、越南汉喃研究院合编：《越南汉文燕行文献集成》（越南所藏编）第 1 册，复旦大学出版社 2010 年版，第 22 页。

② 中国复旦大学文史研究院、越南汉喃研究院合编：《越南汉文燕行文献集成》（越南所藏编）第 1 册，复旦大学出版社 2010 年版，第 25 页。

③ 中国复旦大学文史研究院、越南汉喃研究院合编：《越南汉文燕行文献集成》（越南所藏编）第 1 册，复旦大学出版社 2010 年版，第 30 页。

④ 中国复旦大学文史研究院、越南汉喃研究院合编：《越南汉文燕行文献集成》（越南所藏编）第 1 册，复旦大学出版社 2010 年版，第 31 页。

⑤ 中国复旦大学文史研究院、越南汉喃研究院合编：《越南汉文燕行文献集成》（越南所藏编）第 1 册，复旦大学出版社 2010 年版，第 32 页。

⑥ 中国复旦大学文史研究院、越南汉喃研究院合编：《越南汉文燕行文献集成》（越南所藏编）第 1 册，复旦大学出版社 2010 年版，第 33 页。

⑦ 中国复旦大学文史研究院、越南汉喃研究院合编：《越南汉文燕行文献集成》（越南所藏编）第 1 册，复旦大学出版社 2010 年版，第 36 页。

⑧ 中国复旦大学文史研究院、越南汉喃研究院合编：《越南汉文燕行文献集成》（越南所藏编）第 1 册，复旦大学出版社 2010 年版，第 358 页。

健，醉把茱萸仔细看"的诗意；《赠本国和尚住新宁江边寺》"归来江寺三更记，莫叩寒钟到客愁"化用张继《枫桥夜泊》"姑苏城外寒山寺，夜半钟声到客船"诗句；等等。

西山朝武辉瑨对李白、白居易等唐人诗句的化用也很明显，如其《秋砧》"声从月夜三千户，响动长安十二街"① 化用李白《子夜吴歌》"长安一片月，万户捣衣声"诗句；《秋草》"离离原草向斜曛，旅客悲秋望眼醺"② 化用白居易《赋得古原草送别》"离离原上草，一岁一枯荣"的前句；等等。

武昌是大多数越南使臣北行路线的必经之地，故燕行诗集中留下了不少关于黄鹤楼的诗歌。黄鹤楼之所以闻名天下，很大程度是因为崔颢、李白等唐代诗人的优秀作品——传唱，历经千载，绵延不绝。对于越南诗人而言，崔颢赋诗、李白搁笔的传说也是相当熟稔的，如阮朝郑怀德在《题黄鹤楼》中说："狂肆欲庚崔颢句，青莲先已下降书。"③ 西山朝阮偍在《登黄鹤楼》一诗中亦云："崔前定有题诗客，吕后应无骑鹤仙。入眼烟波催浩兴，不能搁笔学青莲。"④ 诗中反用崔李故实，表达了因景生情、赋诗咏怀的逸兴。越南使臣所写黄鹤楼诗多受唐诗的影响，尤其不能绕开崔颢的诗。阮朝裴文禩登黄鹤楼发出"烟波满眼生新感，谁似登临昔盛唐"⑤（《登黄鹤楼》）的感慨，后黎朝胡士栋亦称"名胜只今多在楚，品题自古共推唐"⑥（《游黄鹤楼》）。越南使臣留下

---

① 中国复旦大学文史研究院、越南汉喃研究院合编：《越南汉文燕行文献集成》（越南所藏编）第 6 册，复旦大学出版社 2010 年版，第 377 页。

② 中国复旦大学文史研究院、越南汉喃研究院合编：《越南汉文燕行文献集成》（越南所藏编）第 6 册，复旦大学出版社 2010 年版，第 377 页。

③ 中国复旦大学文史研究院、越南汉喃研究院合编：《越南汉文燕行文献集成》（越南所藏编）第 8 册，复旦大学出版社 2010 年版，第 320 页。

④ 中国复旦大学文史研究院、越南汉喃研究院合编：《越南汉文燕行文献集成》（越南所藏编）第 8 册，复旦大学出版社 2010 年版，第 144 页。

⑤ 中国复旦大学文史研究院、越南汉喃研究院合编：《越南汉文燕行文献集成》（越南所藏编）第 22 册，复旦大学出版社 2010 年版，第 223 页。

⑥ 中国复旦大学文史研究院、越南汉喃研究院合编：《越南汉文燕行文献集成》（越南所藏编）第 6 册，复旦大学出版社 2010 年版，第 21 页。

不少赋咏黄鹤楼的诗歌，如后黎朝丁儒完的《过武昌城题黄鹤楼》、后黎朝阮宗窒的《登黄鹤楼》、后黎朝黎贵惇的《登黄鹤楼》和《登黄鹤楼恭和吕祖师原韵》、后黎朝武辉珽的《登黄鹤楼》、后黎朝胡士栋的《游黄鹤楼》、西山朝潘辉益的《游黄鹤楼》、西山朝武辉瑨的《黄鹤楼》、西山朝段浚的《登黄鹤楼》、西山朝吴时任的《舟中望黄鹤楼》、西山朝阮偍的《黄鹤楼》、阮朝黎光定的《登黄鹤楼作》、阮朝阮攸的《黄鹤楼》、阮朝潘辉注的《望黄鹤楼歌》等，其中既有即景抒情的诗作，也有化用崔颢诗意以抒怀的篇章。下面以黎贵惇的《登黄鹤楼》、阮偍的《黄鹤楼》、阮攸的《黄鹤楼》、潘辉注的《望黄鹤楼歌》为例说明越南使臣对唐代崔颢诗的化用。

昔人已乘黄鹤去，此地空余黄鹤楼。黄鹤一去不复返，白云千载空悠悠。晴川历历汉阳树，芳草萋萋鹦鹉洲。日暮乡关何处是？烟波江上使人愁。（崔颢《黄鹤楼》）

晴川阁外又方舟，黄鹤楼头忆旧游。芳草非关千古恨，白云浑似去年秋。青山历历如相识，玉笛茫茫不可求。南望家乡今较近，烟波减却一分愁。（黎贵惇《登黄鹤楼》）①

骑鹤仙翁去不还，危楼终古白云闲。连霄华栋凌青岛，丽日雕薨瞰碧湾。江浪密含鹦鹉浦，村烟疏单凤凰山。乡关愁思今仍在，满眼烟涛一望间。（阮偍《黄鹤楼》）②

何处神仙经几时，犹留仙迹此江湄。今来古往卢生梦，鹤去楼空崔颢诗。槛外烟波终渺渺，眼中草树尚依依。衷情无恨凭谁诉，明月清风也不知。（阮攸《黄鹤楼》）③

---

① 中国复旦大学文史研究院、越南汉喃研究院合编：《越南汉文燕行文献集成》（越南所藏编）第 3 册，复旦大学出版社 2010 年版，第 249 页。

② 中国复旦大学文史研究院、越南汉喃研究院合编：《越南汉文燕行文献集成》（越南所藏编）第 8 册，复旦大学出版社 2010 年版，第 131 页。

③ 中国复旦大学文史研究院、越南汉喃研究院合编：《越南汉文燕行文献集成》（越南所藏编）第 10 册，复旦大学出版社 2010 年版，第 38 页。

　　绕城一带长江水，城中岩岫临波起。高楼三叠碧峰头，千载仙踪对流峙。繁花境里见清幽，烟树遥临鹦鹉洲。晴川别岭正相对，锦绣关河一望收。古来多少登临客，争向神仙谈胜迹。乘空黄鹤久悠悠，阅世青山长历历。我来万里泛星槎，云水楼前阔眼多。江汉浩茫今古意，夕阳凭眺俯沧波。（潘辉注《望黄鹤楼歌》）①

　　严羽称崔颢的这首诗为"唐人七律第一"，在唐诗中享有极高的声誉。以上越南使臣诗歌均有对崔诗不同程度的模仿。黎贵惇在乾隆二十五年写的《登黄鹤楼》，从意象看，使用的"晴川""黄鹤""芳草""白云""烟波"等意象均出自崔颢诗；从语词看，颈联"青山历历如相识，玉笛茫茫不可求"也明显从"晴川历历汉阳树，芳草萋萋鹦鹉洲"脱胎而出，"历历"直接引用，"茫茫"从"萋萋"而来；从表达的情感看，都在抒写乡愁。阮偍的《黄鹤楼》，"仙翁""白云""鹦鹉浦""烟涛"等意象，也从崔诗化出，有迹可循，抒发的也是对家乡的思念；颔联对黄鹤楼的具体描写则是诗人的出彩之处："连霄华栋凌青岛，丽日雕甍瞰碧湾"，对仗工整、语言清丽、风格清雄。阮攸的《黄鹤楼》在颔联直接点明"鹤去楼空崔颢诗"，从"昔人已乘黄鹤去，此地空余黄鹤楼"而出；颈联"烟波""草树"亦化用了崔颢诗句，"渺渺""依依"等叠字的使用，也与崔诗颈联有相似之处，此诗的佳处在于对人生意义的思考，尾联清空蕴藉，寄情高远。与上述诗人不同，潘辉注写于道光五年（1825）的《望黄鹤楼歌》采用了古体诗的形式，但从意象选择、遣词造句看，依然呈现出对崔颢诗的接受，"鹦鹉洲""晴川"等意象的使用，"历历""悠悠"等语词的引用，以及"夕阳""沧波"对"日暮""烟波"的化用，无不说明崔颢诗的深远影响。

---

　　① 中国复旦大学文史研究院、越南汉喃研究院合编：《越南汉文燕行文献集成》（越南所藏编）第10册，复旦大学出版社2010年版，第247—248页。

由上可见，越南诗人对唐人诗句的化用已达到娴熟自如的境界。

三　模仿唐人诗风

越南使臣在出使之前，大多对中国历史和中国诗人进行一番了解与考察，而对唐代诗人致力甚勤。李白、杜甫、孟浩然、王维、岑参、刘禹锡等唐诗名家之作，成为越南使臣案头常备、行程常带之书。比如越南使臣阮宗窐行至广西境内的新宁城时，正值残冬之际，雨雪霏霏，诗人身体欠佳，服药调理，仍不忘细品随身携带的李杜之诗，因而有"鼎中调剂轩岐药，灯下平章李杜诗"①（《新城夜泊》）之句。不仅李白、杜甫的诗歌成为越南诗人模仿的对象，其他唐代诗人的作品也是越南诗人竞相师法的对象。

阮朝使臣黄碧山爱好广泛，他对众多唐代诗人的作品非常熟悉，故能熟练地拈出篇目加以仿效。其《北游集》中留下了《五险滩》"效李白《蜀道难》体"、《桂林八景歌》"效杜甫八仙歌体"、《题扇口号》"效杜甫贫交行体"、《广西省湛恩亭系缆》"效孟浩然鹿门歌体"、《初到帝州歌》"效孟浩然鹿门歌体"、《起早》"效王维四终字体"、《过邯郸古观》"效岑参登古邺城体"等诸多向唐人致意的摹写之作。试以其乐府诗《五险滩》"效李白《蜀道难》体"为例，说明他对李白诗风的模仿：

> 滔滔乎水哉，蹉江之险，莫险于五滩！伏波昔已通，水势犹奔湍。自汉至今几千载，凭陵震撼卷狂澜。横州江自苦竹上，凌厉怪石愁纡盘。七星大司互递折，至此波鸣石怒道尤难。前有立壁龙虎之横矶，后有转鬼挂蛇之雄湾。善水之师苦不得放，左回右顾乱挥杆。滩滩滩何雄，万转千回骇浪冲。纵拨船头忙咫尺，令人长忆将军功。问君南来译几重，江程茫茫一叶中。极目江溪

---

① 中国复旦大学文史研究院、越南汉喃研究院合编：《越南汉文燕行文献集成》（越南所藏编）第 2 册，复旦大学出版社 2010 年版，第 154 页。

千万沸，无数波浪争回冲。不堪十里石似戟，水凌空。礛江之险，莫险于五滩，谁人绿发不成蓬！喧豗吼怒雷声急，不测鲸波肆呼吸。倏神忽鬼涌重渊，滚滚龙鳞虎眼旋。其险也莫状，嗟尔万里之游胡为乎过焉！云涛浩荡而争光，瞬过空津，箭飞征船。人人相顾疾，四目忽忘前。蛟龙幽喝，树木徘徊。望深石壑，愁绝江隈。抛掷张骞梦，游心一寸灰。礛江之险，莫险于五滩，长歌辗转亦悠哉！①

翻开越南使臣的燕行文集，青莲居士出现的频率是相当高的，由此可见，在古代的越南，李白无疑是最受文人崇拜的诗人之一。李白的诗歌具有一种强大的生命力，其强烈的主观情感、大胆的想象与夸张、豪迈飘逸的艺术风格为众多越南诗人的汉文诗创作提供了丰富的养分。黄碧山的这首《五险滩》，随处可见李白《蜀道难》的痕迹。五险滩，位于广西横州东六十里（今广西南宁横州东部），原名乌蛮滩，明嘉靖年间改名起敬滩。而在明清诗中，诗人们大多仍习惯以乌蛮滩称之。乌蛮滩素来寂寂无名，甚至可以说淹没于中国其他名山大川之中。然而就是这样一个名不见经传的地方，成了使臣笔下特有的一个水路景观，并且演化成了燕行诗中的一个文学符号，堪称水路上的"蜀道"。黄碧山此诗是燕行诗歌关于"五险滩"题材的其中一首，除了以"滔滔乎水哉"代替"噫吁嚱，危乎高哉"，全诗其余的结构、句式、语气均模仿《蜀道难》。从结构和语气看，黄碧山明显仿效《蜀道难》，反复咏唱五险滩之险。"礛江"此指邕江。诗中所说"苦竹""七星""大司"，皆一路所涉江滩的名称。诗有注云："自横州至此，船经苦竹滩、七星滩、大司滩，险犹未甚。到五险滩，十里江程冲波逆折，溯水而进，最难着力。"而正如《蜀道难》全诗突出一个"难"字，黄碧山这首诗也三次咏唱"礛江之险，莫险于五

---

① 中国复旦大学文史研究院、越南汉喃研究院合编：《越南汉文燕行文献集成》（越南所藏编）第11册，复旦大学出版社2010年版，第275—276页。

滩"，突出一个"险"字，回应了诗序所言"粤道江险莫比于斯"的感受，感情强烈。从句式看，也随处可见《蜀道难》的影子。"自汉至今几千载"从太白诗"尔来四万八千岁"化出；"前有立壁龙虎之横矶，后有转鬼挂蛇之雄湾"则模仿太白诗"上有六龙回日之高标，下有冲波逆折之回川"的句式；"问君南来译几重"从太白诗"问君西游何时还"句意化出；"喧豗"则直接引自太白诗，"其险也莫状，嗟尔万里之游胡为乎过焉"也从"其险也如此，嗟尔远道之人胡为乎来哉"而来。如果不是对李白的《蜀道难》烂熟于心，又如何能触景而发，形诸歌咏。李白的这首诗虽然托题古调，但从思想内容到艺术形式都为其独创。《唐诗援》称赞曰："太白创体，空前绝后。"李白将历史、现实、神话交织在一起，纵横捭阖，以变化莫测的笔法淋漓尽致地刻画了蜀道峥嵘、高峻、崎岖的面貌，感情强烈，一唱三叹。黄碧山模仿李白的创作，一是向诗仙李白致敬，表达仰慕之情；一是向这样的绝世奇文挑战，以充分展示自己的才能。客观而言，黄碧山的这首《五险滩》虽不能媲美李白的《蜀道难》，但通过对这一段水路怪石纤盘、波鸣石怒、骇浪回冲等奇险之势的逼真描写，反映了作为使臣的他"抛掷张骞梦，游心一寸灰"的真实感受。

　　阮朝著名诗人阮攸也取法广泛，转益多师，向王维、孟浩然、李白、杜甫、刘禹锡等人学习，尤其服膺杜甫。比如《桃花驿道中》（其二）如孟浩然田园诗般清淡自然："鸡犬出桑麻，缘溪小径斜。山田常积水，野饭半含沙。石隐高人屋，尘随贵者车。孤烟在天末，今夜宿谁家？"① 这首诗从用语和意境营造上均不难看出受盛唐山水田园诗的影响。又如《桃花潭李青莲旧迹》采用李白擅长的歌行体的形式，敷衍李白与汪伦赠别和"天子呼来不上船"的故事，诗风豪迈，与李白诗风有相似之处："桃花潭水千尺清，潭上松柏冬犹青。道是唐朝李供奉，纵饮此潭因得名。十年酒肆人间世，天子呼来犹烂醉。自言

---

① 中国复旦大学文史研究院、越南汉喃研究院合编：《越南汉文燕行文献集成》（越南所藏编）第 10 册，复旦大学出版社 2010 年版，第 73 页。

臣是酒中仙，薄视荣名同敝屦。千年胜迹以人传，不在悠悠一潭水。潭水至今清且涟，一鱼一鸟皆成仙。惆怅斯人不复见，远来使我心茫然。世路尘埃信溷浊，不如终日痛饮全吾天。"① 这首诗从李白《赠汪伦》和杜甫《饮中八仙歌》诗句化出，"桃花潭水千尺清"只改动了《赠汪伦》诗句中的一个字，把"深"改为"清"，位置上也有调整，即将"深千尺"改为"千尺清"；"天子呼来犹烂醉"也只改动《饮中八仙歌》诗句中的三个字，将"不上船"改为"犹烂醉"，"自言臣是酒中仙"则完全照搬，从中可以看出阮攸对盛唐诗人李杜的推崇和接受。这首诗既包含对李白鄙视功名利禄的精神品格的赞美，又体现对李白诗歌表现手法、风格特征的继承，颇有太白之风。阮攸对杜甫更是深为叹服，视其为隔代异域知音。他在嘉庆十八年（1813）经过耒阳时，亲自到杜甫墓前凭吊，用杜甫最擅长的七律，写下《耒阳杜少陵墓》两首：

> 千古文章千古诗，平生佩服未常离。耒阳松柏不知处，秋浦鱼龙有所思。异代相怜空洒泪，一穷至此岂工诗。掉头旧症医全未，地下无令鬼辈嗤。

> 每读儒冠多误身，千年一哭杜陵人。文章光焰成何用，男女呻吟不可闻。共羡诗名师百世，独悲异域寄孤坟。扁舟江上多秋思，怅望耒阳日暮云。②

阮攸不但盛赞杜甫千古文章流芳百世，还反用韩愈《调张籍》"李杜文章在，光焰万丈长"③ 诗意，为杜甫颠沛流离、仕途失意的一生掬一把

---

① 中国复旦大学文史研究院、越南汉喃研究院合编：《越南汉文燕行文献集成》（越南所藏编）第 10 册，复旦大学出版社 2010 年版，第 72—73 页。

② 中国复旦大学文史研究院、越南汉喃研究院合编：《越南汉文燕行文献集成》（越南所藏编）第 10 册，复旦大学出版社 2010 年版，第 36—37 页。

③ （唐）韩愈著，钱仲联集释：《韩昌黎诗系年集释》，上海古籍出版社 1984 年版，第 989 页。

同情之泪。这两首诗感情沉痛，一唱三叹，风格沉郁，亦类杜诗风格。阮攸在现实的空间状态下，思考相隔一千多年的同一空间与自己经历相似的杜甫，不禁生发出"异代相怜空洒泪""独悲异域寄孤坟"的同病相怜之感。阮攸虽然三领乡荐，但始终未入西山朝为官。在阮朝虽然以文学见招，历任芙蓉县知县、常信府知府、东阁学士等职，还以勤政殿学士身份担任如清正使，却并没有得到朝廷的充分重视，曾因"为人怯懦，每进见惴惴不能对"① 而招致皇帝不满，所以他视心怀国事、爱国忧民却不被朝廷重用的杜甫为知己。阮攸博览工诗，留下了大量优秀的作品，成为越南"鸿山文派"的代表人物，是越南诗人中的翘楚，这得益于他用力甚勤，广取唐人诗法而成，故能熟练采用唐诗的各种体式自由抒发自己的情感。

盛唐王维、孟浩然的山水田园诗以描写自然风光、农村景物以及恬淡自适的隐居生活见长，语言清新自然、意境隽永优美、风格淡雅明丽。阮忠彦、丁儒完等越南使臣出使中国途中写下了不少具有盛唐山水田园诗风味的诗歌。比如阮忠彦的七绝《春昼》："萦回竹径绕荒斋，避俗柴门昼不开。莺鸟一声春睡觉，落花无限点苍苔。"② 第一句描写山中隐士居住环境的清雅，第二句叙写远离尘俗、柴门常关的状态。第三、四句诗中有画，意境淡远，有唐人之风。越南诗人潘辉注评价阮忠彦诗歌："名句甚多不可殚述，绝句尤妙，不逊盛唐。"③ 确是精到之见。丁儒完也有不少风格恬淡的诗作，比如《过半仙岩》《过贵县》《过浔州府》等，有些诗句不但对仗工整，而且意境淡远，令人神往："叶稀僧扫红当径，草没樵通绿遍丘"（《过半仙岩》）④，"禽啼陆井橘

---

① ［越］阮朝国史馆：《大南实录正编第二纪》，《大南实录》（五），（东京）庆应义塾大学语学研究所，昭和四十六年（1971）影印本，第 1503（85）页。

② 中国复旦大学文史研究院、越南汉喃研究院合编：《越南汉文燕行文献集成》（越南所藏编）第 1 册，复旦大学出版社 2010 年版，第 34 页。

③ ［越］潘辉注：《历朝宪章类志·文籍志》，（河内）文化教育青年部 1974 年版，第 124 页。

④ 中国复旦大学文史研究院、越南汉喃研究院合编：《越南汉文燕行文献集成》（越南所藏编）第 1 册，复旦大学出版社 2010 年版，第 319 页。

初孕，烟漠龙山茶已烹"（《过贵县》），①"南湖亭暮游人去，白岛泉香羽客寻"（《过浔州府》）②。

综上所述，越南使臣中宗法唐诗的不在少数，上文所言之阮忠彦、阮宗窐、黎贵惇、武辉珽、潘辉注、潘辉益、阮偍、丁儒完、裴文禩、胡士栋、阮攸、吴时任、吴仁静、郑怀德、黄碧山等，无不受唐诗之濡染与沾溉。潘辉注认为阮忠彦的诗"大抵豪迈清逸，有杜陵气格"，阮仲常评价丁儒完的诗"隐焉有李杜之风"③，这些评价无不透露出越南使臣对唐诗风格的效仿。总之，越南使臣对唐诗的学习，体现在体裁、语言、风格等各方面，既做到了学唐诗之长，又能够圆融地化为己用，达到了极高的艺术水平。

第三节　文化认同与文学受容

诗人们在历史空间下对历史人物进行观照并与他们对话，在千载相隔的时空中或表达对历史掌故、历史事件的看法，或抒发对历史人物的褒贬，或寻找"知己"，通过与他们进行诗意的对话达到心灵上的共鸣。越南使臣诗中对中国历史人物的书写，折射出对中国文化的认同与对中国文学的接受。

一　文化认同在使臣诗中的体现

中越君臣、文人在交流互动的过程中，对中越历史文化的同根同源表示出极大的认同。首先，从中越君臣的唱和和交流中可以看出中越文

---

① 中国复旦大学文史研究院、越南汉喃研究院合编：《越南汉文燕行文献集成》（越南所藏编）第 1 册，复旦大学出版社 2010 年版，第 320 页。

② 中国复旦大学文史研究院、越南汉喃研究院合编：《越南汉文燕行文献集成》（越南所藏编）第 1 册，复旦大学出版社 2010 年版，第 321 页。

③ 中国复旦大学文史研究院、越南汉喃研究院合编：《越南汉文燕行文献集成》（越南所藏编）第 1 册，复旦大学出版社 2010 年版，第 303 页。

化之历史关系。胡朝立国者胡季犛自称虞舜后裔，国号大虞，将家世渊源追溯到中国上古时代。其《答北人问安南风俗》诗中道："欲问安南事，安南风俗淳。衣冠唐制度，礼乐汉君臣。"① 明确表达了越南受中国汉唐文化的影响。明朝湛若水、潘希曾出使越南期间与越南国王黎晭互有唱和。黎晭赐湛若水诗中言："文轨车书归混一，威仪礼乐蔼昭融。"② 认为越南礼乐、文化上承古制，与中国古代文化一脉相承。湛若水次韵奉和："山城水郭度重重，初诵新诗见国风。"③ 对越南国王的诗歌上接《诗经·国风》表示称赞。中国使臣程芳朝《赋赠安南国王》中说："职列周官知政古，文同汉制识风淳。"④ 当面夸赞越南对中国政治制度、文化传统的继承，呈现出"政古""风淳"的特点。越南使臣范世忠《北帝旨问安南风景原答》云："客问安南景若何，安南风景异中华。辋尘不染山河莹，八节皆春草木花。食少麦麻多菽粟。衣轻毛革重绫罗。虽然亦有相同处，礼乐文章自一家。"⑤ 铺叙了越南在山水、气候、粮食、衣物等方面与中国的不同，但最后指出了在儒家思想、文学创作上的深刻联系。由上可见，不管是越南国王还是中国使臣，对中越文化同源性的看法是一致的。

其次，越南使臣在与中国官员、文人唱和的诗歌中，也表达了对中越文化同源的共同看法。比如道光十一年（1831），越南使臣李文馥出使福建，写下了"烟云八望皆新眼，况复文章礼义同"⑥（《见南澳地方

---

① 毛翰：《衣冠唐制度，礼乐汉君臣——越南历代汉诗概说（3）》，《安徽理工大学学报》（社会科学版）2010年第1期。

② 中国复旦大学文史研究院、越南汉喃研究院合编：《越南汉文燕行文献集成》（越南所藏编）第2册，复旦大学出版社2010年版，第34页。

③ 中国复旦大学文史研究院、越南汉喃研究院合编：《越南汉文燕行文献集成》（越南所藏编）第2册，复旦大学出版社2010年版，第35页。

④ 四库禁毁书丛刊编纂委员会编：《四库禁毁书丛刊》集部第98册，北京出版社1997年版，第589页。

⑤ 中国复旦大学文史研究院、越南汉喃研究院合编：《越南汉文燕行文献集成》（越南所藏编）第14册，复旦大学出版社2010年版，第145页。

⑥ 中国复旦大学文史研究院、越南汉喃研究院合编：《越南汉文燕行文献集成》（越南所藏编）第12册，复旦大学出版社2010年版，第220页。

官》）、"文章同是道，机杼各成家"①（《和黄心斋》）的诗句，反复称中越文章同道，礼义相同。中国海防同知许元清、文人王乃斌在与李文馥的唱和中，也表达了与越南友人"同居一统车书内"②（许元清）、"天然两地一家同"③（王乃斌）的感受。福州同知黄宅中赠李文馥诗亦云："使吏来瀛海，官风看一家。衣冠存古制，文字本中华。"④ 强调越南在文字、礼仪、制度、服饰等方面对中国的借鉴。越南使臣黎贵惇《次俭堂奉旨迎使臣纪事四章》其三云："两地山川分畛域，一源洙泗共流波。文章法古同机杼，学术尊经破臼窠。"⑤ 认为中越虽分畛域，但共同源自儒家文化。"洙泗"指洙水和泗水，春秋时属鲁国。孔子在洙泗之间聚徒讲学，后以"洙泗"代称孔子及儒家。后两句从文学和儒学两方面揭示渊源。阮思僴《和答齐安刘咏民投赠原韵三首》言："同文原自昔，持节匪伊今"，"大雅已千载，古音何处寻"。⑥ 此处所言"同文"指的是文化渊源的相同，后两句将越南的文学渊源追溯到《诗经·大雅》。武辉瑨《柬礼部主事吴进士》"从古文章原自合，刓今冠服有相同"⑦ 亦从文章、礼仪、服饰等方面强调中越两国的血脉联系。在使臣诗中，这样相似的表述还有很多。比如，清代使臣丐香在《越南竹枝词》中称："太平有象庆重华，中外臣民若一家。"⑧（诗后注：

---

① 中国复旦大学文史研究院、越南汉喃研究院合编：《越南汉文燕行文献集成》（越南所藏编）第 12 册，复旦大学出版社 2010 年版，第 316 页。

② 中国复旦大学文史研究院、越南汉喃研究院合编：《越南汉文燕行文献集成》（越南所藏编）第 12 册，复旦大学出版社 2010 年版，第 304 页。

③ 中国复旦大学文史研究院、越南汉喃研究院合编：《越南汉文燕行文献集成》（越南所藏编）第 12 册，复旦大学出版社 2010 年版，第 287 页。

④ 中国复旦大学文史研究院、越南汉喃研究院合编：《越南汉文燕行文献集成》（越南所藏编）第 12 册，复旦大学出版社 2010 年版，第 267 页。

⑤ 中国复旦大学文史研究院、越南汉喃研究院合编：《越南汉文燕行文献集成》（越南所藏编）第 3 册，复旦大学出版社 2010 年版，第 51 页。

⑥ 中国复旦大学文史研究院、越南汉喃研究院合编：《越南汉文燕行文献集成》（越南所藏编）第 20 册，复旦大学出版社 2010 年版，第 93 页。

⑦ 中国复旦大学文史研究院、越南汉喃研究院合编：《越南汉文燕行文献集成》（越南所藏编）第 6 册，复旦大学出版社 2010 年版，第 385 页。

⑧ 丘良任、潘超、孙忠铨等编：《中华竹枝词全编》七，北京出版社 2007 年版，第 686 页。

镇南关上有"中外一家"匾）上句言越南帝王功德相继，能很好地继承虞舜（重华）的传统，天下太平兴旺的现象值得庆祝；下句称中越臣民和睦共处，俨然一家。丏香又说"车书一道仰从同，和乐康亲气象融"①。自秦始皇统一中国后，实行"车同轨、书同文"的制度，对后世影响极大，越南也深受中国秦汉以来文化的影响。丏香《越南竹枝词》还提到："九等官阶列品题，也分正从论高低。"② 说明越南的官职制度也与中国相同，分为九等，也以"正""从"区分高低等级。

再次，越南使臣在中国遇到朝鲜使臣时，也表达了对中国文化的认同。越南使臣之所以对朝鲜使臣有着天然的亲切感和认同感，主要是因为"以黄河、长江流域为核心的华汉文化辐射到了东亚三个主要民族，即东北方的朝鲜和日本、南方的越南，形成了世界文明史上著名的华汉文化圈"③。正因为历史上的天然联系，同属于华汉文化圈，所以越南使臣与朝鲜使臣相遇京师，不免以汉文诗相赠或唱和。胡士栋《赠朝鲜国使》"敷文此日车同轨，秉礼从来国有儒"④ 认为朝鲜、越南与中国在儒家思想和文化制度上都有密切渊源。范芝香《赠朝鲜书状李学士裕元题扇》"儒书不为重溟隔，声气遥知率土同"⑤ 亦表达在儒家文化方面与朝鲜声气相同。冯克宽与朝鲜使臣李睟光唱和时说："彼此虽殊山海域，渊源同一圣贤书。"⑥（《梅岭敬斋冯公答》其二）冯克宽与朝鲜金羊逸士唱和时又说："三百诵诗承圣训，四方出使奉笺书。"⑦（《敬斋冯公复》其二）均指出越南与朝鲜对儒家学说和《诗经》传统

---

① 丘良任、潘超、孙忠铨等编：《中华竹枝词全编》七，北京出版社2007年版，第686页。
② 丘良任、潘超、孙忠铨等编：《中华竹枝词全编》七，北京出版社2007年版，第687页。
③ 文庄：《中越关系两千年》，社会科学文献出版社2013年版，第69页。
④ 中国复旦大学文史研究院、越南汉喃研究院合编：《越南汉文燕行文献集成》（越南所藏编）第6册，复旦大学出版社2010年版，第49页。
⑤ 中国复旦大学文史研究院、越南汉喃研究院合编：《越南汉文燕行文献集成》（越南所藏编）第15册，复旦大学出版社2010年版，第181页。
⑥ 中国复旦大学文史研究院、越南汉喃研究院合编：《越南汉文燕行文献集成》（越南所藏编）第1册，复旦大学出版社2010年版，第100页。
⑦ 中国复旦大学文史研究院、越南汉喃研究院合编：《越南汉文燕行文献集成》（越南所藏编）第1册，复旦大学出版社2010年版，第102页。

的继承。再看武辉瑨与朝鲜使臣的唱和诗：

> 海之南与海之东，封域虽殊道脉通。王会初来文献共，皇华此
> 到觐瞻同。衣冠适有从今制，缟纻宁无续古风。伊昔皇华谁似我，
> 连朝谈笑宴筵中。(武辉瑨《柬朝鲜国使》)①
>
> 不岐南北与西东，圣道柔怀道各通。雅契一朝萍水合，斯文千
> 古气声同。交情对照秋窗月，客思分携玉塞风。酬和佳章多少曲，
> 余芳还盼御园中。(武辉瑨《是日奉旨先回朝，圆明殿鲜使后二日
> 方启程，因依前韵再柬》)②
>
> 君自嵲南我海东，相看脉脉点犀通。虽今言语诸方异，从古衣
> 冠两地同。王会已成圆似月，使车相反转如风。不须多少论逢别，
> 也复神交在梦中。(《附朝鲜国使到园明殿再复》)③

以上三首诗，前两首为武辉瑨所写，后一首为朝鲜使臣所写。三首诗中
都提到越南、朝鲜与中国文脉相传。越、朝两国虽地域不同、言语有
别，但"道脉通""文献共""气声同""衣冠同"，是割不断的血肉
相连。

　　总的看来，越南使臣对中国汉文化的认同，主要表现在对儒家思想
的认同上。华汉文化圈实际上可被称为儒家文化圈，较之其他意识形
态，儒家思想在古代中国长期处于统治地位，而儒家思想观念也深刻地
影响到越南、朝鲜、日本等东亚民族。越南君臣，多熟读中国典籍，系
统学习、接受中国汉文化。他们以"四书五经"作为主要学习的文献，
尤其重视对《论语》和《孟子》等的研习。当然，这也与越南的科举

---

① 中国复旦大学文史研究院、越南汉喃研究院合编：《越南汉文燕行文献集成》（越南所藏
编）第 6 册，复旦大学出版社 2010 年版，第 369 页。
② 中国复旦大学文史研究院、越南汉喃研究院合编：《越南汉文燕行文献集成》（越南所藏
编）第 6 册，复旦大学出版社 2010 年版，第 370 页。
③ 中国复旦大学文史研究院、越南汉喃研究院合编：《越南汉文燕行文献集成》（越南所藏
编）第 6 册，复旦大学出版社 2010 年版，第 370 页。

考试制度有关。自 10 世纪越南立国以来，历代朝廷继承了"北属"时期的科举考试制度，举行乡试和会试，主要以汉文的经义、诗赋取士，内容是"四书五经"和汉文诗赋、策论。所以越南的君臣士子大多通晓华夏的诗书礼乐，对中华文化常常抱有认祖归宗的热忱，他们甚至倡言"先学礼，后学文"。在越南使臣诗中，儒家思想中"忠""孝""仁""义"等核心观念都有反映，尤其表现在对忠臣义士的欣赏上。潘辉益、潘辉注、黄碧山、范芝香、张好合等对以死谏君的比干寄予缅怀和歌颂，阮攸、潘辉注等对以国家利益为重的蔺相如表示钦佩与敬重，吴仁静、郑怀德、阮攸、丁翔甫、阮思僩等对知恩图报的豫让予以充分肯定，阮攸、丁翔甫、范熙亮等对不畏强权的荆轲大加礼赞，阮宗窐、武辉瑨、黄碧山、李文馥、阮文超、阮述等对忠、孝、节、义俱全的岳飞不遗余力地讴歌。比干、蔺相如、豫让、荆轲、岳飞等历史人物的身上蕴含着体现中国儒家礼法精神的"忠""勇""义""信"等文化内涵，越南使臣对他们品格的赞美与不幸际遇的同情，体现了对中国儒家思想的高度认同。

　　出于对儒家正统思想、仁政思想的推崇，中国文人在讲述三国故事的时候，带有明显的"尊刘反曹"倾向。因中越间的文化交流较多、《三国志平话》及《三国演义》各种版本的传入，越南文人对中国的三国故事也非常熟悉。越南历代使臣出使中国时，往往都会凭吊三国历史遗迹，吟咏三国故事。如郑怀德《舟停赤壁偶吟》："万里舟停赤壁涯，缅怀三国战争时。东风已起周郎病，横槊徒吟魏武诗。乌鹊微茫明月树，汉江浮动散花枝。岸旁今尚遗余烈，红叶缤纷入夜飞。"① 这是一首怀古诗，将赤壁之战的故事浓缩在"东风"一联上，再现了周瑜火烧赤壁、曹操横槊赋诗等场景。"乌鹊"一联则用曹操《短歌行》诗意与尾联的现实之景相对照，表达怀古的幽情。在对三国故事的赋咏中，不少越南使臣表现出"尊刘反曹"倾向，延续了中国文人推尊汉室的

---

　　①　中国复旦大学文史研究院、越南汉喃研究院合编：《越南汉文燕行文献集成》（越南所藏编）第 8 册，复旦大学出版社 2010 年版，第 318—319 页。

正统思想，也代表了越南文人对仁政理想的向往。从诗中直呼曹操小字"阿瞒"或"老瞒"，可见他们的态度：

> 阿瞒曾此覆兵车，乌鹊无声树影疏。（范熙亮《赤壁怀古》）①
> 遥忆三国时，老瞒奋戈戟。（黎贵惇《驻黄州》）②
> 有药可依公瑾病，无须独厚老瞒颜。（阮述《题武侯祭风台》）③
> 老瞒一败壮心销，制魏原来为汉朝。（阮做《舟次赤壁，二陪臣王台和杜牧之〈赤壁怀古〉之作以示，大陪臣与余各有和复，因相与赓和，凡七首，兹摄取本诗备录如左》其五）④

以上对赤壁之战的缅怀中，对诸葛亮、周瑜采取的是正面肯定的态度，对曹操则体现出否定的倾向，带着调侃的口吻直呼其小名而不尊称其魏武帝，从中可窥越南使臣对"尊刘贬曹"思想的认同。"尊刘贬曹"的历史观背后离不开儒家文化的影响。与中国一样，越南推重忠义、正统，对贤臣与名主充满期待，所以，以奸臣形象出现的曹操，并不受越南文人的欢迎。儒家文化在越南影响很大，越南陈朝、后黎朝、阮朝尊儒学为国教。"尊刘贬曹"的三国史评，随着儒家文化的长期浸润，为越南文人所接受。

贞节观是中国古代封建社会伦理道德的重要内容之一，是父权、夫权性别制度下社会对女性妇德的要求，倡导妇女坚守贞操、宁死不屈。越南长期受中国儒家思想和封建礼教的濡染，也极力提倡女性的贞节操守，因而在他们的诗文中也为贞妇烈女留下了一席之地，从而形成了一

---

① 中国复旦大学文史研究院、越南汉喃研究院合编：《越南汉文燕行文献集成》（越南所藏编）第21册，复旦大学出版社2010年版，第56页。
② 中国复旦大学文史研究院、越南汉喃研究院合编：《越南汉文燕行文献集成》（越南所藏编）第3册，复旦大学出版社2010年版，第205页。
③ 中国复旦大学文史研究院、越南汉喃研究院合编：《越南汉文燕行文献集成》（越南所藏编）第23册，复旦大学出版社2010年版，第92页。
④ 中国复旦大学文史研究院、越南汉喃研究院合编：《越南汉文燕行文献集成》（越南所藏编）第16册，复旦大学出版社2010年版，第130页。

定的书写习惯。在越南使臣诗中就有大量歌颂刘门三烈女的诗歌。三烈坊和三烈祠是为了纪念梧州府通判刘仁的妻女而立的碑和祠堂。明正德十五年（1520）刘仁卒于梧州府通判任上。他的三夫人郭菊花、四夫人张六姐和前两位夫人生的女儿刘辰秀、儿子刘时举等扶棹回乡，路遇山贼。刘辰秀、郭夫人、张夫人义不受辱，先后投江自尽。为了表彰这三位重义轻生的女性，嘉靖十九年（1540）平乐府知府在昭平县修建了三烈坊。嘉靖二十五年（1546）皇帝下旨旌表刘氏一门为"清流三烈"，令建三烈祠。越南受中国传统文化的影响，对节妇贞女称扬有加，不吝赞美。越南贡使途经昭平县时，大多会到三烈坊或三烈祠凭吊，并写下了数量丰富的歌咏诗歌。如武辉珽《吊刘三烈》云："脂粉英雄可易言，天将义烈萃刘门。三难凛若男齐史，一节优然女屈原。贞操当年和水洁，穷碑终古并山存。灵祠遗址丛幽草，肯嫁东风斗丽蕃。"① 对刘门三烈女的贞节行为给予了高度评价，称她们为"脂粉英雄""女屈原"，认为她们的精神可与山水并存。胡士栋《经三烈祠址》也称美刘三烈："闺房弱质能如此，义理良知本自然。未仆残碑苔藓护，不磷贞节日星悬。"② 阮偍《题刘三烈庙》则感慨"不是肝肠如铁劲，那能性命等毛轻"，并赞叹"姓虽异在张刘郭，心却同于节孝贞"③。范芝香《过三烈碑》也在凭吊中抒发痛惜之情："不遇屯如不见奇，一门三烈最堪悲。珠沉此地今犹识，花老余春世岂知。江咽涛声留义泪，山含月色照幽姿。可怜俯仰空陈迹，衰草寒烟一石碑。"④ 还有不少使臣写下了凭吊刘三烈的诗歌，如阮宗窒《吊刘三烈》、阮做《昭平县江次怀刘三烈》、黄碧山《题刘三烈》、裴文禩《昭平访三烈祠》、

---

① 中国复旦大学文史研究院、越南汉喃研究院合编：《越南汉文燕行文献集成》（越南所藏编）第5册，复旦大学出版社2010年版，第269—270页。

② 中国复旦大学文史研究院、越南汉喃研究院合编：《越南汉文燕行文献集成》（越南所藏编）第6册，复旦大学出版社2010年版，第13页。

③ 中国复旦大学文史研究院、越南汉喃研究院合编：《越南汉文燕行文献集成》（越南所藏编）第8册，复旦大学出版社2010年版，第155页。

④ 中国复旦大学文史研究院、越南汉喃研究院合编：《越南汉文燕行文献集成》（越南所藏编）第15册，复旦大学出版社2010年版，第147—148页。

阮述《三烈墓》等。作为封建社会传统的伦理观念，贞烈观已受到种种质疑与谴责，也为今人所唾弃，但在古代社会影响深远，朝鲜、越南等国家对此观念也是认同的。

二　文学受容在使臣诗中的体现

于在照先生在论及中国古典诗歌对越南汉文诗的影响时说："越南汉文诗从诗歌语言到内容、体裁、艺术手法、审美趣味和诗歌理论等无一不受到中国古典诗歌的深刻影响。"[1] 全面而深刻地指出了越南汉文诗对中国古典诗歌的受容。越南使臣诗作为越南汉文诗中非常重要的一部分，也在以上这些方面受到了中国古典诗歌的深远影响。

正如上文所论，越南使臣心仪中国的如画江山与灿烂文化，抒写中国式情怀的诗歌数不胜数，他们在诗中言及中国古代圣贤、历代诗人、历史典故，往往能如数家珍。如裴文禩《和杨恩寿送别珠江侍郎》一诗：

> 四海波不扬，周圣宣重光。下臣远纳锡，葵藿心向阳。雨露本无私，原隰洒琼浆。花草助清兴，山川足飞觞。赏菊郁江月，吟梅桂岭旁。渺渺浮湘水，美人兮一方。白雪忆郢中，雄风想楚王。典候偶逢君，结交洞庭航。由来长沙国，杞梓材最良。治安贾六策，离骚屈九章。学问有渊源，识见超故常。意气与我朝，坛坫各争强。唱和满行箧，笔纸盈奚囊。南北此天步，深灯风雨床。济治思贤才，何处卧龙岗。五百望昌期，河流不复黄。苦吟子美瘦，漫醉阮籍狂。胸中高块磊，世事论弥彰。感慨一抚剑，快论倾肝肠。嗟乎古君子，衔命以出疆。诗教拜鹿鸣，坤道占黄裳。王事怀靡及，登台谁望乡。自我奉专对，丹陛懔趋跄。历秋徂冬春，载赋华皇皇。郊劳感子意，契合芝兰香。旷世喜遭逢，遽尔别离伤。余怀每耿耿，遵道忧怅长。五夜霜月孤，万里风沙扬。同文不同声，谘询

① 于在照：《越南文学与中国文学之比较研究》，世界图书出版广东有限公司 2014 年版，第 31 页。

安得详。回首黄鹤楼，思君为颓唐。①

从这首长诗看，作者对中国历史（尤其是中国诗歌历史）了如指掌，从周公谈到诸葛亮，由《诗经·小雅·鹿鸣》以及屈原《离骚》《湘夫人》谈到宋玉赋、贾谊政论，感慨阮籍之酣醉避祸、杜甫之忧心忡忡，典故信手拈来。这首诗收录于《烓舟酬唱集》中，这一诗集是裴文禩在光绪二年至三年奉使如清时，与中国接伴使杨恩寿的唱和诗集，其中收录裴文禩诗49首，杨恩寿诗56首。如此大规模的唱和，也说明了越南使臣深受中国传统文化的影响，反映了汉文化在域外辐射的深度与广度。

中国古代经典意象形成固定意象群后，对越南使臣也产生影响。比如，舜及二妃的意象和斑竹意象在历史和文学的双重作用下，逐步累积成典型的意象群。后世吟咏者，也不离乎三大主题：祭祀、爱情悲剧及士不遇主题，越南使臣的诗歌中也不乏此类描述。如黎贵惇《潇湘百咏之九十六》：

> 南游帝子佩声飘，竹点成斑恨未消。惆怅黄陵遗庙在，九疑辇路去迢迢。②

黎贵惇虽自谓这首诗为"游戏"之笔，言"但期适意，何用忘言"，而其中却透露出作者对中国文化的深度理解，这首诗歌不但能够直接探触"斑竹"这一语象的最初本意，也能够把握其中的情感特点以及衍生出来的系列典故。首先以虞舜帝南游而殁开端，并以"佩声飘"点出了虞舜南游传说的虚无缥缈的特质，其次不直接说二妃追寻之事，只是以

---

① 中国复旦大学文史研究院、越南汉喃研究院合编：《越南汉文燕行文献集成》（越南所藏编）第22册，复旦大学出版社2010年版，第260页。

② 中国复旦大学文史研究院、越南汉喃研究院合编：《越南汉文燕行文献集成》（越南所藏编）第3册，复旦大学出版社2010年版，第187页。

斑竹之恨来表达其中蕴含的爱情悲剧，"恨未消"所表达的是欲说还休之意，将爱情故事中的蕴藉之美表露无遗，而后两句，点出黄陵庙为诗歌的触发点。何为黄陵庙？越南不少使臣涉及，如"黄陵庙，祠卢（疑为'虞'）帝及二妃""君山十二峰，有湘君庙，祠卢（疑为'虞'）帝二妃"。最后提到"九疑"，即九嶷山，包含两层意思，一是据传九嶷山为舜帝南游所殁之地，二是点出了使臣的前路漫长。这首诗借用二妃及其相关语象，形成了具有独特体验的意象表达，表达祭祀之悲痛和对爱情悲剧的感叹。类似的意象群还有如以屈原、贾谊为代表的贬谪文化意象群，也出现在越南使臣诗中。前有屈原开其端，中有贾谊被贬为长沙王太傅时作《吊屈原赋》发其去臣之思，司马迁合二者之意而奠定了屈、贾所代表的楚地贬谪文化，其后，继之者不可胜数。经过潇湘地域的越南使臣，对屈原、贾谊所代表的文化意象群也有着深刻的认同。据统计，越南使臣咏屈、贾的诗歌，涉及屈子的共三十首，涉及贾谊的共五十八首，中间有数首为共咏屈、贾的。这些诗歌，不但可见潇湘文化之地域色彩，更可见屈、贾所代表的文化意象群在域外汉文化圈的广泛影响。

越南使臣在进行汉文诗创作时，受唐诗的影响最深，本章第二节已从采用唐诗体裁、化用唐人诗句、模仿唐人诗风等方面详细论及越南使臣的宗唐倾向，这也有力地说明了越南文人对唐诗的推崇备至以及对中国古典诗歌的深度接受。

总而言之，越南使臣诗从内容到形式全面、广泛地吸收了中国古典诗歌的传统，并能运用自如、恰如其分地抒发自己在异域行走过程中的感受，以及对中国文化的深度认识。

三 文化认同与文学接受的原因

越南燕行使臣在诗歌中对中国文化和文学经典如敬家祖、如数家珍的原因，可以归结为越南的历史、文化、教育等方面都受到中国的影响，这就进一步影响了文学。于在照先生说："越南汉文学、喃字文学受容中国古典文学的原因可以归结为历史、文化和民族文学审美心理等原因。"①

从历史上看，越南曾长期内属中国，后又与中国保持密切的宗藩关系。越南的早期历史是与中国交集在一起的。中国早期就有神农、颛顼、尧等"南至交趾"的传说，而中越史籍也有"建瓯骆国"的记载，这其中的交趾、瓯骆就是越南早期的名称。公元前214年，秦始皇攻略岭南之地时越南大部分地域就被纳入中国版图，直至五代中国混乱，越南也在此时逐渐脱离中国而慢慢走上自主。后晋天福四年（939），越人吴权击败南汉军自称吴王，此为越人建国之始，但此时也引起了越人内部战乱，宋太祖开宝元年（968），丁部领削平"十二使君"，建"大瞿越"国，此为统一独立国家之规模。故从公元前214年秦朝设立象郡，至968年越南丁朝建立前，在长达1100多年的时间内，交趾、安南地区一直是中国的郡县，在政治版图上属于中国。而后，从968年越南立国到1885年越南沦为法国殖民地之前的900多年，中越都保持着密切的宗藩关系。所以一直以来，越南的政治、思想、文化等都被深深地打上了中国的烙印。越南学者陈重金说："北属时代长达1000多年，而这个时代我国的人情世故如何，现在我们不甚了然。但有一点我们应该知道的是，从此以后国人濡染中国文明非常之深，尽管后世摆脱了附属中国的桎梏，国人仍不得不受中国的影响。"② 学者吕士朋也说："两千多年的中越关系，由于中越两大民族，有一半略多的时间，在同一政治组织下相处……故在政治史上，前一千年已无法分开。"③ 而中越宗藩关系之所以延续千年，是有深层次的文化根源的。"从越南的角度看，各王朝、政权的君主都主动地要求同中国皇帝建立、维持宗藩关系，主要是因为这种看似不平等的形式并未损害他们及其代表的集团的

①　于在照：《越南文学与中国文学之比较研究》，世界图书出版广东有限公司2014年版，第249页。

②　［越］陈重金：《越南通史·序》，戴可来译，商务印书馆1992年版，第3页。

③　吕士朋：《北属时期的越南：中越关系史之一》，（台北）华世出版社1977年版，第2页。

政治利益，恰恰相反，通过这种方式他们获得中国统治者的承认，从而确立在本国的惟一合法地位，取得打败政治对手、稳固统治的重要资本；该国也因此获得了与一个大国发展双边关系的基础。"[1] 所以，"越南封建统治者主动继承和发展与清朝的宗藩关系，乃是文化传统与制度沿袭的惯性使然"[2]。

　　在治史方面，越南继承了中国的传统，在立国之后也设立史官、史馆，撰写史书。这些史书都是用规范的汉文写成的，而且在内容和体例上都参照中国史籍《史记》《汉书》等，有正史、野史，下分玉谱、实录、列传、会典等。13 世纪后期黎文休撰写的《大越史记》是越南最早的一部正史。15 世纪后，此书由吴士连重修，称为"全书"，以后几个朝代再陆续增补，称为"续编"，一直持续到 18 世纪末。民间撰写的野史也都使用汉文。这些史书反映了越南几个朝代的历史沿革和中越关系的大体面貌。在华汉文化圈，越南的史籍是最完整的。

　　从文化上看，儒、释、道思想在越南广泛传播。"越南是受中国传统文化影响最深的国家之一。包括儒、释、道在内的中国传统文化对越南传统文化的构建起到了极其巨大的作用。"[3] 儒家思想是中国传统文化的核心部分，随着公元前后汉文化的南浸，逐渐传入越南。在越南内属中国的 1100 多年历史中，儒家思想在越南落地生根。越南独立后，越南历代统治者也以积极的心态吸收和推行儒家思想，修建文庙供奉孔子，以儒家思想的纲常伦理整饬封建尊卑秩序。"忠""孝""仁""义"等儒家思想深刻影响着古代越南人的世界观和人生观。在越南历史上的很长一段时间内，儒家思想被视为越南封建正统的意识形态。佛教在 2 世纪传入越南，后与越南本土文化相融合，形成了带有越南特色的佛教。10—14 世纪，越南佛教非常兴盛，李朝、

---

　　① 孙宏年：《清代中越宗藩关系研究》，黑龙江教育出版社 2006 年版，第 391 页。
　　② 孙建党：《清代中越关系史研究的新成果——读孙宏年博士著〈清代中越宗藩关系研究〉》，《中国边疆史地研究》2008 年第 1 期。
　　③ 于在照：《越南文学与中国文学之比较研究》，世界图书出版广东有限公司 2014 年版，第 267 页。

陈朝各代统治者都大力推崇佛教。15 世纪后黎朝建立后，推行重儒抑佛的政策，越南佛教慢慢演变成为民间信仰。越南佛教通行的是汉文佛典，僧侣们均熟悉汉文，成为越南最早的知识分子群体。越南僧人常常与中国僧人、中国文人接触与交往，他们在追求"出世"的同时，也积极参与朝政、外交与文化教育。道教作为中国的传统宗教，在东汉末年就传入了交趾，但其影响远远不如佛教。交趾一度还因为盛产丹砂而闻名于道教界。越南历代很多统治者都崇信道教的神仙方术。道教的出世思想也影响着越南的文人，让他们在仕途失意后选择归隐，从而获得一种心理的补偿和平衡感。儒、释、道思想在越南的传播过程中，又常常相互融合、相互渗透，共同影响着越南人的思想与文化观念。

从教育上看，越南汉文教育是越南有史料记载以来最早的教育，始于赵佗时代（前207—111），止于 19 世纪末 20 世纪初。越南独立后，历代统治者和中国一样重视教育，并且仿效中国的科举制度进行考试，以汉文经义、诗赋取士，罗致人才。越南李仁宗太宁四年（1075）是中外史学家公认的越南科举首次开科时间。[①] 李朝时科举考试的科目名称有进士科、试文学者、试儒佛道三教、试太学生等。[②] 越南自李朝时期开始就建立了国子监，陈朝增设了国子院、国学院、太学等中央一级学校，以及各级地方学校，以教育官员子弟和民间俊秀。越南使用汉字的历史十分悠久，自 968 年第一个独立朝代丁朝建立以来直至 19 世纪末，汉字一直是越南官方使用的文字。所以，无论是越南内属中国封建王朝的时期还是独立建立王朝后与中国保持宗藩关系的时期，汉字在越南作为通行文字被长期使用。在越南，用汉字书写的历史文献和文学作品，远比用喃字的要丰富得多。虽然到 20 世纪 40 年代，越南开始以拉丁化文字代替汉字，但汉字对越南人的思维方式、文学习惯的影响是不可忽视的。越南的汉文教育为一代又一代越南人提供了良好的学习条

---

① 陈文：《越南科举制度研究》，商务印书馆 2015 年版，第 33 页。
② 陈文：《越南科举制度研究》，商务印书馆 2015 年版，第 35 页。

件，科举考试让越南产生了数以千计的进士和数不胜数的秀才、举人。这些科举士子在浓厚的汉文化氛围中研读儒学经典，学习中国古典诗赋辞章，他们也成了汉文学的继承者、传播者和创造者。

由此可见，越南对中国文化和文学的认同，原因是多方面的，而其中最主要原因是越南与中国之间的地缘政治、悠久历史，以及文化与教育的影响。汉文化博大精深并且具有强大的感染力，全方位地影响着越南的上层建筑、科举制度、价值取向、文学创作、风俗习惯等，故越南文化不可避免地带着中国文化的深痕。

第四章　中越使臣诗歌的精神空间

　　精神空间是一种情感化的空间状态，指向人的思维活动所占有的空间，是产生于一定地理空间或历史空间下的精神活动，集中反映作家内心的强烈愿望和深层次的精神追求。中越使臣走出屋宇，去接近与观察广袤的地理空间，并将自己的心灵空间与历史空间进行衔接，从而在诗歌中对现实的空间进行艺术化的改造，表现出自己的精神空间。中越使臣诗歌中的精神空间主要指向乡愁和国家使命感。

第一节　脉脉乡愁：心灵之归宿

　　乡愁是人类最普遍的情感之一，超越国界、不分种族。许多文学作品都有关于乡愁的描写，它是人类重要的精神寄托。"所谓乡愁，就是流动或迁徙在异地的人们对于家乡的一种回忆式的情绪体验，包括对亲情、友谊、爱情的回忆，对家乡的自然山水与人文景观的回忆，对个人成长经历的回忆等。"① "乡愁有两个突出特点：一是时间感，一是空间感。乡愁形成的原因，一是由于空间阻隔，人们难以从异地回到家乡；二是由于时间流逝，人们即使回到家乡也无法由现实的空间回到记忆中

---

　　① 曾大兴：《文学地理学视野中的乡愁》，《文史知识》2017 年第 11 期。

的空间。第一个原因是空间阻隔，第二个原因是空间异质。"① 本书所言之"乡愁"，主要源于空间的阻隔。乡愁的空间指向故乡，而空间的暌隔使故乡风物经过时间的筛选后日渐浓缩为游子眷恋吟哦的空间记忆。在中越使臣的行旅诗中，乡愁成为吟咏不断的一个主题。作者身处他乡，与故乡有着数千里的空间距离，而长途跋涉的辛劳，让他们在远离故乡的空间里思念故乡的温情。这种思念穿越空间的阻隔，使作者仿佛回到了家乡。

从文学地理学的角度解读中越使臣的乡愁，需要从时间和空间两个维度展开。从时间维度看，在一些特殊的时刻，乡愁会别样浓烈，比如遇到佳节，自然而然想起远方的亲人；而从空间维度看，此地与彼地、故乡与他乡，两重空间交叠映衬，故乡这一空间又往往成为奔走在异域的使臣们的精神家园，是一处能够提供情感慰藉与情感保护的处所。

一 "难将清酒酬佳节，强把雄心压别愁"：每逢佳节倍思亲

从时间的维度看，除夕、端午、七夕、中秋、重阳、元旦等佳节，都会勾起中越使臣们的乡愁，正可谓"独在异乡为异客，每逢佳节倍思亲"②（王维《九月九日忆山东兄弟》）。越南受中国文化影响至深，对这些节日也是深有感触的。越南阮朝使臣吴仁静在《客中七夕》中提到："难将清酒酬佳节，强把雄心压别愁。"正可与王维的重阳诗相呼应，表达了佳节尤其容易触发异乡人的乡愁。全诗如下：

> 萍踪一任水悠悠，客地乡心两度秋。越海去年闲落雁，恒山今夜望牵牛。难将清酒酬佳节，强把雄心压别愁。却笑人情多梦想，未知蝴蝶到家不。③

---

① 曾大兴：《文学地理学概论》，商务印书馆 2017 年版，第 34 页。
② （清）彭定求等编：《全唐诗·卷二》，中州古籍出版社 2018 年版，第 602 页。
③ 中国复旦大学文史研究院、越南汉喃研究院合编：《越南汉文燕行文献集成》（越南所藏编）第 9 册，复旦大学出版社 2010 年版，第 59—60 页。

首联主要从空间的角度强调乡愁；颔联从时间的角度突出思亲；颈联则直抒胸臆，重在情感的抒发；尾联化用庄周梦蝶的典故，寄希望于梦境。整首诗从时空的角度深化对乡愁的描写，表达了对亲人、故乡的深深思念。

除夕是中越两国人民非常重视的一个传统节日，在这个特别的日子里，亲人团聚、辞旧迎新。中国明代使臣张弘至在《入安博》诗中提到："身经安博逢除岁，家共屠苏忆别筵。"① 张弘至在出使安南途中，经过安博时，正好是除夕，于是猜想家人喝着屠苏酒、吃着团圆饭追忆送别他时的情景，从而表达了自己对家人的思念。越南后黎朝使臣武辉珽在《北京除夕》诗中也说："今夕家乡应有话，使轺北土已周年。"② 同样是通过写家人对自己的想念，曲折表达自己的思乡之情。而越南后黎朝使臣黎贵惇在《客中除夕》诗中提到："京国邀欢花下少，卿园入梦夜来频。桃符竹爆寻常事，且觐枫庭接缙绅。"③ 则是通过故乡"卿园"频频入梦来表达浓浓的乡愁。越南阮朝使臣范熙亮《吕堰驿店中除夕》亦抒发了对家乡的思念。

中秋也是中越人民的一个重要的传统节日，中越诗文集中有大量望月怀乡或怀人的佳作流传于世。唐代诗人王建"今夜月明人尽望，不知秋思落谁家"④ （《十五夜望月寄杜郎中》）、宋代词人苏轼"但愿人长久，千里共婵娟"⑤ （《水调歌头·丙辰中秋》）等脍炙人口的诗词代代传唱。越南使臣在赴华出使途中，也写下众多思乡怀人之作。比如，后黎朝阮辉儧在《十五日经兰溪山驻杨叶州有旅次中秋作》诗中写道：

岸岭金风喝道来，广寒阊阖九重开。光浮杨叶银成晕，影染兰

---

① 沈乃文主编：《明别集丛刊》（第一辑）第 84 册，黄山书社 2013 年版，第 267 页。
② 中国复旦大学文史研究院、越南汉喃研究院合编：《越南汉文燕行文献集成》（越南所藏编）第 5 册，复旦大学出版社 2010 年版，第 333 页。
③ 中国复旦大学文史研究院、越南汉喃研究院合编：《越南汉文燕行文献集成》（越南所藏编）第 3 册，复旦大学出版社 2010 年版，第 233 页。
④ （清）彭定求等编：《全唐诗·卷三》，中州古籍出版社 2018 年版，第 1551 页。
⑤ 邹同庆、王宗堂：《苏轼词编年校注》，中华书局 2002 年版，第 174 页。

溪玉作堆。万里通宵同皎洁，他乡今夕独徘徊。明年此地船头月，
已是相邀伴客回。①

前两联主要写景，后两联重在抒情，"万里"一联写出明月超越国界的
无差别性，也突出了空间距离的遥远，"今夕"二字则是为了强调乡
愁；"明年"一联通过对未来的展望，进一步说明此刻的孤单与寂寞。
越南西山朝使臣潘辉益也有《客馆中秋》诗表达思乡之情：

寒空娥镜照庭阶，清影遥从桂海来。秋色半分忙里过，乡心五
夜梦中回。霜侵愁鬓凭孤槛，漏歇良宵倒醉杯。蓬梗连年游子恨，
春城谅闻又燕台。②

潘辉益此时身处燕京，一轮中秋之月引起他对家乡的思念，诗中层层深
入地叙写乡愁：首联设想月亮从桂海而来，将思绪引向与广西接壤的家
乡；颔联点明季节与时间，表达因思入梦的惆怅；颈联通过"霜侵愁
鬓""良宵倒醉杯"等意象和动作，渲染乡愁之深；尾联以漂泊的"蓬
梗"自喻，表明困守京城的无奈。西山朝武辉瑨在《热河公馆中秋漫
兴》一诗中亦写道：

逡巡旅次忽秋中，光景撩人不放空。客地寒衣今夕异，闲庭月
色去年同。官厨供酒香难状，馆伴谈诗语欲通。想得家乡班席上，
赏灯燕乐正融融。③

---

① 中国复旦大学文史研究院、越南汉喃研究院合编：《越南汉文燕行文献集成》（越南所藏
编）第 5 册，复旦大学出版社 2010 年版，第 97 页。按：一说作者为阮述，又见第 23 册，第 97 页。
② 中国复旦大学文史研究院、越南汉喃研究院合编：《越南汉文燕行文献集成》（越南所藏
编）第 6 册，复旦大学出版社 2010 年版，第 245 页。
③ 中国复旦大学文史研究院、越南汉喃研究院合编：《越南汉文燕行文献集成》（越南所藏
编）第 6 册，复旦大学出版社 2010 年版，第 322 页。

武辉瑨的乡愁同样因中秋佳节而引发，颔联通过今昔对比，突出此时身居客地的寂寥心态。颈联叙述目前之情状，尾联悬想家乡之团聚，进一步表达对家乡和亲人的深挚怀念。此外，阮朝潘辉注《中秋待月有怀》："万里使星乡梦缈，半分秋色客心惊"①，阮朝范熙亮《白河驿中秋》："中秋今夜月，万里故园情"②，等等，都从时空的角度宣泄身处异国他乡的绵绵愁思。

重阳节也是中越人民的传统节日，有登高祈福、秋游赏菊、佩插茱萸、拜神祭祖等习俗。唐代诗人王维《九月九日忆山东兄弟》一诗不仅揭示了重阳登高、插戴茱萸的风俗，更因为"每逢佳节倍思亲"这一朴素无华而又高度概括的佳句而闻名天下。唐代崔曙在《九日登望仙台呈刘明府》诗中说："且欲近寻彭泽宰，陶然共醉菊花杯。"③李白在《九日》诗中写道："携壶酌流霞，搴菊泛寒荣。"④杜牧在《九日齐山登高》中提到："尘世难逢开口笑，菊花须插满头归。"⑤以上诗句均涉及登高饮酒、游赏秋菊的风俗习惯和文人雅兴。而"落帽"作为重九登高的典故，也经常出现在中国古代的诗词中。此典出自东晋孟嘉，时为大将军桓温的参军。某年重阳节，桓温在龙山大宴宾客，正在大家酒酣耳热之时，一阵大风将孟嘉帽子吹落，而他浑然不觉。桓温暗中给周围的宾客使眼色，让他们不要告诉孟嘉。后来孟嘉起身如厕，桓温趁机让人把孟嘉的帽子捡起来，并让谘议参军孙盛撰文嘲笑孟嘉。孟嘉回到座位后，不动声色地戴上帽子，不假思索地完成一篇诙谐幽默而文采四溢的答词，为自己的落帽失礼辩护。桓温和满座宾朋争相传阅，无不击节叹服。后用此典形容名士风流潇洒、

① 中国复旦大学文史研究院、越南汉喃研究院合编：《越南汉文燕行文献集成》（越南所藏编）第10册，复旦大学出版社2010年版，第285页。

② 中国复旦大学文史研究院、越南汉喃研究院合编：《越南汉文燕行文献集成》（越南所藏编）第21册，复旦大学出版社2010年版，第79页。

③ （清）彭定求等编：《全唐诗·卷二》，中州古籍出版社2018年版，第738页。

④ （清）彭定求等编：《全唐诗·卷二》，中州古籍出版社2018年版，第850页。

⑤ （清）彭定求等编：《全唐诗·卷五》，中州古籍出版社2018年版，第2700页。

才思敏捷。唐代李白《九日》诗："落帽醉山月，空歌怀友生"①，钱起《九日闲居寄登高数子》诗："今朝落帽客，几处管弦留"②；宋代宋祁《九日置酒》诗："遨欢任落风前帽，促饮争吹酒上花"③，陈师道《和李使君九日登戏马台》诗："九日风光堪落帽，中年怀抱更登台。"④以上唐宋诗人的诗歌，常用孟嘉落帽的典故。越南文人深受中国唐宋诗人的影响，在诗歌中娴熟地使用"落帽"之典。比如，阮朝黎光定《旅中重九》诗云：

> 去岁重阳兴未豪，今秋旅况正萧骚。谩将黄菊瘳乡思，空佩茱萸辟远劳。百感有诗皆去国，寸心无愧是登高。不须故事还吹帽，恐动霜花两鬓毛。⑤

这首诗反复渲染离开家国之后的愁思，去年重阳之情之景，犹在眼前，而今行旅孤单，姑且摘取菊花、佩戴茱萸，但也无法将乡思释怀，最后用"落帽"之典，一是表达对与家人欢宴的期待，二是流露对岁月流逝、两鬓苍苍的无奈。又如，阮朝李文馥有《九日有怀》一诗亦活用"落帽"典表达乡愁：

> 九秋已是重阳到，万里相看此日还。杯冷无人煮黄酒，帘疏即坐看青山。风因碍帽难欺发，笔敢题糕一强颜。料得故园群季会，思兄醉语夕晖间。⑥

---

① （清）彭定求等编：《全唐诗·卷二》，中州古籍出版社 2018 年版，第 850 页。
② （清）彭定求等编：《全唐诗·卷二》，中州古籍出版社 2018 年版，第 1203 页。
③ 许逸民主编：《全宋诗》，北京大学出版社 1991 年版，第 2497 页。
④ 吴之振等选：《宋诗钞》，中华书局 1986 年版，第 836 页。
⑤ 中国复旦大学文史研究院、越南汉喃研究院合编：《越南汉文燕行文献集成》（越南所藏编）第 9 册，复旦大学出版社 2010 年版，第 141 页。
⑥ 中国复旦大学文史研究院、越南汉喃研究院合编：《越南汉文燕行文献集成》（越南所藏编）第 14 册，复旦大学出版社 2010 年版，第 218 页。

"风因碍帽难欺发"一句反用原典，写头发因帽子而得到保护，不被风吹乱。最后两句是对家人欢聚故园的展望，更显乡愁之深。阮偍在《舟次九日用唐人起句》诗中"遥忆故园秋景好，菊篱佳色正新栽"① 两句，则通过回望故园秋景表达乡思，与李文馥诗有异曲同工之妙。后黎朝丁儒完《遇重阳日思乡作》、西山朝武辉瑨《彰德馆中重阳漫兴》等诗也都抒发了重阳之日对家乡与亲人的怀念之情。

此外，越南使臣阮宗窐《金台元旦》、武辉珽《又元旦述怀》、范熙亮《元旦就道》等诗歌均表达了佳节思亲怀人之感。节日是一个特殊的时间点，最容易触发异乡人的怀乡情绪。从以上越南使臣的诗歌中，不难看出中国文化对越南文人的影响，体现了中越文化之间的血脉联系。

二　"客路依人久，乡心逐尔归"：触处皆在的乡思

从空间的维度看，只要身处异乡，远离故土，总会引发乡愁，而使程漫长，旅馆萧瑟，更是频添乡思。故园是游子永恒的精神原乡。阮朝阮述《见雁》一诗云："燕台秋气早，鸿雁已南飞。客路依人久，乡心逐尔归。声过前浦断，影入暮云稀。少待潇湘外，春风莫逐违。"② 阮述赴华出使，在燕京看到南飞的大雁，触动乡愁。"客路"两句写出了漫漫使途中不绝如缕的故园之思，以及随处触发的怀乡之情。阮述见雁而思乡，中国明代使臣张弘至则因闻鸡鸣而怀思故乡，其《滩山驿中站闻鸡声》写道："无端山馆撩人意，墙外鸡声似故乡。"③ 明代吴伯宗亦因听到角声而思念故土，其《奉使安南国闻角》提到："梦残明月三更晓，心逐闲云万里秋。"④ 后黎朝阮宗窐则在广西省城桂林闻歌感怀，

---

① 中国复旦大学文史研究院、越南汉喃研究院合编：《越南汉文燕行文献集成》（越南所藏编）第 16 册，复旦大学出版社 2010 年版，第 132 页。

② 中国复旦大学文史研究院、越南汉喃研究院合编：《越南汉文燕行文献集成》（越南所藏编）第 23 册，复旦大学出版社 2010 年版，第 110 页。

③ 沈乃文主编：《明别集丛刊》（第一辑）第 84 册，黄山书社 2013 年版，第 268 页。

④ 《景印文渊阁四库全书》，（台北）台湾商务印书馆 1986 年版，集部别集类集 1233，第 247 页。

其《客夜闻歌》写道："三更春醒他乡梦，九曲愁缠故国心。对景鱼灯难冗坐，挥毫草就越中吟。"① 由此可见，对于使臣而言，各种媒介均可触动乡关之思。

乡愁是现实空间与家园空间这两个空间的叠映，是两种人生情境的比对，在清寒与温暖、失意与包容、险恶与温馨等情绪之中，故乡的种种美好被放大、幻化成游子的精神港湾。离家的使臣，普遍采取"回望"或"展望"的方式，回忆或重构故乡场景，以表达对家乡的思念，比如，阮攸在《舟次九日用唐人起句》诗中云："遥忆故园秋景好，菊篱佳色正新栽"②，范芝香在《春日怀京邸亲友》诗中云："遥想故人满京邑，新韶清赏各何如"③，丁儒完在《暮泊相思洲因感题》诗中云："笋美泉甘榛栗禄，蕉山云下念吾庐"④，西山朝潘辉益在《武昌驿次附国书寄吴兵部》诗中云："江城一片团圆月，想亦东桥彻夜明"⑤，明代张弘至在《寓吴山驿》诗中云："故园若问归消息，古树飘香已满林"⑥，等等，流露的是对故乡风景、风物、故人的追忆或想象。丁儒完在《舟次黄州》诗中将家乡景物和家人描写得更加细致："将心问月故家山，墙头杨柳状何状。楣外桑榆寒不寒，照到黄篱曾几遍。家童寄语母苟剪，平宁竹意可来频……寒声瑟瑟铮铮聘，君亲一念月漫山。驿路三千愁怯镜，秋月无痕秋月高……"⑦ 家园之杨柳、桑榆、黄篱都是他牵挂的对象，而家人的叮嘱亦在可想之中。

---

① 中国复旦大学文史研究院、越南汉喃研究院合编：《越南汉文燕行文献集成》（越南所藏编）第 2 册，复旦大学出版社 2010 年版，第 173 页。

② 中国复旦大学文史研究院、越南汉喃研究院合编：《越南汉文燕行文献集成》（越南所藏编）第 16 册，复旦大学出版社 2010 年版，第 132 页。

③ 中国复旦大学文史研究院、越南汉喃研究院合编：《越南汉文燕行文献集成》（越南所藏编）第 17 册，复旦大学出版社 2010 年版，第 119 页。

④ 中国复旦大学文史研究院、越南汉喃研究院合编：《越南汉文燕行文献集成》（越南所藏编）第 1 册，复旦大学出版社 2010 年版，第 323 页。

⑤ 中国复旦大学文史研究院、越南汉喃研究院合编：《越南汉文燕行文献集成》（越南所藏编）第 6 册，复旦大学出版社 2010 年版，第 223 页。

⑥ 沈乃文主编：《明别集丛刊》（第一辑）第 84 册，黄山书社 2013 年版，第 256 页。

⑦ 中国复旦大学文史研究院、越南汉喃研究院合编：《越南汉文燕行文献集成》（越南所藏编）第 1 册，复旦大学出版社 2010 年版，第 354—355 页。

中越使臣还往往构建梦的空间以对接现实与故乡，传递着对家乡的思念。后黎朝武辉珽的《客馆书怀》写于北京，"五更归梦万余里，一日思亲十二时"①，直接袒露对亲人的深沉思念，而此种相思，也唯有暂时通过归梦实现。阮朝黄碧山的《有事感作》则表达了思乡而不能梦见故乡的遗憾："徒倚舱中愁日夕，梦魂不到珥河隈。"② 武辉瑨《燕台秋咏与翰林段兄吉水裴先生限沿韵三十绝·秋梦》亦将乡思寄托于梦境："寥寥永夜旅亭秋，乡梦轻将万里游。"③ 再如，阮朝潘辉注《十五夜病中遣闷》一诗提到："云外家山千万里，梦中楼阁九重天。"④ 故乡千里外，归梦也远不可及，而乡愁就这样弥漫在茫茫天地间。

翻阅越南使臣的诗集，思乡怀人的作品随处可见，或登高而望，排遣乡愁；或因时而感，记录乡思；或因归路受阻，倍增忧愁。如，西山朝阮偍登上黄鹤楼，写下"乡关愁思今仍在，满眼烟涛一望间"（《黄鹤楼》）⑤ 的诗句。西山朝武辉瑨因秋风起，写道："秋信梧桐树上敲，乱红争向玉阶抛。徘徊书作相思字，愿逐长风送故巢。"（《燕台秋咏与翰林段兄吉水裴先生限沿韵三十绝·秋梧》）⑥ 后黎朝阮宗窒则在《旅中闲咏》中反复抒写归途不顺的无奈，"东风肯借周行便"（其二）、"归思舟舟春又阻"（其三）、"征人何日著回鞭"（其十一）等⑦，从中可见归心似箭、归情浓郁。此外，阮宗窒"身在他乡心故国，爱忧底

---

① 中国复旦大学文史研究院、越南汉喃研究院合编：《越南汉文燕行文献集成》（越南所藏编）第 5 册，复旦大学出版社 2010 年版，第 331 页。

② 中国复旦大学文史研究院、越南汉喃研究院合编：《越南汉文燕行文献集成》（越南所藏编）第 11 册，复旦大学出版社 2010 年版，第 340 页。

③ 中国复旦大学文史研究院、越南汉喃研究院合编：《越南汉文燕行文献集成》（越南所藏编）第 6 册，复旦大学出版社 2010 年版，第 382 页。

④ 中国复旦大学文史研究院、越南汉喃研究院合编：《越南汉文燕行文献集成》（越南所藏编）第 12 册，复旦大学出版社 2010 年版，第 78 页。

⑤ 中国复旦大学文史研究院、越南汉喃研究院合编：《越南汉文燕行文献集成》（越南所藏编）第 8 册，复旦大学出版社 2010 年版，第 131 页。

⑥ 中国复旦大学文史研究院、越南汉喃研究院合编：《越南汉文燕行文献集成》（越南所藏编）第 6 册，复旦大学出版社 2010 年版，第 379 页。

⑦ 中国复旦大学文史研究院、越南汉喃研究院合编：《越南汉文燕行文献集成》（越南所藏编）第 2 册，复旦大学出版社 2010 年版，第 274—277 页。

意与谁云"（《旅中闲咏》其八）①、"乾坤许大关山远，客里三冬思转长"（《会同早起》）② 等诗句，无不传达乡愁之深。而阮朝范熙亮"为问隔墙高卧客，可曾曳履发南吟"（《住房漏湿戏呈同事二友》)③ 的诗句，则通过借问同人是否"发南吟"来表达自己的思乡之情。再如西山朝阮偍的《蓝江秋渡》诗，字字句句满溢乡愁，全诗如下：

> 蓝河水浅我情深，惊向津头唱别音。才罢菊杯家万里，乍开桂棹水千寻。低徊重举他乡步，缱绻南抛故里心。愁引隔江回望眼，孩儿犹立柳堤阴。④

这首诗的首联以蓝江水浅反衬思乡情深，颔联"才罢""乍开"等词写出了乡愁自离家那一刻生发，最后通过孩子的目送表达自己的依依不舍。

中国使臣赴越期间，也写下了不少思念家乡的作品。比如，张以宁《予己丑夏辞家客燕二十年，江南风景往往画中见之，戊申冬来南京，今年六月二十九日奉旨使安南，长途秋热，年衰神惫，气郁不舒。舟抵太和，舟中睡起，烟雨空濛，秋意满江，宛然画中所见，埃壒为之一空，漫成二绝以志之。时己酉七月二十四日也》（其二）云："家住翠屏溪上头，思莼空结半生愁。今朝初洗红尘梦，烟雨西江满意秋。"⑤诗中用晋朝张翰"莼鲈之思"的典故，表达对家乡的思念。又如，张以宁《吉水县违新淦二十里滨江一带皆丹山无草木因忆予乡云》："文江佳处似吾家，碧水丹山映白沙。误喜霞洲归路近，不知南去尚天

---

① 中国复旦大学文史研究院、越南汉喃研究院合编：《越南汉文燕行文献集成》（越南所藏编）第2册，复旦大学出版社2010年版，第276页。

② 中国复旦大学文史研究院、越南汉喃研究院合编：《越南汉文燕行文献集成》（越南所藏编）第2册，复旦大学出版社2010年版，第258页。

③ 中国复旦大学文史研究院、越南汉喃研究院合编：《越南汉文燕行文献集成》（越南所藏编）第21册，复旦大学出版社2010年版，第76页。

④ 中国复旦大学文史研究院、越南汉喃研究院合编：《越南汉文燕行文献集成》（越南所藏编）第8册，复旦大学出版社2010年版，第173页。

⑤ 《景印文渊阁四库全书》，（台北）台湾商务印书馆1986年版，集部别集类集1226，第580页。

涯。"① 张以宁经过文江时，发现"碧水丹山映白沙"的景致极似家乡福建的武夷山，这让诗人产生了错觉，以为回到福州苍霞洲的归路已近，殊不知，目的地越南尚在遥远的天涯。此诗表现诗人对家乡的思念。

由上可见，乡愁横亘于使臣胸中，无处不在，歌声、角声、鸡声、大雁、莼菜、杨柳、黄鹂、桑榆、古树、秋月等，皆可激发绵绵不绝的故国之思、家园之叹。思乡情感在很多时候是由外部事物的触动引起的。

三　"南望家乡今较近，烟波减却一分愁"：归程中喜不自禁

正因为乡愁存留于精神空间，浓得化不开，所以中越使臣一旦完成使命踏上归程，其诗歌会流露出难以掩抑的喜悦。正如后黎朝黎贵惇所言："南望家乡今较近，烟波减却一分愁。"（《驻武昌城柬钦差官兼呈本部太使公》）②

单从诗题来看，"回程喜赋"这四字出现频率非常之高。潘辉注《回程出燕京喜赋》、武辉珽《回程喜赋》、吴时任《回程喜赋》、张好合《得命回国喜作》、范芝香《回轺喜赋》、阮嘉吉《回程喜赋》等，不胜枚举，真可谓喜不自禁。

归去是缓解乡愁的最直接的方式，故在返程使臣的眼里，归途中的一草一木变得明媚而灵动。后黎朝阮宗窐《回程得请》诗云：

> 柳浦晴烟趁晓艄，桐花遥送影萧疏。乡心万里凭风遣，客眼三春逐影舒。笔会吟情供轧苗，茶翻媚态阅居诸。归来点检无加物，满袖江山满箧书。③

① 《景印文渊阁四库全书》，（台北）台湾商务印书馆 1986 年版，集部别集类集 1226，第 579 页。
② 中国复旦大学文史研究院、越南汉喃研究院合编：《越南汉文燕行文献集成》（越南所藏编）第 3 册，复旦大学出版社 2010 年版，第 249 页。
③ 中国复旦大学文史研究院、越南汉喃研究院合编：《越南汉文燕行文献集成》（越南所藏编）第 2 册，复旦大学出版社 2010 年版，第 265 页。

这首诗诗题后附总批如下:"返命有期,血脉俱畅,而行色悠然,宜有此和平之章。"① 这一评价深中肯綮。回程得到允诺,诗人心情无比舒畅,故所见所感与之相契,柳树、桐花都显得可爱可亲,而这种愉快的心情在尾联的设想中宣泄得淋漓尽致。同样,在返程使臣潘辉注的眼中,菊花、溪山、柳树、月亮都可爱之极,其《汉口登舟夜坐》一诗写道:

> 驿馆黄花送客耕,朔风吹棹向晴川。溪山有待如相识,花柳重看总可怜。江汉归心催落日,烟波旅梦入寒天。清光剩爱黄楼月,照我南回书画船。②

此诗一气呵成,字里行间透露出欢悦,而这种归程的迫切和喜悦心情在不少使臣诗歌中都得到呈现。阮朝潘辉注《回程出燕京喜赋》:

> 金台饱历帝王州,此度耕车趁晚秋。冀北关山重过眼,斗南宫阙喜回头。风催驿馆朝催辔,雨洒征尘暮拥裘。完干正欣归步稳,不妨清夜度芦沟。③

这首诗记录了九月初二连夜出京返乡的急切心情。首联写到在晚秋终于完成使节之重任可以回程了。颔联的"重"和"喜"字,表达了心情的愉悦。颈联写风雨兼程、朝夕赶路。尾联回应首联,写清夜出京,可见返乡之情极其迫切。同样,阮朝张好合亦是归心似箭,连夜返程,其《得命回国喜作》提到:"返辙车轮谙旧路,兼程马首系归心。晓经拱

---

① 中国复旦大学文史研究院、越南汉喃研究院合编:《越南汉文燕行文献集成》(越南所藏编)第2册,复旦大学出版社2010年版,第264页。

② 中国复旦大学文史研究院、越南汉喃研究院合编:《越南汉文燕行文献集成》(越南所藏编)第10册,复旦大学出版社2010年版,第309页。

③ 中国复旦大学文史研究院、越南汉喃研究院合编:《越南汉文燕行文献集成》(越南所藏编)第10册,复旦大学出版社2010年版,第289页。

极霜犹锁，夜过芦沟月已沉。"① 后黎朝武辉斑在《回程喜赋》中也记录连夜归国的轻快心情：

> 鹿鸣宴罢驾归程，袖带天香出上京。人值新春添宿健，马谙旧驿趁霄征。亭梅试趣擎花赠，山月知新点烛迎。幸此桑蓬初志遂，顺鸿云路羽毛轻。②

宴罢辞京，山月相迎，新春返程，心情畅快。相似的表达还有：后黎朝胡士栋在《岁暮回粘》诗中云："风清旧路平如砥，云拥吟鞭兴欲飞"③；西山朝吴时任在《回程喜赋》诗中云："回头北地山川秀，拭目南天日月明"④；西山朝阮偍在《春日回程》诗中云："对景更添明媚色，披诗重认品题间"⑤；等等。

踏上归程不仅表明完成了使命可以荣归故里，"得遂男儿孤矢志，一团春色度荣旋"（佚名《回程自述》）⑥，也意味着乡愁的彻底消解，"邦交完干盈箧篓，家庆传音长笑颜"（潘辉益《回程启关》）⑦。诗歌中酣畅淋漓地抒写喜悦之情，恰恰隐含着昔日乡愁之深与浓。所以，阮辉僺在《关喜赋》诗中说："蓬矢刚酬男子愿，庭前仍挂密缝衣。"（《奉使燕

---

① 中国复旦大学文史研究院、越南汉喃研究院合编：《越南汉文燕行文献集成》（越南所藏编）第 12 册，复旦大学出版社 2010 年版，第 198—199 页。
② 中国复旦大学文史研究院、越南汉喃研究院合编：《越南汉文燕行文献集成》（越南所藏编）第 5 册，复旦大学出版社 2010 年版，第 334 页。
③ 中国复旦大学文史研究院、越南汉喃研究院合编：《越南汉文燕行文献集成》（越南所藏编）第 6 册，复旦大学出版社 2010 年版，第 34 页。
④ 中国复旦大学文史研究院、越南汉喃研究院合编：《越南汉文燕行文献集成》（越南所藏编）第 7 册，复旦大学出版社 2010 年版，第 247 页。
⑤ 中国复旦大学文史研究院、越南汉喃研究院合编：《越南汉文燕行文献集成》（越南所藏编）第 8 册，复旦大学出版社 2010 年版，第 139 页。
⑥ 中国复旦大学文史研究院、越南汉喃研究院合编：《越南汉文燕行文献集成》（越南所藏编）第 8 册，复旦大学出版社 2010 年版，第 60 页。
⑦ 中国复旦大学文史研究院、越南汉喃研究院合编：《越南汉文燕行文献集成》（越南所藏编）第 6 册，复旦大学出版社 2010 年版，第 266 页。

京总歌并日记》)① 潘辉益也在《回程启关》诗中写道："云烟南望催归国，昭德台前问讯间。"② 而张好合在《抵南关喜作》诗中更是直言："星轺不谓抵南园，二载乡心十倍宽。"③ 这些诗句，无论是借孟郊《游子吟》之诗意还是"昭德台""南园"等地理意象的叙写，无不揭示出对家园的眷恋。而乡愁唯有在到达家园之后，才悉数消褪，正如阮思僴在《抵家有感》诗中所言："寒灯连夜话，薄酒尽情倾。"④

上文所举，多为越南赴华使臣书写的回程之喜，而这样的情感，在中国赴越使臣的诗歌中也有反映。如吴伯宗在《奉使安南赴召还京》诗中称："驿使传宣诏逐臣，轻舟夜发五河滨。"（吴伯宗《荣进集》）⑤ "轻舟夜发"四字，写尽迫切的归国之意和愉快的归家之情。又如，张弘至在《山行喜晴》一诗中写道："东风自与行人便，扫断蛮烟瘴雨腥。"（张弘至《万里志》）⑥ 写的是归程的喜悦；另一首《归至姑苏同会稽陶世和年兄晚酌》诗提到："惊喜家山近，翻思客路孤。"（张弘至《万里志》）⑦ 离家距离越近，乡愁也被一一治愈了。

综上所述，无论是每逢佳节倍思亲，抑或是客路中触处皆在的乡思，又或是对归程喜悦酣畅淋漓的抒写，均说明在中越使臣的精神空间中，乡愁是挥之不去的存在。身居异乡，独处在一个异质的空间，常常会引起对家乡亲人的思念，而倘若归期难定，引发的乡愁就会更浓。对于中越使臣而言，尽管也有部分使臣病卒途中，如明代使臣刘简迪病死南宁、张以宁病死返程途中、俞敦病卒梧州途中；清代使臣

---

① 中国复旦大学文史研究院、越南汉喃研究院合编：《越南汉文燕行文献集成》（越南所藏编）第 5 册，复旦大学出版社 2010 年版，第 160 页。

② 中国复旦大学文史研究院、越南汉喃研究院合编：《越南汉文燕行文献集成》（越南所藏编）第 6 册，复旦大学出版社 2010 年版，第 266 页。

③ 中国复旦大学文史研究院、越南汉喃研究院合编：《越南汉文燕行文献集成》（越南所藏编）第 12 册，复旦大学出版社 2010 年版，第 206 页。

④ 中国复旦大学文史研究院、越南汉喃研究院合编：《越南汉文燕行文献集成》（越南所藏编）第 19 册，复旦大学出版社 2010 年版，第 185 页。

⑤ 《景印文渊阁四库全书》，（台北）台湾商务印书馆 1986 年版，集部别集类集 1233，第 248 页。

⑥ 沈乃文主编：《明别集丛刊》（第一辑）第 84 册，黄山书社 2013 年版，第 269 页。

⑦ 沈乃文主编：《明别集丛刊》（第一辑）第 84 册，黄山书社 2013 年版，第 274 页。

孙卓病故桂林，越南后黎朝使臣丁儒完病逝于北京城外，等等，但于大多数使臣而言，家园总是可以回归的，所以这种乡愁只在一定的时间和空间中留存，一旦抵达家乡，乡愁就消解了。

而有一些乡愁，可能是永远无法消褪的。历代诗人笔下，那些不知归期或战死沙场的戍边将士，长期离乡、有家难归的仕宦之人，惨遭迁谪或流放的获罪之人，躲避战乱的黎民百姓，等等，他们的乡愁更是浓烈而忧伤，甚至带有一些绝望的色彩。李益的《从军北征》写道："碛里征人三十万，一时回首月中看"①，抒发了千千万万边关将士回望故乡、欲归不能的悲苦心情。武元衡的《岁暮送舍人》："边城岁暮望乡关，身逐戎旃未得还。欲别临岐无限泪，故园花发寄君攀"②，亦抒发戍边守关，思归而不可得的苦闷情绪。崔涂的《春夕》"自是不归归便得，五湖烟景有谁争"③，深刻反映了仕途的坎坷，旅居湘鄂的崔涂在政治上步履艰难而又欲罢难休，故表现了欲归而不忍归去的彷徨心态。苏轼"天涯倦客，山中归路，望断故园心眼"（《永遇乐·彭城夜宿燕子楼》）④ 表达的是长期宦游，无法返乡、难以退隐的无奈心境。苏轼早年即与弟弟苏辙有功成辞官的约定，可惜只能"吟断望乡台，万里归心独上来"（苏轼《南乡子》）⑤。此处的思乡之情实际包含着退隐的深意。周邦彦同样表达了"家住吴门，久作长安旅"（《苏幕遮》）⑥ 的京华倦客的无奈。而对于远贬南疆的官吏而言，回归故园的愿望是那么遥不可及，"悠悠故池水，空待灌园人"（柳宗元《春怀故园》）⑦，"魂随南翥鸟，泪尽北枝花。……但令归有日，不敢恨长沙"（宋之问《度大庾岭》）⑧，"北指

---

① （清）彭定求等编：《全唐诗·卷二》，第七卷，中州古籍出版社 2018 年版，第 1461 页。
② （清）彭定求等编：《全唐诗·卷三》，中州古籍出版社 2018 年版，第 1615 页。
③ （清）彭定求等编：《全唐诗·卷七》，中州古籍出版社 2018 年版，第 3495 页。
④ 邹同庆、王宗堂：《苏轼词编年校注》，中华书局 2002 年版，第 247 页。
⑤ （宋）苏轼著，（清）朱孝臧编年，龙榆生校笺：《东坡乐府笺》，上海古籍出版社 2009 年版，第 383 页。
⑥ （宋）周邦彦著，罗忼烈笺注：《清真词笺注》，上海古籍出版社 2008 年版，第 63 页。
⑦ （清）彭定求等编：《全唐诗·卷四》，中州古籍出版社 2018 年版，第 1795 页。
⑧ （清）彭定求等编：《全唐诗·卷一》，中州古籍出版社 2018 年版，第 295 页。

邯郸道，应无归去期。"（李德裕《秋日登郡楼望赞皇山感而成咏》）①，无论是谪居柳州的柳宗元、贬往泷州的宋之问，还是贬到崖州的李德裕，对故园的回望都带有一种绝望的情愫，这是一种无法消解的乡愁。对于避乱之人而言，回归故乡的愿望升华为对民族国家的挚爱，"诗圣"杜甫漂泊西南时期所写的思乡之作就是典型的代表，"今春看又过，何日是归年"（杜甫《绝句》）②，"丛菊两开他日泪，孤舟一系故园心"（杜甫《秋兴》其一）③，"夔府孤城落日斜，每依北斗望京华"（杜甫《秋兴》其一）④。在这些诗句中，"故园"代表"故都"，表达了杜甫关切祖国安危、忧念国家兴衰的爱国思想。这种思乡之情已经超越了空间的层面，延伸为对家乡故土和民族国家的挚爱，因而具有一种更为广泛的文化意义。

每个人都有根植于心底的恋土情怀，"人情同于怀土兮，岂穷达而异心"（王粲《登楼赋》）。"家"不仅是栖身之所，同时也是亲情的载体，是心灵的归宿。人对家园的眷恋及在时空陌生化的境地中的回望，充分说明了思乡情结几乎是每个人都无法割裂的人生体验。而回望中的"故乡"也不仅仅是"时间"和"空间"范畴的存在，更是一个包含情感和价值的空间，是个体生命心灵向往的地方。从感情的深度和广度而言，使臣们书写的是可以回去的故乡、是可以消解的乡愁，尽管也浓烈，尽管也忧伤，但与中国古代文人所描写的那种欲归不得的乡愁相比，其程度毕竟轻一些、淡一些，具有其独特的特点。

第二节　不辱使命：政治之情怀

如果说思乡是使臣等"异乡客"的心理需求，那政治使命就是他

---

① （清）彭定求等编：《全唐诗·卷五》，中州古籍出版社 2018 年版，第 2457 页。
② （清）彭定求等编：《全唐诗·卷三》，中州古籍出版社 2018 年版，第 1138 页。
③ （清）彭定求等编：《全唐诗·卷三》，中州古籍出版社 2018 年版，第 1152 页。
④ （清）彭定求等编：《全唐诗·卷三》，中州古籍出版社 2018 年版，第 1152 页。

们的价值需求。中国古代文人受儒家思想影响最深，有强烈的政治抱负，渴望建功立业，认为男儿志在四方。在本书所论诗人中，使臣和文人的双重身份让他们在诗文中常常流露出代表国家出使的荣誉感和不辱皇命的使命意识。而出使中国的越南使臣，一般都是熟读儒家经典、汉文文史的学者，儒家思想也成为他们处理邦交事务的指导思想，孔子"行己有耻，使于四方不辱君命"的思想也经常在他们的诗歌中得到体现。

一　强烈的政治使命感

在处理外交事务中，使臣的地位非常重要，甚至有人认为使臣可与国之将、相并称。阮偍在《华程消遣集序》中说："盖大丈夫处世，坐于庙堂而平章百姓者，相也；宾于大国而咨询万里者，使也。使臣实与宰相等。"① 阮□（疑为"偲"——笔者按）在《华程消遣后集序》中亦云："国之大任有三，相也、将也、使也。治乱在于相，胜负在于将，荣辱在于使臣。三者，有国之大任者也。"② 使臣之所以地位重要，是因为在出使过程中代表着国家形象，一言一行、一举一动都事关大体。"若夫驰一两之东，当万里之变，一言以为重，一言以为轻，使乎？岂易云乎！"③（阮□《华程消遣后集序》）"士之能致广大极高明，扬声名于当朝、垂休光于异域者，其使乎！以其考邦国山川、阁□（疑为"磋"——笔者按）世次、人物典故，非有政事不能；一应一对、一进一退便关轻重，非有言语不能；而必读万卷书、通万里地、阅万般人、知万事事，非有文学不能。"④（阮偍《华程消遣集序》）外交使节大都

---

① 中国复旦大学文史研究院、越南汉喃研究院合编：《越南汉文燕行文献集成》（越南所藏编）第8册，复旦大学出版社2010年版，第109页。
② 中国复旦大学文史研究院、越南汉喃研究院合编：《越南汉文燕行文献集成》（越南所藏编）第8册，复旦大学出版社2010年版，第165页。
③ 中国复旦大学文史研究院、越南汉喃研究院合编：《越南汉文燕行文献集成》（越南所藏编）第8册，复旦大学出版社2010年版，第165页。
④ 中国复旦大学文史研究院、越南汉喃研究院合编：《越南汉文燕行文献集成》（越南所藏编）第8册，复旦大学出版社2010年版，第107页。

受到过良好的教育，文化素质和修养比较高，同时具有强烈的荣誉感和责任心，这也是他们能够顺利完成使命的原因之一。上文中也提到了，选拔外交使节的标准之一就是要才学出众、擅长专对等，而使命感更是使他们在出使过程中保持节操、完成任务的坚实保障。

　　使臣的政治使命感首先表现在不辞辛劳，努力完成出使任务上。元初陈孚在出使安南时写道："我虽一书生，袖有青丝纶。誓将报天子，肯避路险艰。"（《过邕州昆仑关》）① 行程万里，星夜兼程，个中辛劳不言而喻，但"誓将报天子"的报国信念一直支撑和鼓励其前行。其《保定府》又云："圣明恩重一身轻，英荡荧煌万里行。试问黄金台上月，清光此夜为谁明"②，也体现了强烈的担当意识，用"黄金台"的典故，也表达了陈孚报效朝廷的决心。明代孙承恩在出使过程中也是意气风发、豪气干云，其《使交发云间》云："赫赫奉王命，迢递绝域行。……大夫四方志，意气冲冠缨。腰间双镆干，虹霓吐晶莹。"③ 其《断藤峡》又云："煌煌秉使节，旌旗耀江云。万里吾目中，犬豕何足云。"④ 虽然孙承恩不少诗歌中写到使途的辛劳，如"万物已偃息，我行良未休"（《草萍》）⑤、"客行苦驰驱，弭节南昌城"（《南昌》）⑥、"鸡鸣事晨征，秣马走长路"（《梅岭》）⑦、"朝方辞赤水，暮已宿清溪"（《清溪》）⑧，但肩上背负的责任感使其勇往直前，"奄万里以孤征兮，指云山而慷慨。……拥雄剑以激烈兮，心灼烁而四扬；泛浩渺兮越阻深，走陂陀兮历崎嵚"（《南征赋》）⑨。他始终斗志昂扬，希望出色完成任务，为国争光："冒寒霏以晨骛兮，戴明星而宵驰。余岂不知自爱

---

① 《景印文渊阁四库全书》，（台北）台湾商务印书馆 1986 年版，集部别集类集 1202，第 636 页。
② 《景印文渊阁四库全书》，（台北）台湾商务印书馆 1986 年版，集部别集类集 1202，第 628 页。
③ 《景印文渊阁四库全书》，（台北）台湾商务印书馆 1986 年版，集部别集类集 1271，第 173 页。
④ 《景印文渊阁四库全书》，（台北）台湾商务印书馆 1986 年版，集部别集类集 1271，第 177 页。
⑤ 《景印文渊阁四库全书》，（台北）台湾商务印书馆 1986 年版，集部别集类集 1271，第 174 页。
⑥ 《景印文渊阁四库全书》，（台北）台湾商务印书馆 1986 年版，集部别集类集 1271，第 174 页。
⑦ 《景印文渊阁四库全书》，（台北）台湾商务印书馆 1986 年版，集部别集类集 1271，第 175 页。
⑧ 《景印文渊阁四库全书》，（台北）台湾商务印书馆 1986 年版，集部别集类集 1271，第 176 页。
⑨ 《景印文渊阁四库全书》，（台北）台湾商务印书馆 1986 年版，集部别集类集 1271，第 142 页。

兮，顾王事之靡稽。"（《南征赋》）① "惟使事之靡易兮，矧驰驱于绝域。羌海立以山动兮，冀增光于上国。"（《南征赋》）② 他的心态一直是乐观的，正如其《赴安南二首》其一所云："万里南征亦胜游，秋晴况喜瘴烟收。独惭浅薄虚王命，肯使风尘浣客裳。"③ 清代吴光同样具有强烈的责任感而无惧行旅的艰辛，他在康熙三年（1664）奉命册封安南国王时，写下《自思明府赴昭德关作》（其一）：

> 晨征陟曾岭，合沓与云连。青骊骤骎骎，南驰浪泊川。崇冈翳阴霞，樛枝摩昊天。竹树交蒙茏，榛枳无陌阡。严冬冽风肃，幽响激涧泉。狐狸赴樾莽，虎豹噪山巅。羊肠车轮摧，踯躅马不前。俯睇萦白雾，仰啸凌青烟。旌节穆天威，遑宁惮阻邅。④

这首诗一共十八句，前十六句都在渲染路途的艰辛，爬山涉水，寒风凛冽；崇山峻岭，高不可攀；山路狭窄，竹树交错；虎豹出没，林密泉幽……最后两句"旌节穆天威，遑宁惮阻邅"表达了不畏艰难、不辱皇命的政治怀抱。

其他如傅若金的"努力在王事，贤劳奚足论"（《八月十三日至京》）⑤，"皇恩涵远迩，行役不辞遥"（《腊日入安南》）⑥；林弼的"亲恩广大当效报，王事驰驱敢求逸"（《和王太史浔州遇生辰之作》）⑦；潘希曾的"细雨青林暗市桥，五更灯火促星轺。紫泥擎出天恩重，赤土分来海国遥"（《发市桥驿》）⑧；章敞的"晓承恩命捧丹书，南去炎荒万里途。已愧疏庸蒙宠擢，可堪衰老事驰驱"（《宣德辛亥使安南次

---

① 《景印文渊阁四库全书》，（台北）台湾商务印书馆 1986 年版，集部别集类集 1271，第 143 页。
② 《景印文渊阁四库全书》，（台北）台湾商务印书馆 1986 年版，集部别集类集 1271，第 281 页。
③ 《景印文渊阁四库全书》，（台北）台湾商务印书馆 1986 年版，集部别集类集 1271，第 143 页。
④ （清）吴光：《使交集》，刘承干辑：《吴兴丛书》，吴兴刘氏嘉业堂刊 1927 年版，第 13 页。
⑤ 《景印文渊阁四库全书》，（台北）台湾商务印书馆 1986 年版，集部别集类集 1213，第 195 页。
⑥ 《景印文渊阁四库全书》，（台北）台湾商务印书馆 1986 年版，集部别集类集 1213，第 229 页。
⑦ 《景印文渊阁四库全书》，（台北）台湾商务印书馆 1986 年版，集部别集类集 1227，第 23 页。
⑧ 《景印文渊阁四库全书》，（台北）台湾商务印书馆 1986 年版，集部别集类集 1266，第 667 页。

滦河》)①；等等，都表达了中国使臣克服种种困难努力完成使命的责任意识。

在风雨兼程中，在长途跋涉间，尽管风尘仆仆、困难重重，但使臣们仍然乐于承担责任，并始终将为国效劳作为人臣的本分。中国使臣如此，越南使臣同样如此。阮偍《登程偶述》云："春天文旆控南城，秋月吟鞭上北京。臣分固当劳国事，壮心宁肯恋家情。从戎未关强弱（此句缺一字——笔者按），出使难辞系重轻。最是此行增愧惧，宸聪两次达微名。"② 阮偍是越南著名文人阮攸之兄，曾于清乾隆五十四年（1789）、乾隆六十年（1795）两次担任乙副使如清，此诗写于第二次出使期间，故尾联有"宸聪两次达微名"之说。诗中不但交代了春天在归仁城接到圣旨，秋天就从升龙城启程北上的情况，也指出了出使的重要意义，而更主要的是抒发了自己的政治情怀：为国事操劳是臣子之义务和责任，不会因依恋家乡而放弃自己的远大志向。阮攸"风尘劳勤皆臣分，剩喜桑蓬记此游"（《聂口起早》）③ 也表达了同样的情怀。阮宗窐在《上强夜宿》一诗中也提到："严鼓敲残千岭月，征夫傲尽五更霜。北山谁起贤劳叹，自古男儿志四方。"④ 尽管星夜兼程、奔波劳累，但"傲尽"二字尽显诗人的风采，而"自古男儿志四方"一句可看作诗人的座右铭，一直激励他负重前行。陈朝阮忠彦在元延祐元年（1314）出使元朝的时候，写下《丘温驿》，诗中提到："君恩未效涓埃报，一介宁辞万里行。"⑤ 在古代社会，君王就是国家的象征，所以此处报君恩实际指的是报效国家之意。使程漫长，困难不少，支持和支撑

---

① 四库全书存目丛书编纂委员会编：《四库全书存目丛书》集部第 30 册，齐鲁书社 1997 年版，第 304 页。

② 中国复旦大学文史研究院、越南汉喃研究院合编：《越南汉文燕行文献集成》（越南所藏编）第 8 册，复旦大学出版社 2010 年版，第 177—178 页。

③ 中国复旦大学文史研究院、越南汉喃研究院合编：《越南汉文燕行文献集成》（越南所藏编）第 16 册，复旦大学出版社 2010 年版，第 134 页。

④ 中国复旦大学文史研究院、越南汉喃研究院合编：《越南汉文燕行文献集成》（越南所藏编）第 2 册，复旦大学出版社 2010 年版，第 145 页。

⑤ 中国复旦大学文史研究院、越南汉喃研究院合编：《越南汉文燕行文献集成》（越南所藏编）第 1 册，复旦大学出版社 2010 年版，第 22 页。

使臣渡过困境的正是这种使命感和责任感。

在越南使臣的诗歌中，尤其值得注意的是出现频率较高的一个词："蓬矢桑弧"，或简称"桑蓬""弧矢""蓬矢""桑弧"。此词出自《礼记·内则》，指古代男子出生时，射人用桑木做的弓和用蓬草做的箭，射向天地四方，表示有远大志向的意思。越南使臣喜欢使用此典表达自己远大的志向。如：

> 勤劳自古人臣职，蓬矢桑弧自夙心。（胡士栋《山行即事》）①
> 四方弧矢初心副，回惹天香袖入朝。（阮宗窒《登程自述》）②
> 弧矢固然男子志，贤劳偏我命中招。（武辉瑨《自泽乡登程自述》）③
> 风尘劳勚皆臣分，剩喜桑蓬记此游。（阮做《聂口起早》）④
> 勤劳敢谓殚臣分，且喜桑蓬副此生。（阮嘉吉《珥河晓发》）⑤
> 男儿当定四方志，桑弧蓬矢酬平生。（阮嘉吉《过关纪实》）⑥

以上诗句均表达出肩负使命、矢志报国的决心，而正是这种强烈的政治责任感，使他们顺利、出色地完成了出使任务。

其次，使臣的政治使命感还表现在维护国家尊严、坚持民族气节上。中国赴越南使臣抵达越南后，在处理礼仪之争、是否收受赆金等问

---

① 中国复旦大学文史研究院、越南汉喃研究院合编：《越南汉文燕行文献集成》（越南所藏编）第6册，复旦大学出版社2010年版，第6页。
② 中国复旦大学文史研究院、越南汉喃研究院合编：《越南汉文燕行文献集成》（越南所藏编）第2册，复旦大学出版社2010年版，第143页。
③ 中国复旦大学文史研究院、越南汉喃研究院合编：《越南汉文燕行文献集成》（越南所藏编）第6册，复旦大学出版社2010年版，第301页。
④ 中国复旦大学文史研究院、越南汉喃研究院合编：《越南汉文燕行文献集成》（越南所藏编）第16册，复旦大学出版社2010年版，第134页。
⑤ 中国复旦大学文史研究院、越南汉喃研究院合编：《越南汉文燕行文献集成》（越南所藏编）第9册，复旦大学出版社2010年版，第153页。
⑥ 中国复旦大学文史研究院、越南汉喃研究院合编：《越南汉文燕行文献集成》（越南所藏编）第9册，复旦大学出版社2010年版，第155页。

题上，大多表现出使臣大节和大国风范。

陈孚于元世祖至元二十九年（1292），以副使身份随梁肃出使越南。次年正月，抵达越南。按当时礼节，安南世子应开中门，亲自前往郊外迎候中国使者，但是，安南世子以丁忧为由，派陪臣开边门迎接。面对越南这种不符合礼仪的行为，陈孚立即返回使馆，连续给安南世子写了三封信，指出其不妥之处。最后，安南世子按正常礼仪予以接待。陈孚通过据理力争，维护了国家的尊严。

傅若金于元顺帝元统三年（1335），以参佐出使越南。当时情况复杂，傅若金应对自如，表现出不凡的外交才能，"持节侃侃，佐使南交。言谕远人，玉帛以朝"（苏天爵《元故广州路儒学教授傅君墓志铭》）①，出色完成了任务。欧阳玄赞其"以能诗名中国，以能使名远夷"②。以下两件事情尤其能体现傅若金对国家尊严的维护和对个人名节的坚守。"以君（傅若金）才学为之参佐，受命即行，至真定驿，启制书观之，上有王号。君曰：'安南自陈日煃已绝王封，累朝赐书皆称世子，今无故自王之，何也？'使者疑未决，君独请行。至都堂白其事，宰相大喜，立奏改之。"（苏天爵《元故广州路儒学教授傅君墓志铭》）③傅若金不但对越南历史了如指掌，而且有高度的政治敏感，他认为不该以"王"称越南国主，应该称其为"世子"，所以坚持返回朝堂请改其称，得到宰相的认可，维护了宗主国的地位。另一件事是，到达越南后，"或郊迎张宴犒众，或盛饰侍姬侑酒，君（傅若金）皆却之，曰：'圣天子遣使者来，所以宣布德意，不当重扰远民。'"（苏天爵《元故广州路儒学教授傅君墓志铭》）④ 对于安南人的宴请和赠姬，傅若金以"不当重扰远民"，有礼有节地拒绝了。

张以宁于明洪武二年（1369）六月奉使越南，与牛谅赍诏印封越

---

① 杨匡和：《〈傅与砺诗集〉校注》，硕士学位论文，江西师范大学，2010 年，第 192 页。
② 杨匡和：《〈傅与砺诗集〉校注》，硕士学位论文，江西师范大学，2010 年，第 188 页。
③ 杨匡和：《〈傅与砺诗集〉校注》，硕士学位论文，江西师范大学，2010 年，第 191 页。
④ 杨匡和：《〈傅与砺诗集〉校注》，硕士学位论文，江西师范大学，2010 年，第 191 页。

南国王陈日煃。此时张以宁已经年近七十，但依然老当益壮、壮怀激烈。其《南京早发》云："大隐金门三十载，壮怀中夜每闻鸡。今朝一吐虹霓气，万里交州入马蹄。"① 自注云："苏老泉云：'丈夫不得为将，得为使，折冲万里外足矣。'"② 所谓"言为心声"，从题注到诗歌内容，均可窥见张以宁的壮志和胸怀。他认为这次远赴安南的出使并不亚于"为将"之功，之前"大隐"三十载，虽备感压抑，但始终保持祖逖之志，而今终于可以一吐虹霓之气，大展拳脚，所以南下交州尽管行程万里，而在他看来应该是一路轻快的。张以宁还在《代简广西参政刘允中》（其二）中说："蛮雨蛮烟岭外州，乘槎何事此淹留。龙江风土差高爽，衰老天教一壮游。"③ 末句充满了豪迈的气概，将出使安南视为上苍恩赐的"壮游"机会。张以宁入明朝后，深得朱元璋的宠信，"既入国朝，拜翰林侍读学士、朝列大夫、知制诰、兼修国史。每承顾问，多所裨益。赐诰褒谕，恩赏特厚焉"（杨荣《故翰林侍读学士朝列大夫张公墓碑》）④。所以，对于明太祖的知遇之恩，张以宁时刻牢记于心，"长忆午门红日上，圣恩宽许紫宸朝""遥应夜夜觚棱月，照见臣心一寸丹"（《代简杨希武右丞安南驿书怀》）⑤。奉命出使，对他来说是无上光荣的，而正是这种使命感，使他不畏路途艰险、不惧高龄体弱，愉快地踏上使程。即将到达越南国境，而陈日煃卒，其侄陈日熞嗣立，遣臣阮汝亮求诏玺以授其世子。张以宁没有答应，义正词严地说："此吉礼，非凶事也。今尔国有丧，况来文伊先君之名，非世子之名，降之非礼也。尔国当遣使往奏，庶依大礼。"（朱元璋《赠以宁诗序》）⑥ 于是，越南复遣陪臣杜舜钦向朝廷告哀，并请求承袭王爵。张以宁留居龙江上候命，等到朝廷派林弼、王廉等往越南吊祭陈日煃之后，他才入越

---

① 《景印文渊阁四库全书》，（台北）台湾商务印书馆 1986 年版，集部别集类集 1226，第 577 页。
② 《景印文渊阁四库全书》，（台北）台湾商务印书馆 1986 年版，集部别集类集 1226，第 577 页。
③ 《景印文渊阁四库全书》，（台北）台湾商务印书馆 1986 年版，集部别集类集 1226，第 583 页。
④ （明）张以宁著，游友基编：《翠屏集》，鹭江出版社 2012 年版，第 229 页。
⑤ 《景印文渊阁四库全书》，（台北）台湾商务印书馆 1986 年版，集部别集类集 1226，第 582 页。
⑥ 钱伯诚等主编：《全明文》第一册，上海古籍出版社 1992 年版，第 843 页。

南完成封其国王的礼仪，"且教其世子服三年丧"。张以宁在这次出使中出色地完成了使命，得到了明太祖的嘉奖。明太祖还把他比作陆贾、马援，并赐御制诗八章。

林弼于明洪武三年、洪武十年（1377）两次出使越南，第一次是封赐越南新王陈日煃，第二次是协调越南与占城的军事冲突。像张以宁一样，林弼在出使之际也发出了"虎豹九关通北极，鲲鹏万里入南图"（林弼《发京》）① 的豪言壮语。林弼在越南确实不辱使命，展示了上国天使的学养和操守。张燮《林登州传》称他："比抵安南，奉扬明天子威德。"② 林弼不仅举止得体，而且断然推却越南赆金，曰："唐臣手龙节，走万里外，帝慎择而遣之，岂自意陆大夫装哉！且境外义无私交。"（张燮《林登州传》）③ 陆大夫指的是陆贾，汉文帝时奉命出使南越，劝说赵佗归依汉朝，赵佗送他千金而返。林弼表明自己受皇上恩宠，奉命远赴越南出使，岂能像陆贾一样接受千斤赆金，并明言"境外义无私交"，申明自己的立场。王廉为其所写的墓志铭、宋濂为其所写的《使安南集序》均记此事。林弼因为却安南赆金不受，"两袖香风响佩珂"（林弼《次滕仲弘参政见赠韵》)④，不但赢得了明太祖的赏识和信任，两次派他出使越南，而且被越南人称为"贤使"。

陈诚是明朝著名的外交家，曾一次出使越南，三次出使西域，均不辱使命。大学士杨荣对他的评价是："炜皇华于绝域，宣圣德于遐漠。其出也，有同张骞之秉节；其归也，远胜陆贾之分橐。"⑤ 明洪武二十九年（1396）十一月，明太祖命行人司行人陈诚赴越南处理两国地界争端。陈诚坚持睦邻友好和维护国家尊严的原则，与越南方面进行了长达数月之久的论战。除了口头论辩，陈诚还以书信的方式与越南国王进

① 《景印文渊阁四库全书》，（台北）台湾商务印书馆 1986 年版，集部别集类集 1227，第 43 页。
② 《景印文渊阁四库全书》，（台北）台湾商务印书馆 1986 年版，集部别集类集 1227，第 201 页。
③ 《景印文渊阁四库全书》，（台北）台湾商务印书馆 1986 年版，集部别集类集 1227，第 201 页。
④ 《景印文渊阁四库全书》，（台北）台湾商务印书馆 1986 年版，集部别集类集 1227，第 48 页。
⑤ 朱亚非主编：《风雨域外行——探寻古代中国人走向世界的足迹》，山东画报出版社 2004 年版，第 163 页。

行针锋相对的辩论，表现出土君子的操守和大国使臣的风范。

吴光于清康熙三年（1664）出使越南，谕祭越南黎朝国王。吴光到达越南后，在宣诏礼仪、却馈物等方面，能够"克持大节，不辱君命"①。"交人例有馈物，概却不受"②，既保持了使臣大节，也维护了清廷形象。

清朝使团至越南，大多关涉礼仪之争，越南欲用该国仪式，使臣坚持清廷仪节。双方通过口舌、书信进行辩论。虽亦有听从越南之时，但多采用中朝使臣意见。清使杭奕禄和任兰枝、德保和顾汝修等都坚持让越南国君臣行"三跪九叩礼"。雍正五年（1727），杭奕禄、任兰枝为处理越南定界问题，赴越南赍诏宣谕。至镇南关，黎维禠派遣使臣出关迎候。进入貂瑶营后，黎维禠的使臣请仪注，议行该国"五拜三叩礼"。杭奕禄等坚持让黎维禠行"三跪九叩礼"。最终，越南国王从中朝礼。乾隆二十六年（1761），德保、顾汝修奉旨册封越南国王。据《清史稿·列传三百十四》载："二十六年，黎维祎薨，王嗣子维禟以讣告，请袭封，遣翰林院侍读德保、大理寺少卿顾汝修谕祭故王维祎，册封维禟为安南国王。"③ 当时越南国王不遵从清朝礼仪。顾汝修义正词严，致书越南国王，坚持让其遵行清朝礼仪。顾汝修此举受到朝廷嘉奖。在传统的儒家文化中，以"不辱君命"作为士的最高标准，顾汝修因而成为当时的"朝臣典范，士子楷模"。

越南使臣在出使中，大多也不辱使命。比如，李文馥是越南著名的外交家、文学家，在1831—1842年，曾有六次使华经历，四赴广东，一赴福建，一赴北京。李文馥先辈为明朝开国元勋，明末时其祖先云南府总督李克廉因不愿臣服于清朝而迁居越南，至李文馥，为移居越南的第六代。道光十一年（1831），李文馥护送失风海上的清朝官兵及家眷陈启等人回福建。在八月二十日进入省城公馆时，李文馥发现门首有

① （清）吴光：《使交集》，刘承干辑：《吴兴丛书》，吴兴刘氏嘉业堂刊1927年版，第1页。
② （清）吴光：《使交集》，刘承干辑：《吴兴丛书》，吴兴刘氏嘉业堂刊1927年版，第1页。
③ （清）赵尔巽等：《清史稿》，中华书局1977年版，第14633页。

"粤南夷使公馆"的题字，他以"我非夷，不入此夷馆"之由拒绝入住。最终清朝官吏将题字改为"粤南国使官公馆"。李文馥为此事还特作《夷辨》一文，极陈"治法本之二帝三王""道统本之六经四子""家孔孟而户朱程"的越南，是"华"非"夷"。① 此外，又有一篇《御名不肯抄录问答》，李文馥力辩自己作为臣下，应该尊奉避讳原则，所以任凭清朝总督孙尔准、闽尹黄宅中不断劝说，仍不肯书写本国国王的名字。②《夷辨》《御名不肯抄录问答》这些文章，充分彰显出李文馥的忠君思想和爱国情怀。

再次，使臣的政治使命感还表现在以古代著名的使臣为榜样，勉励自己。

西汉张骞使西域、苏武使匈奴等使臣故事为千古传颂，他们坚忍不拔、坚持操守、不辱使命、勇于担当的精神激励着一代又一代的使臣。古代能够承担出使异域使命的使臣，不仅需要文学、语言、外交等才能，更需要有顽强的意志、超人的毅力。《册府元龟》称："王者，文明之治，既成于中，震叠之威，将加乎外，思布皇泽，必选奇材。若乃经略远夷，怀柔绝域，一介而往，单车载驰，赍三岁之粮，通百金之货，泛浮金没羽之水，历沍寒多雨之国，穷山川之源，览气象之异。至于饮食非类，言语靡通，道闭不开，兵阻攸隔，而能罔惮回远，志期宣导，莫不慎乃风操，奉其币帛，以结于欢好，以致其琛赆，至于死亡略尽，星纪屡周，握节而归，不辱王命，非乎心比金石，志在功名者，岂及此哉！"（《奉使部·绝域》）③ 这段话深刻地揭示了出使异域的艰辛，跋山涉水，经风历雨，甚至"道闭不开，兵阻攸隔"，其艰难可想而知。再加上使期漫长、饮食不同、语言不通，的确是困难重重。所以，能不惧死亡"握节而归，不辱王命"的绝非寻常之士，如果没有"心

---

① 中国复旦大学文史研究院、越南汉喃研究院合编：《越南汉文燕行文献集成》（越南所藏编）第 12 册，复旦大学出版社 2010 年版，第 257—260 页。

② 中国复旦大学文史研究院、越南汉喃研究院合编：《越南汉文燕行文献集成》（越南所藏编）第 12 册，复旦大学出版社 2010 年版，第 311—315 页。

③ （北宋）王钦若等编：《册府元龟》卷 662，中华书局 2003 年版，第 7922 页。

比金石"的坚韧、"志在功名"的信念，是难以完成使命的。引文中表
现出对使者的高度赞美。张骞、苏武、班超都是值得钦佩的使节，成为
后世使臣的楷模。

建元二年（前139），张骞奉汉武帝之命出使西域，前往月氏，不
幸被匈奴扣留。面对匈奴单于的种种威逼利诱，张骞"不辱君命"，坚
持大节，始终没有忘记自己的神圣使命，没有动摇为汉朝通使月氏的意
志和决心，在匈奴留居了十年之久。之后经过各种波折，历时十三年，
最后于元朔三年（前126）回到汉廷。元狩四年（前119）至元鼎二年
（前115），张骞第二次出使西域，对中西经济文化交流起到很好的促进
作用。在中国古代诗人的笔下，张骞是受到追捧的人物，人们对其大都
怀有崇敬的心情，赞美他舍生忘死、持节出使的无畏精神和顽强意志。
如隋朝诗人江总写下"传闻博望侯，苦辛提汉节"（《陇头水》）的诗
句，既指出张骞出使的艰苦，又肯定了其精神。又如，唐代燕国公张说
写道："从来思博望，许国不谋身。"（《将赴朔方军应制》）[1] 高度赞扬
张骞"许国不谋身"的报国精神。而位列大历十才子的耿湋在"无论
善长对，博望自封侯"（《奉送崔侍御和蕃》）[2]，通过祝愿崔侍御像张
骞那样驰骋西域、为国立功、封侯拜爵，表达了对张骞的钦佩与赞赏。
由上可见，张骞无论是作为"苦辛提汉节"的汉朝形象大使还是"许
国不谋身"的大汉社稷功臣，都受到人们的称赞和传颂。

很多中国使臣在奉使安南的时候，纷纷以张骞为榜样。清使吴光
说："敢拟张骞通博望，宁如严助出承明。"（《奉使安南出都别馆中
诸年丈》其一）[3] 虽然表面上说自己不能做到像张骞那样封侯拜爵，
但从语气上看明显是一种自谦，表达了希望出色完成使命的强烈愿
望。明使张以宁则因与张骞同姓而充满自豪，直言"吾家博望风流

---

① （清）彭定求等编：《全唐诗·卷一》，中州古籍出版社2018年版，第444页。
② （清）彭定求等编：《全唐诗·卷三》，中州古籍出版社2018年版，第1364页。
③ （清）吴光：《使交集》，刘承干辑：《吴兴丛书》，吴兴刘氏嘉业堂刊1927年版，第1页。

在"（《广州赠同时敏》）①，希望凭借自己的才华，"嘉惠远氓烦圣虑，宣风绝域仗奇材"（《广州赠同时敏》）②，为国分忧，远布皇恩。其《梧州即景》诗又提到："祥光夜认司空剑，爽气秋迎博望槎。"③诗中自注云："剑光乃汉赵佗埋剑之所。司空张华、博望侯张骞，皆吾家故事，今借用之。"④这两句诗用苍梧王赵光曾将南越王赵佗所赠"龙精剑"埋于梧州火山、晋张华通过辨认祥光找到宝剑以及博望侯张骞出使西域凯旋而归的典故，尽情抒写了渴望不辱使命、建功立业的豪情壮志。程芳朝同样以张骞为楷模，其《奉使册封舟行》云："杨子江平八月时，孤帆万里挂秋飔。久惭刘向陪东观，今学张骞使月氏。新句应凭山水壮，衰颜肯畏雪霜衰。会看绝域开金册，布得尧恩答玉墀。"⑤程芳朝奉使远赴安南，正如当年张骞出使西域一样，所以说"今学张骞使月氏"，而"会看绝域开金册，布得尧恩答玉墀"两句，充满了对完成使命的期许。

汉武帝天汉元年（前100），苏武奉命出使匈奴，却意外遭到扣留。他忠于祖国、忠于职守，大义凛然，宁死不屈，持节牧羊，历尽磨难，十九年后终于获释回汉。班固在《汉书》中引用孔子的话称赞苏武："孔子称'志士仁人，有杀身以成仁，无求生以害仁''使于四方，不辱君命'，苏武有之矣！"⑥苏武坚定的民族气节、"富贵不淫，威武不屈"的高尚品质，使他几乎成为"爱国"与"坚贞"的代名词。诗人对苏武的品操极为赞赏，如李白的《苏武》诗："苏武在匈奴，十年持汉节"⑦；张仲素《塞下曲五首》之五："交河北望天连海，苏武曾将汉

---

① 《景印文渊阁四库全书》，（台北）台湾商务印书馆1986年版，集部别集类集1226，第564页。
② 《景印文渊阁四库全书》，（台北）台湾商务印书馆1986年版，集部别集类集1226，第564页。
③ 《景印文渊阁四库全书》，（台北）台湾商务印书馆1986年版，集部别集类集1226，第566页。
④ 《景印文渊阁四库全书》，（台北）台湾商务印书馆1986年版，集部别集类集1226，第566页。
⑤ 四库禁毁书丛刊编纂委员会编：《四库禁毁书丛刊》集部第98册，北京出版社1997年版，第588页。
⑥ （东汉）班固撰，颜师古注：《汉书·李广苏建列传》，中华书局1962年版，第2469页。
⑦ （清）彭定求等编：《全唐诗·卷二》，中州古籍出版社2018年版，第857页。

节归"①。这些诗句均极力盛赞苏武矢志不渝的忠贞品格。苏武不仅成为历代诗人笔下吟唱的对象，而且其事迹在宋代以后也被搬上舞台，常演不衰，《苏武持节》《苏武牧羊》等戏曲节目代代相传。赴越使臣在出使过程中，也常常以苏武自勉。比如，明使孙承恩视苏武为楷模，其在赴越南出使时写的诗文中，一再向苏武致敬："伟子卿之大节兮，仰士燮之清风。传却姬以自洁兮，陈谕夷以致从。曰臣职之固然兮，尚龟勉以为则。"（《南征赋》）② 孙承恩高度赞美苏子卿的大节，并以此勉励自己。在《赴安南二首》其一中，又云："苏节从知完入汉，越裳行见早朝周。"③ 时刻不忘向榜样学习，激励自己保持节操，顺利完成使命。

班超早年即有投笔从戎、立功封侯的远大抱负。据《后汉书·班超传》："（超）尝辍业投笔叹曰：'大丈夫无他志略，犹当效傅介子、张骞立功异域，以取封侯，安能久事笔砚间乎？'"④ 永平十六年（73），汉明帝派班超出使西域，以恢复与西域断绝六十五年的关系。直到永元十四年（102），班超才从西域返回洛阳。班超留居西域长达三十年，为西域的安定和发展做出了杰出贡献。元使傅若金在诗文中反复歌咏班超，其《七月十一日赴安南》云："燕城秋早五云开，路入南交几月回。奉使始从天上出，行人争看日边来。班超万里终投笔，郭隗千金更筑台。圣主恩深极炎海，伏波铜柱任苍苔。"⑤ 傅若金志向远大，崇慕班超的作为，所以在出使安南的时候，一再表达对班超的景仰之情。其《将归》云："班超晚投笔，杨震夜辞金"⑥，在《归自安南赠中书掾凌仲明》一诗中又说："解裘轻陆贾，投笔愧班超"⑦，多次致意，内心的钦慕不难发现。

---

① （清）彭定求等编：《全唐诗·卷四》，中州古籍出版社 2018 年版，第 1873 页。
② 《景印文渊阁四库全书》，（台北）台湾商务印书馆 1986 年版，集部别集类集 1271，第 143 页。
③ 《景印文渊阁四库全书》，（台北）台湾商务印书馆 1986 年版，集部别集类集 1271，第 281 页。
④ （南朝宋）范晔：《后汉书·班梁列传》，中华书局 2007 年版，第 1571 页。
⑤ 《景印文渊阁四库全书》，（台北）台湾商务印书馆 1986 年版，集部别集类集 1213，第 244 页。
⑥ 《景印文渊阁四库全书》，（台北）台湾商务印书馆 1986 年版，集部别集类集 1213，第 229 页。
⑦ 《景印文渊阁四库全书》，（台北）台湾商务印书馆 1986 年版，集部别集类集 1213，第 276 页。

向前代著名使臣学习、效仿他们的做法、将他们写进诗文作品中，这些都体现了傅若金、张以宁、吴光、孙承恩、程芳朝等赴越使臣的强烈使命感和责任意识。为国君分忧、建功立业、扬名异域，是这些使臣的理想，正如章敞所言："独愧无才持使节，重宣恩诏过南蛮。"（《九日横州江上》)① 作为使臣，他们希望"骋辩扬威德，三复骈牡歌"（吴光《自思明府赴昭德关作》其三)②，为了国事，"宁亲空忆趋庭对，奉使何能为国谋"（张弘至《南昌柬林粹夫》)③，等到完成出使任务，为国尽忠之后，再归家尽孝，"壮游万里皇恩布，归及春衫旧草堂"（张弘至《宿草萍驿次林都宪见素题璧韵》)④。为国出使，是一种荣誉，也是他们价值的体现。

二 "诗赋外交"及其作用

"诗赋外交"指的是在外交场合，通过"赋诗言志"的方式表达立场、传递信息。⑤"赋诗言志"在中国源远流长，孔子说："不学诗，无以言。"（《论语·季氏》)⑥ 这里的"言"是指言谈应对。这句话的意思是：不懂《诗经》，不会赋诗、用诗，就没法参加外交活动。又说："诵《诗》三百，授之以政，不达；使于四方，不能专对；虽多，亦奚以为？"（《论语·子路》)⑦ 此处的"专对"是指外交谈判、独立应对之意。这段话的意思是：熟读《诗经》三百篇，把政务交给他却不通晓，派他出使别国，却不能独立地谈判应对，即使诗读得多，也是没有用的。这两段话说明在春秋时期"赋诗言志"已经盛行于各诸侯国之间的外交外事活动中。裴默农先生在《诗赋外交》一文中指出，春秋

---

① 四库全书存目丛书编纂委员会编：《四库全书存目丛书》集部第 30 册，齐鲁书社 1997 年版，第 305 页。

② （清）吴光：《使交集》，刘承干辑：《吴兴丛书》，吴兴刘氏嘉业堂刊 1927 年版，第 14 页。

③ 沈乃文主编：《明别集丛刊》（第一辑）第 84 册，黄山书社 2013 年版，第 256 页。

④ 沈乃文主编：《明别集丛刊》（第一辑）第 84 册，黄山书社 2013 年版，第 256 页。

⑤ 朴钟锦：《中国诗赋外交的起源与发展》，知识产权出版社 2013 年版，第 1 页。

⑥ 杨伯峻译注：《论语译注》，中华书局 1980 年版，第 178 页。

⑦ 杨伯峻译注：《论语译注》，中华书局 1980 年版，第 135 页。

时期在诸侯国之间的交往中经常出现以诗代言、赋诗应对的现象,《诗经》作为儒家经典著作之一,常被政治家、外交家引用以委婉地表达各自意图,《左传》和《国语》记载了很多赋诗代言的事例。① 朴钟锦先生对中国诗赋外交的起源与发展进行了一番考证,他认为,"诗赋外交"最早源于西周时期的"燕享之礼",春秋时期则发展为"赋诗言志"。西周的"燕享之礼"是一种宴乐宾客、接待外宾的外交礼仪活动,在飨宴使者或宾客过程中,常有奏乐赋诗、发表政见等内容。春秋时期的"赋诗言志"主要是宾主双方在外交场合,通过"歌诗"(由乐工以乐器伴奏唱已有的成诗)"诵诗"(由乐工抑扬顿挫地朗读)"赋诗"(介于"歌""诵"之间,类似后世的"吟")等形式,"断章"引用《诗经》,以此来表明个人或国家之志。断章取义、各取所求,是春秋时期"赋诗言志"的通例。②

　　"诗赋外交"在世界外交史上独具特色。以诗代言的方式使政治性很强的外事活动具有浓厚的文学色彩。诗赋外交具有委婉含蓄、高雅庄重、言简意赅、意蕴深刻等特点,可以达到微言相感,以情动人、震撼人心的效果。班固在《汉书·艺文志》中说:"古者诸侯卿大夫交接邻国,必微言相感,当揖让之时,必称诗以谕其志,盖以别贤不肖而观盛衰焉。"③ 这段话揭示了春秋时期诸侯卿大夫进行外事活动时,宾主双方必用精微奥妙的语言来婉曲达意,通过"赋诗言志"还可以起到区分辨别贤人(德才兼备)与不肖之人(品行不端)以及观察家国兴亡的作用。比如,《左传·襄公二十七年》记载了赵文子听诗观志之事。郑国国君于垂陇宴请晋国大臣赵文子(赵武),子展、伯有、子西、子产、子大叔、二子石(印段、公孙段)七人陪同。赵文子说:"七子从君,以宠武也,请皆赋,以卒君贶,武亦以观七子之志。"④ 随后,七

---

① 裴默农:《诗赋外交》,《世界知识》1989 年第 16 期。
② 朴钟锦:《中国诗赋外交的起源与发展》,知识产权出版社 2013 年版,第 4、14、21、26 页。
③ (东汉)班固撰,颜师古注:《汉书·艺文志》,中华书局 1962 年版,第 1755 页。
④ 杨伯峻:《春秋左传注》,中华书局 1981 年版,第 1134 页。

大夫各赋《诗经》中一篇,赵武一一予以评论,有称赞、有谦辞、有感谢、有批评。子西赋《黍苗》,称美赵武,将之比为古之召伯,赵武表示感谢,也表达了自谦。而伯有赋《鹑之贲贲》则受到了赵武的批评,赵武认为伯有借讽刺卫宣公之作表达了对郑伯的不满,所以委婉地指出:"床第之言不逾阈,况在野乎。非使人之所得闻也。"① 从这一段记载可以看出,观诗者可以通过赋诗者所赋之诗,清楚地揣摩赋者的政治立场、文化修养和个人品德。通过所赋之诗不仅可观个人之志,也可观一国之志。如《左传·昭公十六年》记载郑国六卿饯韩宣子事。子齹赋郑风《野有蔓草》,借"邂逅相遇,适我愿兮"② 两句,表明对与韩起相遇的欢欣;子产赋郑之《羔裘》,也借诗中"彼己之子,舍命不渝""邦之彦兮"③ 等句意,赞美韩起的节操。其他如子太叔、子游、子旗、子柳所赋之诗,亦多是对韩起的称赞。韩起通过郑国六卿赋诗深刻感受到郑国不敢怠慢晋国的政治立场和态度,所以他不但向六卿献马,而且赋《周颂·我将》,暗示他会谨慎崇敬天威,遵循天道,不会伤害郑国。由上面所引《左传》的赋诗情况看,"赋诗言志"在春秋时的政治外交中具有非常特殊的地位和非常重要的作用。它是士大夫语言交流的方式,是文化素养的象征,是微言相感的中介,是外交应对的基本功。"赋诗言志"除了可以观赋者之志或国家之志,还可以彰显士大夫的文学修养,并具有"以古比今,以示友好"、"借古讽今,暗示立场"、"化干戈为玉帛"、委婉进谏等作用,取得了较好的外交效果。④

"赋诗言志"的方法,在春秋以后逐渐演变成为自赋新诗、抒怀明志或宾主互答、酬唱。而在中原王朝政权统一时,"诗赋外交"则成了周边"同文之国"与中国交流的重要形式。中国文字流传于越南、朝鲜、日本,历史悠久。"赋诗言志"不仅具有含蓄、委婉、生

---

① 杨伯峻:《春秋左传注》,中华书局 1981 年版,第 1134 页。
② 杨伯峻:《春秋左传注》,中华书局 1981 年版,第 1380—1381 页。
③ 杨伯峻:《春秋左传注》,中华书局 1981 年版,第 1380—1381 页。
④ 隆滟:《浅析赋诗言志在春秋外交活动中的功用》,《和田师范专科学校学报》2008 年第 3 期;朴钟锦:《中国诗赋外交的起源与发展》,知识产权出版社 2013 年版,第 33—40 页。

动、优雅等特点，更重要的是以"汉文"为载体，搭建起中国与越南、朝鲜、琉球等国的文化桥梁。所以，外国的使臣与中国的陪臣相遇、中国的使臣与同文之国的君臣相遇或者不同国家使臣在中国相遇时，便常常出现以"汉文"作为交流工具的诗赋外交。这种诗赋外交，依然具备某种政治外交的意义，而更多的是传递文士之间的交流和友谊。

在14—19世纪中国与越南的交往中，诗赋外交依然延续着政治外交的使命。首先，中越双方互派的使臣，以翰林词臣为首选，要求娴于辞令、善于专对，体现了对诗赋外交的重视。其次，在正式的外交场合，中越双方又以诗词为工具表达政治立场、政治使命。比如，明武宗正德七年（1512）湛若水、潘希曾作为正使和副使出使越南，奉命封洪顺帝为越南国王，其间，越南国王黎暭主动赋诗送别，湛若水、潘希曾分别次韵唱和。黎暭在《饯湛若水》一诗中言，"恩覃越甸山川外，人仰尧天日月中"[1]，表达了对宗主国的感谢与钦慕；而"文轨车书归混一，威仪礼乐蔼昭融"[2] 两句，则强调中越两国文化、礼乐的相通与和谐，表明了越南国王的立场。湛若水《次韵奉和》"南服莫言分土远，北辰长在普天中"[3] 两句既是对黎暭的回应，也突出了宗主国怀柔四方、恩及南国的自豪；"记得传宣天语意，永期中外太平同"[4] 两句，明确表达了此番出使的目的：希望与越南继续维持睦邻友好的关系，和平共处。黎暭《饯潘希曾》同样表达了越南对明朝"恩诏普施"的感激，以及"勉辅皇家亿万年"[5] 的忠心。潘希曾

---

[1]　中国复旦大学文史研究院、越南汉喃研究院合编：《越南汉文燕行文献集成》（越南所藏编）第2册，复旦大学出版社2010年版，第34页。
[2]　中国复旦大学文史研究院、越南汉喃研究院合编：《越南汉文燕行文献集成》（越南所藏编）第2册，复旦大学出版社2010年版，第34页。
[3]　中国复旦大学文史研究院、越南汉喃研究院合编：《越南汉文燕行文献集成》（越南所藏编）第2册，复旦大学出版社2010年版，第35页。
[4]　中国复旦大学文史研究院、越南汉喃研究院合编：《越南汉文燕行文献集成》（越南所藏编）第2册，复旦大学出版社2010年版，第35页。
[5]　中国复旦大学文史研究院、越南汉喃研究院合编：《越南汉文燕行文献集成》（越南所藏编）第2册，复旦大学出版社2010年版，第35页。

《次韵答安南国王兼辞其赆》一诗"龙节远辉南斗外，鸟星长拱北辰边"① 表达了不远万里出使越南的使命与目的；尾联"临别何须重金币，赠言余意忆他年"② 则义正词严地拒绝越南馈赠的财物，显示出大国的风范和气度。"诗赋外交"还具有含蓄蕴藉、典雅深刻的特点。湛若水在另一首次韵奉和黎晭的诗中写道："自天三锡元殊数，薄物诸邦孰与荣。"③ "三锡"，典出《易经·师卦》象传"王三锡命，怀万邦也"④，指君王多次下令嘉奖，以安抚万邦；"薄物"一句，则是双关语，既歌颂越南安边之功，又暗示其对天朝上国的回报。除了外交场合的应对酬唱，使臣们在日常接触的过程中，需要时刻保持政治的敏感性，恰当地通过诗赋外交表达政治态度。例如，元朝赴越使臣傅若金有《安南人以纸立马求赋梅华》一诗。从题目看，越南人"以纸立马求赋"颇具挑衅意味。作为元朝的使节，如何恰如其分地应对，既关乎出使的效果，也影响到元廷与越南的关系。傅若金巧妙地赋诗如下：

> 江驿梅花晴照人，暗香冉冉拂衣巾。可怜结子依南土，未得移根近北辰。⑤

在这首诗中，傅若金以"南土"借代越南，以"北辰"隐喻元朝中央王权。诗中既嘉许越南的向风慕义，也重申元朝以德服人的政治形象。傅若金通过这首咏梅诗，微言大义，不辱使命。

---

① 《景印文渊阁四库全书》，（台北）台湾商务印书馆 1986 年版，集部别集类集 1266，第 667—668 页。按：《越南汉文燕行文献集成》第 2 册第 36 页，"鸟星"为"鸣里"。

② 《景印文渊阁四库全书》，（台北）台湾商务印书馆 1986 年版，集部别集类集 1266，第 668 页。按：《越南汉文燕行文献集成》第 2 册第 36 页，"金"为"分"，"余"为"深"。

③ 中国复旦大学文史研究院、越南汉喃研究院合编：《越南汉文燕行文献集成》（越南所藏编）第 2 册，复旦大学出版社 2010 年版，第 37 页。

④ 黄寿祺、张善文：《周易译注》，上海古籍出版社 2004 年版，第 54 页。

⑤ 《景印文渊阁四库全书》，（台北）台湾商务印书馆 1986 年版，集部别集类集 1213，第 285—286 页。

到了 18、19 世纪，中越两国诗赋外交的政治意味慢慢淡化，两国官员和文士的诗词唱和，更多表现在思想的交流、情谊的表达和文化的融合上。越南使臣到达中土之后，接触最多的是伴送官、当地官员和文人，他们的汉文诗歌对此多有记录。后黎朝阮宗窒《到南宁赠文官伴送刘鼎折》《赠武官伴送张文贵》《赠梧州府正堂》《到广西谢巡抚官二律》，后黎朝武辉珽《赠文伴王通判回松江省亲》《答赠济宁诗客姚迈德》《赠护送崇善县分县姚遇泰》《答赠苍梧知县欧阳新》《赠文伴送王步曾》《赠武伴送杨世基》，西山朝佚名使臣《赠文短送萧崇阿》《赠武短送毛克丰》《赠武长送朱老爷》《赠武短送薛爷》《赠广西巡抚陈大人》，阮朝郑怀德《赠虎门左翼总兵黄标》《赠东莞县正堂范文安》《赠广西省修职郎彭嵩龄伴使》，阮朝黎光定《赠广西太平府正堂总理边务王抚堂》《别南宁分府黄德明（黄短送到浔州府谢归用李青莲别中都明府元韵书赠）》《题扇赠湘潭陆豫知县》《题扇通守长沙府唐景》，阮朝吴仁静《留别陈濬远》《留别张稔溪》《留别仙城诸友》，阮朝武希苏《赠赵李谢三秀才扇》，等等，这些赠答、赠别诗记录了中越官员和文人之间的交往与友谊。由上述诗题可见，越南使臣题赠诗歌的对象有官员，也有普通文人，而伴送官有长伴送和短伴送之分，还有文伴送和武伴送之别。

这些作品中，表达得最多的是异国情谊。比如西山朝段浚在《赠别吉水裴应绳》中说："海国余人谁似我，天边知己独逢君。"① 裴应绳是吉水儒医，待段浚甚厚，曾赠有"才情有我独知君"之句，故段浚在临别之际表达了依依惜别的挚友之情。在临别赠诗中，此类交谊被反复提及。如西山朝佚名使臣《赠文短送萧崇阿》一诗中写道：虽然"相逢未得几霜星"，然而"应接遂成千古交"。② 佚名《赠武短送毛克

---

① 中国复旦大学文史研究院、越南汉喃研究院合编：《越南汉文燕行文献集成》（越南所藏编）第 7 册，复旦大学出版社 2010 年版，第 93 页。

② 中国复旦大学文史研究院、越南汉喃研究院合编：《越南汉文燕行文献集成》（越南所藏编）第 8 册，复旦大学出版社 2010 年版，第 33 页。

丰》："乍成佳友乍西东，郑重多情叙别中。器宇轩昂浑泰峙，笑谈温雅盗春风。兰香一室情深契，梅驿三旬劳与同。别后几时重握手，秋軖南指更相逢。"① 颈联写一个月的相处，两人已经结下深厚情谊；尾联写珍重道别，并寄希望于归程时的重逢。阮朝吴仁静的留别诗也多叙友情，如《留别陈濬远》："一遇留青眼，几回忆白衣。临岐无限泪，天外雨霏霏"②；《留别仙城诸友》："关山莫道长相别，金玉交情久益坚"③；《留别张稔溪》："余身轻一叶，尔意重千金。"④ 在这几首赠别诗中，吴仁静均表达了对广东文人陈濬远、张稔溪等人倾盖如故的情谊，并流露出眷恋与不舍。

一些赠答唱和诗表达的是对当地官员的赞美之情，或对中土风物、文化的盛赞。如佚名《赠广西巡抚陈大人》："松筠节操雪冰清，桂省龚黄播令名。"⑤ 既称扬陈巡抚的节操，又指出其声誉远播。阮宗窒《谢布政官》："德度风标第一流，民生在念政优优。"⑥ 赞赏布政官唐绥祖的精神气度和嘉谋善政。胡士栋《贺广西巡抚吴》称赞吴巡抚"文武兼资盖世豪"⑦ 的文韬武略，《贺江南将军辅国公》颂扬辅国公"冰壶清操悬秋月"⑧ 的人品操守。郑怀德《和安阳县举人王铁崖见赠原韵》："星驰绣节到名区，万里山河一远儒。尘躅辱污贤圣

---

① 中国复旦大学文史研究院、越南汉喃研究院合编：《越南汉文燕行文献集成》（越南所藏编）第 8 册，复旦大学出版社 2010 年版，第 33 页。
② 中国复旦大学文史研究院、越南汉喃研究院合编：《越南汉文燕行文献集成》（越南所藏编）第 9 册，复旦大学出版社 2010 年版，第 27 页。
③ 中国复旦大学文史研究院、越南汉喃研究院合编：《越南汉文燕行文献集成》（越南所藏编）第 9 册，复旦大学出版社 2010 年版，第 28 页。
④ 中国复旦大学文史研究院、越南汉喃研究院合编：《越南汉文燕行文献集成》（越南所藏编）第 9 册，复旦大学出版社 2010 年版，第 29 页。
⑤ 中国复旦大学文史研究院、越南汉喃研究院合编：《越南汉文燕行文献集成》（越南所藏编）第 8 册，复旦大学出版社 2010 年版，第 34 页。
⑥ 中国复旦大学文史研究院、越南汉喃研究院合编：《越南汉文燕行文献集成》（越南所藏编）第 2 册，复旦大学出版社 2010 年版，第 351 页。
⑦ 中国复旦大学文史研究院、越南汉喃研究院合编：《越南汉文燕行文献集成》（越南所藏编）第 6 册，复旦大学出版社 2010 年版，第 43 页。
⑧ 中国复旦大学文史研究院、越南汉喃研究院合编：《越南汉文燕行文献集成》（越南所藏编）第 6 册，复旦大学出版社 2010 年版，第 46 页。

路，瑶图幸历帝王都。葱茏云物昭中夏，磅礴文风际四隅。冀地逢君交半面，七言相赠抵琼瑜。"① "葱茏"一联是通过对中国境内景物的夸赞和对中华文明的礼赞，流露出对泱泱大国、巍巍华夏的钦慕之情。

值得一提的是，部分汉学修养较高的越南使臣与中国官员、文人的交往交流中，带有更多的文学色彩。郑怀德的《题长沙赵知县扇面李翰林画梅》是一首题画诗："老干横斜烟里出，琼枝次第手中开。蝶魂有分偷香去，诗兴无劳踏雪来。"② 这首诗化用宋代诗人林逋《山园小梅》中间两联"疏影横斜水清浅，暗香浮动月黄昏。霜禽欲下先偷眼，粉蝶如知合断魂"③ 而来，又能紧扣"手中"画扇的特点和题画诗"无劳踏雪"的景况，写得饶有趣味。由此诗一方面见出越南使臣对唐宋诗歌的熟稔和模仿学习，另一方面传达出诗赋外交对政治色彩的弱化和对文学特质的回归。这样的例子在越南使臣诗集中虽然不能说比比皆是，但还是有一定数量的。吴仁静与广东文人有比较深入的交往，曾几次参加当地香山诗社的唱和，写下《和香山诗社雪声原韵》《和香山诗社对梅原韵》《冬日偕香山诗社诸子过普济院寻梅》等诗歌，与陈濬远、刘照、张稔溪、黄奋南、符磻溪多有唱和。这些作品体现了文人雅士踏雪寻梅、互相酬唱的兴致，文学意味很浓，而且比一般的应酬诗有更深入的情感和文化的交流。正如郑幸在《拾英堂诗集》前言所说："这种社团性质的交游，较简单的诗歌酬答显然更为深入。"④ 吴仁静、黎光定、阮嘉吉等越南使臣还记录了获得中国官员和文人赠送诗集的雅事。吴仁静因吴芳培（字云樵）惠送诗集而写下了《赠河南督学政吴云樵惠送诗集》一诗："何期邦外客，得睹箧中珍。俊逸知无敌，清高信有神。汴梁钦领

----

① 中国复旦大学文史研究院、越南汉喃研究院合编：《越南汉文燕行文献集成》（越南所藏编）第 8 册，复旦大学出版社 2010 年版，第 334 页。

② 中国复旦大学文史研究院、越南汉喃研究院合编：《越南汉文燕行文献集成》（越南所藏编）第 8 册，复旦大学出版社 2010 年版，第 316 页。

③ （清）吴之振等选：《宋诗钞》，中华书局 1986 年版，第 409 页。

④ 中国复旦大学文史研究院、越南汉喃研究院合编：《越南汉文燕行文献集成》（越南所藏编）第 9 册，复旦大学出版社 2010 年版，第 4 页。

袖，台阁具经纶。徒仰春风座，匆匆笑未因。"① 对吴云樵的政治才干
和文学才华均给予高度评价，并表达了获得赠送诗集的欣喜之情。黎光
定在孙世封进士赠送诗集和两首绝句之后，次韵两首赠答，即《答中
州进士孙世封（时孙惠诗一编送，赠诗二绝，因次韵以答）》，其二云：
"囊因诗句接云樵（指河南督学吴芳培），今亦斯文幸不遥。万里归来
谁是宝，两编珍重箧中瑶。"② 既表达了幸接斯文、以诗赠答的自豪，也
透露出对对方诗集的珍视。阮嘉吉亦有《宿开封省城河南督学使吴云樵
惠诗笺二册因书以谢》《宿许州进士许世封惠送森圃存稿二册并诗二绝求
和因书以答》等诗。黎光定又有《别南宁分府黄德明（黄短送到浔州府
谢归用李青莲别中都明府元韵书赠）》一诗："舟车迢递好逢君，香近芝
兰久不闻。郑重亭梅春半点，低徊梁月夜半分。数声斑马撕芳草，一片
孤帆挂夕云。多少别情难尽话，谩将三弄记离群。"③ 从诗歌小序看，黎
光定对李白的诗歌早已烂熟于心，故步李青莲诗韵赠别黄德明，表达惜
别之情。黎光定的诗还获得了越南著名文人阮攸的多次称赞，如对其
《题扇赠湘潭陆豫知县》"江关历历泛星槎，偶向湘潭睹物华。风惹琴
声堂上曲，园留春色县中花。北南分土虽千里，今古斯文亦一家。半面
莫嫌相识浅，时牵清梦到天涯"④ 一诗，阮攸评曰："有风态可咏，无情
生情，落句有味。"⑤ 此评的确深中肯綮，也说明了黎光定的汉文诗达到
了较高的水平。黎光定不但工于诗，还长于书法和绘画，艺术修养也很
高。他的《华原诗草》中不但有不少题画诗，而且在《赠临桂县范老
爷》一诗中论及"时范惠兰一盆，故画墨竹一枝答赠"，并留下"钦君

---

① 中国复旦大学文史研究院、越南汉喃研究院合编：《越南汉文燕行文献集成》（越南所藏
编）第 9 册，复旦大学出版社 2010 年版，第 56 页。
② 中国复旦大学文史研究院、越南汉喃研究院合编：《越南汉文燕行文献集成》（越南所藏
编）第 9 册，复旦大学出版社 2010 年版，第 142 页。
③ 中国复旦大学文史研究院、越南汉喃研究院合编：《越南汉文燕行文献集成》（越南所藏
编）第 9 册，复旦大学出版社 2010 年版，第 115 页。
④ 中国复旦大学文史研究院、越南汉喃研究院合编：《越南汉文燕行文献集成》（越南所藏
编）第 9 册，复旦大学出版社 2010 年版，第 128—129 页。
⑤ 中国复旦大学文史研究院、越南汉喃研究院合编：《越南汉文燕行文献集成》（越南所藏
编）第 9 册，复旦大学出版社 2010 年版，第 129 页。

有味分兰臭，笑我无心赠竹枝"① 的佳句。由此可见，吴仁静、黎光定、阮嘉吉都有较高的汉文学修养和较高的即席赋诗能力。

当然，18世纪以后诗赋外交的政治意味虽然有所消退，但并不意味着完全消失。越南使臣在出使宗主国时必须熟悉中国唐诗格律，并能熟练运用汉文进行酬答、应对自如。这样才能表达对宗主国的景仰，并在出使时不辱本国声誉。这在一定程度上延续了诗赋外交的政治意味，"专对"的能力是使臣必备的。阮朝武希苏《梧江舟次酬赠盐道官师爷玉圣基》一诗就是即席吟赠："应对渐非七步才，近聆高谊觉茅开。莫嫌客次难长聚，后会相期返辔来。"② 首句熟练使用曹植七步赋诗的典故，表现出较高的文学修养，句意虽为自谦，但也颇有自矜的意味。阮朝潘辉注有《江夏县堂委价携扇请诗走笔书赠》《顺德城晚住县堂遣子携扇乞诗即席书赠》等诗，从诗题看，均为当场应答，可见其诗才和急智。后黎朝胡士栋在出使中土的时候，与江南将军辅国公、江宁张见齐等人多有酬唱，辅国公、张见齐对其皆称赞有加，"且看贡使联题翰，风雅应饶古越裳"（《辅国公题赠》)③，"诗歌不让青莲句，辞命休夸百物工"④。胡士栋步韵应答，从容赋诗，体现出不一般的才智。对于越南使臣而言，具备即席吟赠、当场赋诗的能力，才能不负使命、不辱声誉。

总之，中越使臣因空间阻隔而生发浓烈的乡愁，因奉使出行而心怀强烈的政治责任感，故抒发乡愁和表达不辱使命的责任意识是他们使途诗歌的两大主题，也是他们出使过程中支撑其精神世界的两大内核。使臣诗歌中书写的乡愁有其独特性，与士大夫文人宦游在外欲归不得的乡

---

① 中国复旦大学文史研究院、越南汉喃研究院合编：《越南汉文燕行文献集成》（越南所藏编）第9册，复旦大学出版社2010年版，第120页。

② 中国复旦大学文史研究院、越南汉喃研究院合编：《越南汉文燕行文献集成》（越南所藏编）第9册，复旦大学出版社2010年版，第205页。

③ 中国复旦大学文史研究院、越南汉喃研究院合编：《越南汉文燕行文献集成》（越南所藏编）第6册，复旦大学出版社2010年版，第46—47页。

④ 中国复旦大学文史研究院、越南汉喃研究院合编：《越南汉文燕行文献集成》（越南所藏编）第6册，复旦大学出版社2010年版，第47页。

愁相比，这种乡愁是可以消解的乡愁，一旦返程回国，乡愁就会慢慢减弱。而不管路途如何漫长与艰辛，政治使命感一直贯穿于使臣的诗歌中，他们还利用"诗赋外交"这一特殊的外交方式表达政治立场、展示专对能力、促进文化交流。

第五章　中越使臣诗歌的特点和意义

通过以上分析，中越使臣诗歌的特点呼之欲出，一是与地理关系密切，"江山之助"催生了大量的使臣诗；二是在"他者"的视野下处处透露出新鲜感和新奇感。使臣诗歌在文学史上虽然地位不突出，但亦具有独特意义，主要表现在反映时代文学风气、补正文学史料等方面。

第一节　江山之助：献予诗材

中国地域辽阔，地理位置上有东西之差异、南北之不同，文化风俗上有塞北之骏马秋风与江南之杏花春雨的区别。差别巨大的地理环境、风貌各异的文学区域，在很大程度上会影响创作主体的艺术创作，而且这种影响往往能给予创作主体不一样的素材和感受。董其昌《画禅室随笔》说："读万卷书，行万里路，胸中脱去尘浊，自然丘壑内营，成立鄞鄂，随手写生，皆为山水传神矣。"[1] 认为绘画需要"读万卷书，行万里路"，然后才能"脱去尘浊"，为"山水传神"。文学创作亦通此理。刘勰在《文心雕龙·神思》中云："文之思也，其神远矣。故寂然凝虑，思接千载，悄焉动容，视通万里。"[2] 此处刘勰虽然阐述的是艺

---

[1]　俞剑华编著：《中国画论类编》，人民美术出版社 2016 年版，第 726 页。

[2]　（南朝梁）刘勰著，范文澜注：《文心雕龙注》，人民文学出版社 1958 年版，第 493 页。

术构思和想象的问题，但也说明了"视通万里"的重要性。刘勰在
《文心雕龙·物色》中进一步指出："若乃山林皋壤，实文思之奥府，
略语则阙，详说则繁。然屈平所以能洞监风骚之情者，抑亦江山之助
乎!"① 明确了山水林泉、土壤植被是激发文学创作灵感的宝地。他将
自然地理环境对文学作品的催生作用，称为"江山之助"。这段话精辟
地概括了自然地理环境与文学创作之间的关系。杨万里在总结创作体会
时亦言"万象毕来，献予诗材"②，认为所观之自然风物和社会生活是
创作的源泉，诗人目之所及实为文学创作的最大素材库。越南人宁逊在
《华程诗集序》中总结其师武辉珽诗歌创作时不无夸赞地说："是集之
作也，以周游万里之眼力，写驰骋千古之心胸，精神意气，自倍寻
常。"③ 由此可见，周游万里，经眼所见，为使臣诗歌创作提供了丰富
的诗材，而这样的视野和格局也让使臣诗"精神意气"不同寻常。黎
文德在李文馥《周原杂咏草序》中言："江山助其神，照眼句成，风物
供其妙。"④ 潘辉注在《华轺吟录自序》中也说："随地游瞩，眼思豁
如。……亲履其境，目阔神怡，淋漓壮浪，自不觉发为诗歌赋咏。"⑤
所以，我们可以说，"江山之助"是使臣诗歌的独特之所在。

　　使臣不但具备了视通万里的客观条件，也具备了思接千载的主体修
养。古代交通较为闭塞，交通工具亦极为简陋，长途跋涉，舟车劳顿，
很多人并不具备"视通万里"的条件。再加上政治、版图等原因，一
个人要想亲历东西南北之差异确实有些困难。虽也有仕宦、游学、贬
谪、戍边等各种情况下的南北漫游、东西行旅，但亲历这种行程万里，
动辄半年、多则一年的跨国之旅的毕竟是少数。张以宁就曾说，如果不

---

① （南朝梁）刘勰著，范文澜注：《文心雕龙注》，人民文学出版社 1958 年版，第 694—695 页。
② （宋）杨万里撰，辛更儒笺校：《杨万里集笺校》，中华书局 2007 年版，第 3260 页。
③ 中国复旦大学文史研究院、越南汉喃研究院合编：《越南汉文燕行文献集成》（越南所藏编）第 5 册，复旦大学出版社 2010 年版，第 242 页。
④ 中国复旦大学文史研究院、越南汉喃研究院合编：《越南汉文燕行文献集成》（越南所藏编）第 14 册，复旦大学出版社 2010 年版，第 152 页。
⑤ 中国复旦大学文史研究院、越南汉喃研究院合编：《越南汉文燕行文献集成》（越南所藏编）第 10 册，复旦大学出版社 2010 年版，第 178 页。

是出使越南，则不会来到南昌："平生未踏南昌土，垂老经过驾使轺。"（《过南昌》）①　因而可以说，使臣这一群体，具备了实现视通万里梦想的条件。而且，使臣都是经过国家精心挑选的博学之才、有识之士，无论中越哪一方，皆以文官儒士（尤其是翰林词臣）居多。这些饱读诗书的文官，熟悉中国的历史与文化，具有思接千载的文字功底和文化修养，又佐之以视通万里的有利条件，所写就的使臣诗歌也在一定程度上具有独特的视野和非凡的魅力。

结合前文论述，"江山之助"构筑了使臣诗歌丰富的地理空间、厚重的历史空间和独特的精神空间。据统计，对于中国赴越使臣而言，大多数使臣在出使之前，所游历之地大都为赶考、游学或游宦时途经的地方，所到之处以长江以北居多。出使途中的湖北、湖南，尤其是广西对使臣而言是陌生的；而对于越南赴华使臣而言，第一次出使中国时，北上的各地都是陌生的。这种陌生的地理空间和历史空间对使臣诗歌的影响至少有二。

一是咏诵对象发生变化。清朝首位出使越南的使臣吴光在南使途中所作的《使交集》共124首诗歌，其中在长江以北六省市共作诗29首，而长江以南地区是其诗歌创作的主要集中地。诗中不但吟咏广西喀斯特地貌的山，也新鲜感十足地吟咏不一样的食物（如波罗蜜、椰子等）、不一样的植物（如斑竹、倒挂等）、不一样的动物（如秦吉了、白鹇等），这些都不是生于江浙、仕于京城的吴光能见识到的，故他非常新奇地描述了对这些食物、植物和动物的喜爱。上文所述中越使臣行经各种不同的区域，他们所吟咏的对象因地而异，也大多带有地域色彩。另外，俗话说"近处无风景"，而不一样的风景，往往能激发一个人的创作动力和灵感。这种创作动力，不仅仅是为了满足个人的新奇，在古代人臣的身上还背负着为圣上"观风俗以化天下"的重任。《诗经》的"风"诗按地域分为十五国风，即有此意味。而使臣出使途中很多诗歌亦以地名作

---

① 《景印文渊阁四库全书》，（台北）台湾商务印书馆1986年版，集部别集类集1226，第564页。

为诗题，从中我们不但能清晰了解其出使路线，也能明确地感受到各地的不同习俗与民风。正所谓"百里不同风，千里不同俗"，正是不同地域的不同风俗，才激发出不一样的创作体验。《汉书·地理志》亦对不同区域的不同自然环境和风土人情做了解说，最末一句"汉之译使自此还矣"，① 表明这些文字的记录源自传译使者之口述，可见使者在古代对于不同地理描绘的作用和意义十分重大。对于 14—19 世纪的使臣而言，他们沿途记录所见风俗，回国后也要面呈圣上，让统治者观风俗而知天下。明代孙承恩在《南征赋》中曾言："涉历乎江山之大兮，周流乎宇宙之半。廓耳目之嵬琐兮，盖于是而得乎大观。吊往哲之遗迹兮，览前代之故墟。时婴心以激烈兮，亦感叹而歙歠。过都邑以历览兮，每观风而问俗。"② 使臣行程万里，视通古今，在游赏山水、凭吊遗迹、观览都邑的过程中，抒发了或喜或悲的情感，并通过观风俗以达到知天下的目的。

二是吟咏心情发生变化。受命从京城出发，使臣的心情随着路途的变化而有起伏，而这种起伏，往往跟地理空间有很大关系。刘勰指出"情以物迁，辞以情发"，认为写作要"随物以宛转""与心而徘徊"。从中越使臣诗歌看，使臣在不同的地方、不同的景物面前，所表达的情思的确是有所差异的。使臣在京城辞别送行诸官员时，诗中表达的既有不辱使命的凌云壮志，也有离别千里的惆怅悲伤，但主体还是在不辱使命的决心上。而随着旅途的推进，渐行渐远的距离感使故园之思亦慢慢衍生，加之舟行的长久、环境的恶劣，羁旅之苦渐生，并逐渐呈现倍增之势。最后，故园之思随着出使目的地的迫近，往往衍化为家国之念。虽然愁苦之音为贯穿出使的主线，但是沿途奇特的风景也还是能一解其苦的，寄情于山水成为使臣们消解乡愁的良方。使臣跋涉中国南北，其所见之物和所闻之俗对于其诗歌的词语运用亦有很大启发和触动，这种启发主要表现在形容词的使用上，不同的景物和心情都有不一样的形容

---

① 周振鹤：《汉书地理志汇释》，安徽教育出版社 2006 年版，第 519 页。
② 《景印文渊阁四库全书》，（台北）台湾商务印书馆 1986 年版，集部别集类集 1271，第 142—143 页。

词。同一种景物在不同地点用不同的形容词来表达不同的情感和认识，并由此流露其潜在的思想和心情。

一个地域总会有被人赋予意义的历史空间，如文人歌颂过、名人居住过、文化事件影响过等，这些环境就会在此基础上衍生出一种文化，于是后人遇见此环境则自然想到其背后的文化内涵，这就是历史空间，它对使臣诗歌的影响至少有二。

一是丰富创作形式。出使路途遥远，所见所感大都不同，所以依据不同的内容而产生不一样的诗歌类别和形式在使臣诗歌中亦有表现。这种表现可以概述为两方面：不同题材造就不同诗歌类别，可以看到的是咏史则多怀古诗，描物则多咏物诗；不同类别诗歌有不同诗体。怀古诗大多需要一个触发点，而这个触发点应该是一个历史遗迹或者与之相关的空间地域，所以降大任先生也曾言"怀古诗受空间地点的限制（故不免写景）"。① 每一种文体都有相适应的功用，故曹丕言"盖奏议宜雅，述论宜理，铭诔尚实，诗赋欲丽"。诗体亦是如此，对于不同的题材也有相适应的诗体，这样因地制诗、因诗生体，就达到了形生势成的效果，自然也就丰富了不同的诗歌形式。

二是丰富创作手法。首先，谈及用典，人们常以"点石成金"之法为妙。故刘勰才言"凡用旧合机，不啻自其口出""用人若己，古来无懵"（《文心雕龙·事类》）②。韩愈也曾说"师其意，不师其辞"（《答刘正夫书》）③。使臣沿途所见前人吟咏之意象很多，无论是建筑物、人物抑或是神话传说，这就容易触发饱读诗书的使臣引经据典，对古人辞意兼师，而且一般这样的用典或者化用的一大前提是身临其境。其次，谈及意境营造，意境是诗词的灵魂。在对历史空间的叙写中，使臣诗通过时空对举的方式，使诗歌意境更厚重深邃或更开阔辽远。正如

---

① 降大任：《咏史诗与怀古诗有别》，《社会科学战线》1984 年第 4 期。

② （南朝）刘勰著，范文澜注：《文心雕龙注》（上），人民文学出版社 1958 年版，第 616—617 页。

③ （唐）韩愈著，童第德选注：《韩愈文选》，人民文学出版社 1980 年版，第 120 页。

吴功正所言:"中国古典诗歌的时间、空间不是单一化的,而是时空相互交错,构成特定的美学机制。空间感寓于时间感中,使得中国古典诗词审美具有流动性和变异性。"①

第二节 他者之眼:文化对视

"他者"是相对于"自我"而形成的概念,指"自我"之外的一切人和事。"他者"的概念在西方哲学中有深厚的渊源,在后现代西方文学批评中被广泛使用。西方人将"自我"以外的非西方的世界视为"他者",将两者截然对立起来,试图建构和强化西方作为一种优越民族的自身形象。正如萨义德在《东方学》中所指出的:"东方不仅与欧洲相毗邻;它也是欧洲最强大、最富裕、最古老的殖民地……是欧洲最深奥、最常出现的他者形象之一。此外,东方也有助于欧洲(或西方)将自己界定为与东方相对照的形象、观念、人性和经验。"② 所以,"他者"的概念实际上潜含着以西方为中心的意识形态。本书所言之"他者",主要指相对于本国而言的异国者,以"他们"之眼观"我国"之形,即从他们的文学作品中探视本国的文学形象,而不采用其以"自我"为中心,轻视"他者"之意。

域外汉籍为我们研究中国文化提供了一个"他者"的视角。张伯伟先生说:"现存于朝鲜—韩国、日本、越南等地的汉籍,展现的便是'异域之眼'中的中华世界。"③ 也就是说,通过对"汉文化圈"周边国家汉籍文献的研究,透过一双双"他者"的眼睛,能够帮助我们在中外比较中多角度了解与研究源远流长的中华文化。葛兆光先生也提出了"从周边看

---

① 吴功正:《中国古诗的时空美学》,《广西社会科学》1987年第4期。
② [美] 爱德华·W. 萨义德:《东方学》,王宇根译,生活·读书·新知三联书店1999年版,第2页。
③ 张伯伟:《域外汉籍研究丛书·总序》,中华书局2007年版,第2页。

中国"的研究视角："'从周边看中国'不仅在观念上可能会促使我们重新认识历史中国和文化中国，在文献上可能会激活相当多过去不曾重视的日本、韩国、越南有关中国的资料，在方法上也会刺激多种语言工具的使用和学术视野的扩展。"① 借鉴"从周边看中国"的观念，可在越南所保留的汉文古籍中重新认识中国形象，并且，通过与中国古籍中的自我形象作对比，多层次还原中国的历史、地理、文化原貌。通过对越南汉文文献的整理，笔者发现了"他者"视角记载下的独特内容和透露出的文化内涵。这为研究中国传统文化的传播和影响提供了新的材料，也带来了新的方法。在中越文化的对比中，历史中的中国更丰富、更立体了。

　　无论是中国使臣还是越南使臣，他们眼中的中国都包含着他们对中国的历史认知和现实看法，这种总体的形象是一种文化言说，其中包含一种文化对另一种文化的言说。观照使臣诗歌，可以发现，在"他者"之眼中，与"自我"的书写至少有两个层面的不同。

　　一是吟咏对象有差异。中越使臣在一路行吟中，关注点有相似之处，也有很多不同。相似的如对岳阳楼、洞庭湖、黄鹤楼等山水风光、名胜古迹的描写。不同的诸如，越南使臣诗歌中反复歌咏的交州太守士燮和节妇贞女刘氏三烈，几乎没有出现在中国使臣的诗歌中；而作为迎送越南贡使的湛恩亭，更是从不曾见诸中国使臣的笔端；越南使臣对中国境内与越南相关的历史遗迹表现出浓厚的兴趣，如途经马伏波庙、汉武帝擒获吕嘉处、毛伯温收降莫登庸处等地时有意寻访遗迹并赋诗，而中国使臣对这些遗迹赋诗甚少；在"八景"诗中，虽然中国使臣也有燕京八景、潇湘八景的描写，但涉及范围不广，而越南使臣对浔州八景、梧州八景、桂林八景、潇湘八景、金陵八景、燕京八景等都有大量的吟咏；中国使臣对广西的城市风景、横州五险滩（又称乌蛮滩）、全州湘山寺等着墨不多，而越南使臣则用大量诗篇不厌其烦地描写广西的山水风光和城市风貌，尤其是五险滩成了他们笔下特有的一个水路景

---

① 复旦大学文史研究院编：《从周边看中国》，中华书局 2009 年版，第 1 页。

观，堪称水路上的"蜀道"。

二是地域印象有差异。对于中原厚重的文化积淀、荆楚浪漫而神秘的传说，中越使臣诗中都有相关反映。而中越使臣对中国境内地域印象的最大不同，表现在对广西整体印象的巨大差异上。中国使臣诗歌中荒蛮凋敝、兵戈频起、文明滞后的广西，在越南使臣的眼里，则是满地繁华、商货盈积、屋舍华丽的，故有称为"西南一大都会"的桂林、号称"小南京"的南宁、誉为"岭外繁华第一州"的梧州。在中国使臣的笔下，广西是荒蛮的，除了省会桂林风光宜人、文化与中原远接外，其他地方多不值一提，而在越南使臣的诗歌中，广西是繁华的，风光旖旎、古迹众多、文化深厚。

以上关于吟咏对象与地域印象书写的不同，正反映了深层的文化渊源，从中我们可以窥见中越文化的交融与发展。在中越使臣诗歌的对视与凝望中，我们可以得出以下结论。

第一，从越南使臣的角度看，他们更关注与越南相关的历史人物和历史遗迹，更注重北使诗歌传统的继承与发展。在越南历史上，士燮（越南语：Sĩ Nhiếp）政绩显著，又推重儒学，威望极高，被尊为"士王""南交学祖"。士燮（137—226），字威彦，苍梧广信（今梧州）人。东汉中平四年（187）为交趾太守，司马光《资治通鉴·汉纪》称其"雄长一州""威尊无上""震服百蛮"。[①] 著有《士燮集》《春秋经注》《公羊注》《穀梁注》等。越南人对士燮尤为敬重，追褒士王，推为学祖，在其本国立有专祠。《大越史记全书·外纪》称士燮"既明且智，足称贤君"[②]，越南史臣吴士连认为"我国通诗书，习礼乐，为文献之邦，自士王始"[③]。越南陈朝追赠士燮为"善感嘉应灵武大王"。梧州是士燮故里，越南使臣一踏上苍梧的土地，纷纷寻访先祖的遗迹，歌

---

① （宋）司马光：《资治通鉴》（第1册），岳麓书社2009年版，第771页。
② ［越］吴士连等编撰，陈荆和编校：《大越史记全书》，（东京）日本东京大学东洋文化研究所1986年版，第130页。
③ ［越］吴士连等编撰，陈荆和编校：《大越史记全书》，（东京）日本东京大学东洋文化研究所1986年版，第133页。

颂其功绩，表达缅怀之思，从而形成了传统。大多数经过梧州的使臣，都会留下凭吊士燮的诗歌。阮攸、阮文超、潘辉泳、裴文禩等都在苍梧境内追思先贤士燮，以"太守本交人"而自豪，表达了景仰与缅怀之情。湛恩亭是中国官员接待越南使臣的重要外交场所，越南使臣到达广西省府桂林后，首先前往湛恩亭报到，所以他们的诗歌中有不少关于此亭的论述，并形成了书写的传统。湛恩亭在中越邦交活动中具有重要的作用，于越南使臣而言意义尤其重大，所以其诗歌中不乏关于湛恩亭的描写。五险滩是越南使臣贡途中必经的险滩，也是入境后经过的第一个险滩，所以他们将五险滩比喻为水路"蜀道"，极力渲染其险峻曲折。越南使臣非常重视对北使诗歌传统的继承与发展，家族中先后出使中国的越南文人，后辈对前辈书写传统的继承自不待言，其他奉使中国的使臣也多半关注和借鉴前代使臣诗文，比如乾隆四十三年（1778）北使中国的胡士栋，对乾隆七年（1742）至十年（1745）出使中国的阮宗窐所写的《使华丛咏集》是有所寓目的，并为诗集作了序。

第二，从中国使臣的角度看，他们对地域的印象是立足于中原文化的视角。中国古代的先民们，认为帝王所在的京城是国家的中心、文明的中心，由此向四周不断延伸，地理位置越靠边缘，文明等级就越低，而中原对四方边疆往往采取"怀柔政策"，即以文化感化、征服"远人"。在夏、商时期，中原王朝的核心统治区域是黄河流域。到了周朝，中原地区的民族自称华夏，而把华夏周围四方的人，分别称为东夷、南蛮、西戎、北狄。《礼记》中记载："王制，中国戎夷，五方之民，皆有性也，不可推移。东方曰'夷'，被发文身，有不火食者矣。南方曰'蛮'，雕题交趾，有不火食者矣。西方曰'戎'，被发衣皮，有不粒食者矣。北方曰'狄'，衣羽毛穴居，有不粒食者矣。"东夷、南蛮、西戎、北狄等都不是一个民族的单独称谓，而是多个民族的共同称呼。在此观念下，位于中国南疆的广东、广西、海南被划归为南蛮之地，是王化不及之处。唐代以来，岭南成为最重要的流放地，其中以宋代最为集中，出现了数次大规模贬官岭南的事件。宋代岭南地区的贬官，见于史籍的就有400多人。比如，苏轼、苏辙、秦观、黄庭坚等都有获罪南迁的苦痛经历。岭南作为谪宦逐臣的主要居住地，其荒蛮炎热、烟瘴遍野的恐怖形象深深地沉淀在人们的记忆中，并形诸文字流传后世。瘴气也逐渐成为岭南的一个文化符号，传递着贬官逐臣在仕途受挫、理想失落时的寂寥、悲怆和无奈。中国使臣出使越南时，步入南疆之后，很少抱有欣赏风光的喜悦心情，大多抒发的是路途艰辛、思家念国的深沉情怀。如吴光在康熙三年（1664）出使越南，途经广西时写下了"孤臣去国方万里，游子离家及五年。梅蕊况逢江馆春，云山黯淡百蛮天"（《太平公府廨》）①，表达了使途遥远思念家乡、身处蛮荒心情沉重的感受。林弼《广西舟中》"颇闻北来士，游宦愁僻远。十人九物故，岚瘴嗟满眼"②；孙承恩《苍梧》"夕雾兼晨霏，瘴疠方侵淫。交南此半途，行迈方自今。极目天南陲，望望愁人心"③，均表达了同样的情怀，即身入南陲，让人忧愁。由此可见，在中原文化中心论的影响下，中国使臣的广西诗颇多愁苦之音、畏途之叹。而在越南使臣（即"他者"）的眼里，广西拥有"西南一大都会"桂林、"小南京"南宁、"岭外繁华第一州"梧州。中越使臣对广西形象的不同感受，正与本国疆域、文化等影响相关。中国幅员辽阔、地大物博，中原才是政治文化的中心，地处南疆的广西远远谈不上繁华。但在邻邦越南的使臣看来，与其国接壤的广西是值得畅游和赞美的富庶之地，他们对广西有天然的亲切感，而不同时期越南使臣对广西繁华现象的书写，也体现了越南文化对广西形象的认同。

葛兆光先生对这种现象做过论述，即中国古人很早就构建了一个自我想象的"天下"，这个"天下"中"自己所处的地方就是世界的中心，也是文明的中心……地理空间越靠外缘，就越荒芜，住在那里的民族也就越野蛮，文明等级也越低"④。葛先生还进一步探讨了以自我为

①　（清）吴光：《使交集》，刘承干辑：《吴兴丛书》，吴兴刘氏嘉业堂刊 1927 年版，第 13 页。
②　《景印文渊阁四库全书》，（台北）台湾商务印书馆 1986 年版，集部别集类集 1227，第 9 页。
③　《景印文渊阁四库全书》，（台北）台湾商务印书馆 1986 年版，集部别集类集 1271，第 176 页。
④　葛兆光：《古代中国文化讲义》，复旦大学出版社 2006 年版，第 3 页。

中心的天下观的来源，并且认为在不同文明的冲击下，这种天下观并没有改变，所以可称之为"固执的中国天下观"，而这种观念一直根深蒂固于中国人尤其是知识分子心中。这意味着，对中国使臣而言，从中原南下，越往南就越是蛮夷之地。

而对于越南等邻国使臣来说，中国一直是一个强大而美丽、神秘且富饶的国家。从中越文化的对视中，我们发现，出使途中的所见所闻于越南使臣而言处处透露着新鲜与新奇，他们徜徉在诗意的流动空间中，以饱含赞美之情写下了许多吟咏中国各地山水风光、城市繁华的篇章，表达出游赏的愉悦与满足，而这种对异域风光的新奇感是中国使臣描绘中国的山水景物与都市景观时所少有的。从邻邦看中国，为我们深度解读中国历史与文化提供了一个多边的视角。在对历史图像多维度还原中，历史的脉络越来越清晰。

从中越交互的视角，探讨中越文学与文化的交流与对视，是值得深入拓展的领域，这对研究中朝、中日文学与文化的深度交流也具有借鉴意义。

第三节　文学史意义与文学地理学意义

袁行霈先生认为文学史的内容包括三个方面：主体是文学创作，一翼是文学理论、文学批评、文学鉴赏，另一翼是文学传媒。其中作为主体的文学创作又包含三个层面：文学创作的社会政治、经济背景，文学创作的主体即作家，核心内容文学作品。[①] 14—19 世纪中越使臣的诗歌在文学史上的意义除了上文阐述过的批评鉴赏、文学交流等，还有反映时代文学风气、补正文学史料等。

蒋寅先生曾说："诗歌是古代最普及的文学体裁，也是文学生活中

---

① 袁行霈：《关于文学史几个理论问题的思考——新编〈中国文学史〉总绪论》，《北京大学学报》（哲学社会科学版）1997 年第 5 期。

最受重视的对象，通过诗歌我们能把握一个时代文学的精神脉搏和一般风貌。"① 中越使臣诗歌或属于中国古典诗歌的一部分，或是中国古典诗歌在域外的一个延伸，通过对其分析有利于我们把握文学的精神脉搏和一般风貌。所以从这个意义上看，中越使臣诗歌不但丰富了中国古典诗歌的内容、拓展了诗歌语言，也在一定程度上折射出当时文学的生态和发展趋势。在使臣诗人群体中，不乏代表时代的诗人。以中国使臣为例，元代的陈孚是元代诗歌变革的先驱；明代的鲁铎是茶陵派核心人物李东阳的门生，其诗歌具有强烈的反台阁体倾向，现实性强；清代的吴光与清代文坛盟主王士禛交游唱和，反映了康熙中叶湖州诗坛之盛；程芳朝是桐城派成员之一，共同促进了清代散文的发展；等等。以越南使臣为例，黎贵惇是后黎朝著名诗人和学者；郑怀德、黎光定、吴仁静是阮朝有名的文人，均擅长诗文，并称"嘉定三家"；阮攸是阮朝著名的作家，是"鸿山文派"最突出的代表；李文馥是阮朝著名的外交家，也是著名诗人；等等。越南的北使汉诗，是越南古代文学的精华，不但作品数量多，而且具有较高的文学价值，也体现了时代特色、反映了时代风貌。

"新资料"历来是研究者所积极关注的对象，因为它是学术进步的推动力之一。葛兆光先生在阐明《越南汉文燕行文献集成》的意义时说："尽管中国自身的史料之多，常常被用'汗牛充栋''浩如烟海'来形容，但是这些来自异域的资料仍然有其价值，因为它的记载有另一个立场，它的评价有另一种眼光，它的观察有另一种角度，因此这是一些很有价值的新资料。"② 中越使臣诗歌的史料学意义主要体现在两个方面。

一是珍稀资料的保存。中越使臣的诗歌内容丰富，包罗万象，有抒情，有言志，有咏物，有怀古，有对沿途风景的描绘，也有对风土人情的体认，既有羁旅之思，也有壮志豪情，这些构成了使臣诗歌的千面之美。越南使臣的北使诗文集具有丰富的史料价值，其不但以异域的视角

---

① 傅璇琮、蒋寅总主编，蒋寅主编：《中国古代文学通论·清代卷》，辽宁人民出版社 2005 年版，第 17 页。

② 葛兆光等：《从周边看中国》，《中华读书报》2010 年 6 月 9 日第 10 版。

描绘了中国各地的风土人情、自然人文景致，也记录了越南使臣对中国的认识和与中土文士的交游唱和，更保存了当时中国的人文风物面貌和诗词歌赋。如越南使臣裴文禩编的《中州酬应集》中，就保存了时年二十五的陈三立作的两首律诗，此二首诗均不见于国内所存陈三立的诗集中；① 越南使臣阮公沆的《往北使诗》中，保持了明代名儒湛若水、潘希曾出使越南时与国王黎暊的八首唱和诗，但这些诗歌未见存于明朝文献中。② 在吴时任的《皇华图谱》中，其多数诗歌都会以小引或注解的方式介绍诗歌的来源、某些句子的化用、创作地点等情况，颇具文献价值。如《赋得洞庭湖水文澜壮》一首中提到："岳阳州试院扁题'至公堂'，左右对联云：'洞庭湖水文澜壮，天岳山苍化为深。'又曰：'出词精，入理必精，文以工夫而判。'"③ 这里，吴时任运用了中国古典诗歌中的一种分题形式的创作——赋得。赋得诗是齐梁间出现的一种集体场合创作的诗歌，符合中国古典诗歌中"诗可以群"的命题，它主要的意思就是"赋诗得某题"。吴承学先生认为从诗题看，赋得诗大致分为两类：一类是以古人诗句为题，一类是以即目所见之事物为题。④ 吴时任就是以岳州的试院对联为题来赋诗，诗后的说明文字不但保存了当时岳州试院的对联，也记录了这个对联的文化内涵，其诗歌也体现了越南使臣对这样一种文化的认识和体会，同时以"赋得"为题也不难看出吴时任深厚的古典诗歌造诣。关于保存的对联，吴时任在其岳阳楼诗歌之后也附录了岳阳楼当时的对联："朝开爱水遂心即是佚心，指破迷津凡境尚留仙境。"⑤ 李文馥在《使程志略草》中也对沿途

---

① 中国复旦大学文史研究院、越南汉喃研究院合编：《越南汉文燕行文献集成》（越南所藏编）第 22 册，复旦大学出版社 2010 年版，第 3—4 页。

② 中国复旦大学文史研究院、越南汉喃研究院合编：《越南汉文燕行文献集成》（越南所藏编）第 22 册，复旦大学出版社 2010 年版，第 34—38 页。

③ 中国复旦大学文史研究院、越南汉喃研究院合编：《越南汉文燕行文献集成》（越南所藏编）第 7 册，复旦大学出版社 2010 年版，第 167 页。

④ 吴承学：《中国古代文体学研究》，人民出版社 2011 年版，第 77—78 页。

⑤ 中国复旦大学文史研究院、越南汉喃研究院合编：《越南汉文燕行文献集成》（越南所藏编）第 7 册，复旦大学出版社 2010 年版，第 171 页。

的风景名胜（如岳阳楼、吕仙亭等）对联做了记录，[①] 这些对联在今天的岳阳楼已不见踪影，也未见于当今保存岳阳楼文献资料的《岳阳楼志》《岳阳楼诗文》等书籍中。所以，越南使臣的这些记录成了珍贵的资料。

再如，越南使臣与潇湘文士的交游唱和之作，不但记录了当时潇湘文士的精神风貌，也保存了当时文士创作的诗歌。越南使臣潘辉泳在潇湘所作诗歌，大部分都附录了当时文士的唱和之作，我们且看其与护送官常德清军府李寅庵唱和赠答之诗。

暮春江上柳含烟，路近桃源兴欲仙。翰墨多情逢地主，阳关高唱月池边。

南金几许辱披沙，机杼文章仰大家。最是旅怀夷怪处，奎垣光彩伴星槎。

斗南斗北各云天，江驿论文有宿缘。从此江山随兴会，一凭春脚霁风烟。

注：寅庵，四川人，进士出身。现授常德清军府，赴沅江护送。因以《步月楼文编》见示，集中所撰八股制艺，文思宏逸。又索观余诗草，随赠三绝。

——潘辉泳《庚复短送李寅庵元韵》[②]

附录原作并引：捧读佳章，气象雄伟，风格高骞，班马才萱，李杜声韵，兼而有之，知于此笔三折肱矣。幸睹鸿裁，不胜雀跃，爰拟七绝三章以博一笑。

随抓笔墨洒云烟，学士原来是谪仙。湖水荡开双眼阔，文光直

---

① 中国复旦大学文史研究院、越南汉喃研究院合编：《越南汉文燕行文献集成》（越南所藏编）第 15 册，复旦大学出版社 2010 年版，第 103 页。

② 中国复旦大学文史研究院、越南汉喃研究院合编：《越南汉文燕行文献集成》（越南所藏编）第 17 册，复旦大学出版社 2010 年版，第 318—319 页。

射斗牛边。

轻舟一叶赴长沙，南望云天不见家。愧我投桃春色减，阳关三叠送仙槎。

频将烽火隔湖天，海角长留笔墨缘。尽把文章通一脉，性情花放上林烟。

——李寅庵七绝三首①

在送别之际，二人又相互赠诗，潘辉泳又将李寅庵的次韵诗附录于其诗集中：

最喜辂轩识凤鳞，棠阴曾惹桂枝春。望依北阙泉堪酌，兴入西川鹤可驯。白璧湾清涵古意，绿萝山秀助吟神。芝兰异日长相忆，步月楼前搽藻新。

注：常德府北甘泉寺，寇准南迁日题于东楹曰："平仲酌泉经此，回望北阙，默然而去。"张南轩榜曰："莱公泉。"又，府北有白璧湾，《水经注》："沅水又东历临沅县西，为明月池、白璧湾，湾状半月，清潭镜澈。"绿萝山在桃源南，即道书第四十二福地也。

——潘辉泳《赠短送李寅庵》②

三楚何缘降瑞鳞麟，清标高挹四辰春。桃花浪里仙槎稳，芝草庭前野鹿驯。风雅宜人长作客，文章醒世可道神。从今山斗遥相望，检点牙签耳目新。

——李寅庵次韵（附录）③

---

① 中国复旦大学文史研究院、越南汉喃研究院合编：《越南汉文燕行文献集成》（越南所藏编）第17册，复旦大学出版社2010年版，第320—321页。

② 中国复旦大学文史研究院、越南汉喃研究院合编：《越南汉文燕行文献集成》（越南所藏编）第17册，复旦大学出版社2010年版，第321—322页。

③ 中国复旦大学文史研究院、越南汉喃研究院合编：《越南汉文燕行文献集成》（越南所藏编）第17册，复旦大学出版社2010年版，第322页。

从上述潘辉泳和李寅庵的交游唱和中，我们可以得到如下信息。其一，越南使臣的行程是有护送使的，李寅庵就是常德段的短护送。其二，李寅庵的生平经历，通过此处可作补正，如四川进士，有《步月楼文编》，诗文俱佳。其三，当时常德府景观有甘泉寺、白璧湾等，以上诗和注不但记录了当时楹上的文字，也记录了其中的历史典故。其四，中越文人以文会友，正契合中国传统"嘉会寄诗以亲"的目的，达到了"诗可以群"的功用。其五，诗歌中透露了越南使臣对于文学创作中"江山之助"的理解，如"白璧湾清涵古意，绿萝山秀助神吟"一联便蕴含此意。

总之，越南使臣的诗歌是值得我们进一步挖掘的深藏在异域的中国文献资料，这些诗歌记录了当时中国各地的风土人情和文化风貌，其中使臣吟咏山水风物的诗歌以及与当时文士的唱和之作都是极其珍稀的域外汉籍文献资料。

二是历史景观的记录。湛恩亭是中国官员迎接越南使臣的重要场所，在越南使臣的诗序和诗歌中多有记录。潘辉注《驻广西省城记事》诗序云："城三面因山，一面临江。江次湛恩亭，为迎送官司之所"①；武辉珽《桂林风景》诗序写道："（桂林）城外临河有湛恩亭，使船到省必泊亭下"②；黄碧山《广西省湛恩亭系缆》诗序云："省城设江亭，曰湛恩亭，为供使之所。"③ 在诗歌中直接写到湛恩亭的则有吴时位《桂林省会》："欲试圣朝柔远意，流思书院湛恩停"④，以及阮做《桂林省城江次》："独秀峰头旗令肃，湛恩亭下水流清"⑤，等等。据考，湛

---

① 中国复旦大学文史研究院、越南汉喃研究院合编：《越南汉文燕行文献集成》（越南所藏编）第 10 册，复旦大学出版社 2010 年版，第 212—213 页。

② 中国复旦大学文史研究院、越南汉喃研究院合编：《越南汉文燕行文献集成》（越南所藏编）第 5 册，复旦大学出版社 2010 年版，第 272—273 页。

③ 中国复旦大学文史研究院、越南汉喃研究院合编：《越南汉文燕行文献集成》（越南所藏编）第 11 册，复旦大学出版社 2010 年版，第 289—290 页。

④ 中国复旦大学文史研究院、越南汉喃研究院合编：《越南汉文燕行文献集成》（越南所藏编）第 9 册，复旦大学出版社 2010 年版，第 288 页。

⑤ 中国复旦大学文史研究院、越南汉喃研究院合编：《越南汉文燕行文献集成》（越南所藏编）第 16 册，复旦大学出版社 2010 年版，第 111 页。

恩亭今已不存，关于此亭的记录，在清代文献中亦难寻踪迹。越南使臣的这些诗歌和诗序，客观记录了湛恩亭的历史。阮思僩在同治七年（1868）奉命出使中国，在《燕轺笔录》中记载了当时梧州府"人烟之盛，数倍南宁"的盛况，[①] 在《燕轺诗文集·梧州八首》中也有"灯衢花艇人如市，十里楼船鼓角声"[②] "江亭日日万人肩，舟子琴歌每夜阑"[③] 等相关的描写。这说明了清同治年间的梧州比南宁经济更繁荣、商业更发达，这是对中国史料的一个补正。黄鹤楼是中国三大名楼之一。从其建筑史看，经历了屡经破坏又重建的过程，所以黄鹤楼的形制自创建以来，并不完全相同。潘辉注两次如清出使，往返过程中四次途经黄鹤楼，第一、二次是在道光五年（1825）的六月和十月，第三、四次是在道光十一年（1831）的六月和十月。从潘辉注的诗文中可以了解道光年间黄鹤楼的模样，他还在《望黄鹤楼歌》诗题后的自注中对黄鹤楼的位置及周边景物进行了详细描述，让我们对道光五年的黄鹤楼有了更全面的了解：

> 楼在武昌省城西南门山上，三叠凌空，峻耸华丽。旁有仙枣亭，楼后黄鹤、凤凰诸山一带连亘，隔江大别山、晴川阁遥遥相对。两岸亭台帆樯，照耀云水，为山川一大胜观。使舟晚自武昌往汉口，横江纵望，景色如画。咫尺层楼，依约见江汉仙踪处也。[④]

他在《輶轩丛笔》中进一步记载了当时黄鹤楼的规模及相关传说：

---

① 中国复旦大学文史研究院、越南汉喃研究院合编：《越南汉文燕行文献集成》（越南所藏编）第 19 册，复旦大学出版社 2010 年版，第 86 页。

② 中国复旦大学文史研究院、越南汉喃研究院合编：《越南汉文燕行文献集成》（越南所藏编）第 20 册，复旦大学出版社 2010 年版，第 45 页。

③ 中国复旦大学文史研究院、越南汉喃研究院合编：《越南汉文燕行文献集成》（越南所藏编）第 20 册，复旦大学出版社 2010 年版，第 46 页。

④ 中国复旦大学文史研究院、越南汉喃研究院合编：《越南汉文燕行文献集成》（越南所藏编）第 10 册，复旦大学出版社 2010 年版，第 247 页。

黄鹤楼，为楚三名楼之一，耸峙层城，俯临汉水，江山景色秀绝。第一层奉费仙像骑鹤，传是仙翁升仙之处，但文祎叔伟，亦不确明何人何代，白云黄鹤迹属杳茫。第二层奉吕仙像，楼后复有仙阁，旁仙枣台，有枯树一株，高大半尺余，四周石砌朱栏。志称仙枣久无实，忽有一实大如瓜，使吏守之，吏窃食仙去。又传守吏与某弈棋，有异人吹笛而来，忽然不见，乃随笛声至楼上，惟见壁上题诗云："五百年前此地来，碧桃移向石坛栽。三春绿树千条缕，万线青泉一羽开。红日照残新殿阁，白云堆破旧亭台。昔人踪迹今何在，尚有余霞照翠苔。"末题吕字，盖回翁笔也。神仙灵迹，不可测度，唯晴川芳草，烟景依依。楼头舒望，觉古今之境，无限苍茫。①

从他者之眼观察中国的历史古迹和人文景观，作者抱着尽可能详细的态度，将当时的真实图景和了解到的典故、传说详加介绍、细予描绘，以便归国后向帝王汇报或向世人展示，而这些诗歌和文献，均可作为中国史料的补正，具有宝贵的价值。

最后，需要特别指出的是，使臣诗歌具有重要的文学地理学意义。中越使臣行程万里，与中越各地的政治、经济、文化、地理等方面有广泛的近距离接触，因而这些使臣诗歌除了在文化内涵、文学样式上体现了中越文化的互动与交流，在时空上也常常与中越各地的自然山水和人文景观发生紧密联系，这种时空性（即在场性）正体现了使臣诗歌的文学地理学价值。具体而言，其价值主要体现在以下三方面。

一是中越使臣诗描写了出使路途上的自然景观、人文景观、风土民俗和社会生活，全面记录了中越两国的地理、经济、民俗、文化等，显示出广远宏阔的空间跨度、丰富多样的文化景观和朴实真挚的情感体验。将数万里的行程、见闻与感怀浓缩在使臣诗中，大大提高了使臣诗的空间容量和意象密度，万里山川风物如在眼前，千年历史文脉清晰可

---

① 中国复旦大学文史研究院、越南汉喃研究院合编：《越南汉文燕行文献集成》（越南所藏编）第11册，复旦大学出版社2010年版，第91—93页。

见，这在古今诗人中也是较为罕见的。使臣们一路题咏，其纪行诗就像一幅文学地图长卷，绘制出不同地域的风貌。从诗人的地域空间流动与景观书写中，既可以看到景观的区域色彩及南北差异，也可以窥探文化的交会与共融。

二是文学作品中地理空间的建构与历史空间的呈现，对文学作品主题的表现、情感的表达、艺术的审美都具有重要意义。使臣诗具有很强的空间感，出使时间的漫长和空间的广阔让使臣有机会接触诸多的历史文化遗迹与山水田园风光，他们往往按照视线转移、行踪迁移、历史追忆以及上述三种组合的方式来进行空间的转换，拓宽了文学作品的表现空间，使文学作品的空间变化更为繁复多样、引人入胜。

三是空间维度的引入为传统文学研究提供了一个新视角和新方法。文学是在特定的时间和空间共同作用下的产物，时间固然重要，但空间亦不能忽略，因为特定空间中的地理环境、人文景观、语言习惯、文化传统、礼仪风俗等地域性因素，必然对作家、作品产生或轻或重、或深或浅的影响。文学现象的解读和诠释必须在时间维度之外引入空间维度，文学的整体研究必须在时空交织之中进行。从这个意义上看，从空间维度重新审视作家作品、文学现象和文学思潮，可以成为文学研究的另一翼，使文学研究格局发生重大变化。

总之，中越使臣诗歌以作者的特殊身份、超远的空间距离、厚重的历史空间、丰富的主体精神，成为诗歌世界中一个独特的部分。无论是从文学价值、史料价值、文化传播还是文学地理学层面来看，中越使臣诗歌都具有深远的研究意义。

参考文献

一 总集、选集、别集类著作

（元）傅若金：《傅与砺诗文集》，文物出版社 1982 年版。

（元）傅若金著，史杰鹏、赵彧校点：《傅若金集》，吉林文史出版社 2010 年版。

黄权才：《古代越南使节旅桂诗文辑览》，广西师范大学出版社 2015 年版。

《景印文渊阁四库全书》，（台北）台湾商务印书馆 1986 年版。

［越］黎贵惇：《全越诗录》，越南汉喃研究院所藏 A. 1262/1—4 号抄本。

李时人编著：《中华山水名胜旅游文学大观·诗词卷》，三秦出版社 1998 年版。

刘承干辑：《吴兴丛书》，吴兴刘氏嘉业堂刊 1927 年版。

（明）鲁铎：《鲁文恪公文集》十卷，齐鲁书社 1997 年版。

逯钦立辑校：《先秦汉魏晋南北朝诗》，中华书局 1983 年版。

［越］裴存庵：《皇越诗选》，希文堂皇朝明命六年（1825）刻本。

（清）彭定求等编：《全唐诗》，中州古籍出版社 2018 年版。

钱伯诚等主编：《全明文》，上海古籍出版社 1992 年版。

丘良任、潘超、孙忠铨等编：《中华竹枝词全编》，北京出版社 2007 年版。

［越］阮廌著，陈文甲注：《阮廌全集新编》，（河内）文史地出版社 1956 年版。

沈乃文主编：《明别集丛刊》，黄山书社 2013 年版。

四库禁毁书丛刊编纂委员会编：《四库禁毁书丛刊》，北京出版社 1997
　　年版。

四库全书存目丛书编纂委员会编：《四库全书存目丛书》，齐鲁书社 1997
　　年版。

四库未收书辑刊编纂委员会编：《四库未收书辑刊》，北京出版社 1997
　　年版。

（宋）苏轼撰，（清）王文诰辑注，孔凡礼点校：《苏轼诗集》，中华书
　　局 1982 年版。

TỔNG TẬP VĂN HỌC VIỆT NAM（《越南文学总集》），NHÀ XUẤT BẢN
　　KHOA HỌC XÃ HỘI 2000 年版。

王鸿鹏编：《帝都形胜：燕京八景诗抄》，九州出版社 2018 年版。

王慎之、王子今辑：《清代海外竹枝词》，北京大学出版社 1994 年版。

杨镰主编：《全元诗》，中华书局 2013 年版。

（宋）杨万里撰，辛更儒笺校：《杨万里集笺校》，中华书局 2007 年版。

张还吾主编：《历代咏北京诗词选》，北京出版社 1996 年版。

（明）张以宁著，游友基编：《翠屏集》，鹭江出版社 2012 年版。

［越］郑怀德：《艮斋诗集》，《东南亚研究专刊》，（香港）新亚研究所
　　1962 年版。

郑振铎：《玄览堂丛书》，广陵书社 2010 年版。

中国复旦大学文史研究院、越南汉喃研究院合编：《越南汉文燕行文献
　　集成》（越南所藏编），复旦大学出版社 2010 年版。

二　文学史料类著作

［越］BÙI THIẾT：ĐỊA DANH VĂN HÓA VIỆT NAM（《越南地名文
　　学》），NHÀ XUẤT BẢN THANH NIÊN 2010 年版。

（东汉）班固撰，颜师古注：《汉书》，中华书局 1962 年版。

［越］陈重金：《越南通史》，戴可来译，商务印书馆 1992 年版。

冯承钧撰：《西域南海史地考证论著汇辑》，中华书局 1957 年版。

［越］高青育等修撰：《大南一统志》，越南国家图书馆藏本。

故宫博物院编：《钦定安南纪略》，海南出版社 2000 年版。

广西壮族自治区地方志编纂委员会编：《广西通志》，广西人民出版社
　　1995 年版。

郭振铎、韩笑梅主编：《越南通史》，中国人民大学出版社 2001 年版。

黄国安等：《中越关系史简编》，广西人民出版社 1986 年版。

［越］黎崱撰，武尚清点校：《安南志略》，中华书局 1995 年版。

［越］黎崱著，武尚清点校；（清）大汕著，余思黎点校：《安南志略
　　海外纪事》，中华书局 2000 年版。

［越］李文雄编撰：《越南文献》，（西贡）堤岸新华书局 1972 年版。

（北魏）郦道元著，陈桥驿校证：《水经注校证》，中华书局 2007 年版。

（西汉）刘向著，张涛译注：《列女传译注》，山东大学出版社 1990 年版。

麦浪：《战斗中的新越南》，新越南出版社 1948 年版。

（明）明史官：《明实录》，（台北）台湾“中央”研究院历史语言研究
　　所 1962 年版。

［越］潘辉注：《科榜标奇》，陈庆浩、王三庆主编：《越南汉文小说丛
　　刊》第七册，（台北）学生书局 1988 年版。

［越］潘清简等：《钦定越史通鉴纲目》，北京图书馆出版社 1956 年版。

（清）清史官：《清实录》，中华书局 1986 年版。

［越］阮朝国史馆：《大南实录》，日本东洋文库藏有保大十年（1935）
　　重刊本。

［日］山本达郎：《越南中国关系史年表》，秦钦峙译，云南省东南亚研
　　究所 1983 年版。

（宋）沈括著，金良年、胡小静译：《梦溪笔谈全译》，上海古籍出版社
　　2013 年版。

（西汉）司马迁撰，韩兆琦评注：《史记》，岳麓书社 2011 年版。

（西汉）司马迁：《史记》，中华书局 1985 年版。

（明）宋濂等：《元史》，中华书局 1976 年版。

（清）孙承泽：《天府广记》，北京出版社 1962 年版。

王柏中等辑录：《〈大南实录〉中国西南边疆相关史料辑》，社会科学文
　　献出版社 2015 年版。

（北宋）王钦若等编：《册府元龟》，中华书局 2003 年版。

（宋）王象之撰，李勇先校点：《舆地纪胜》，四川大学出版社 2005 年版。

［越］吴士连等编撰，陈荆和编校：《大越史记全书》，日本东京大学东
　　洋文化研究所 1984—1986 年版。

（清）谢启昆修，（清）胡虔纂：《广西通志》，广西人民出版社 1988 年版。

（明）谢肇淛：《五杂俎》，上海古籍出版社 2012 年版。

许文堂、谢奇懿编：《大南实录清越关系史料汇编》，（台北）台湾"中
　　央"研究院东南亚区域研究计划 2000 年版。

（清）于敏中编：《日下旧闻考》，北京古籍出版社 1981 年版。

（明）张瀚：《松窗梦语》，上海古籍出版社 1986 年版。

（清）张廷玉等：《明史》，中华书局 1974 年版。

（清）赵尔巽等：《清史稿》，中华书局 1977 年版。

钟文典主编：《广西通史》，广西人民出版社 1999 年版。

朱偰：《天风海涛楼札记》，中华书局 2009 年版。

三　古代文论类著作

（元）方回选评，李庆甲集评校点：《瀛奎律髓汇评》，上海古籍出版社
　　1986 年版。

郭绍虞主编：《中国历代文论选》，上海古籍出版社 1979 年版。

（清）何文焕辑：《历代诗话》，中华书局 1981 年版。

（宋）黄彻著，汤新祥校注：《䂬溪诗话》，人民文学出版社 1986 年版。

（南朝梁）刘勰著，范文澜注：《文心雕龙注》，人民文学出版社 1958
　　年版。

四　目录、索引类著作

刘春银、林庆彰、陈义主编：《越南汉喃文献目录提要补遗》，台湾"中央"研究院人文社会科学研究中心亚太区域研究专题中心2004年版。

王小盾、刘春银、陈义主编：《越南汉喃文献目录提要》，台湾"中央"研究院中国文哲研究所2002年版。

徐斌、张长虹编：《东南亚与华侨华人研究论文索引（1996—2000）》，厦门大学出版社2002年版。

五　近现代学术研究专著

陈瑞青：《燕赵文化史稿》（魏晋北朝卷），河北教育出版社2013年版。

陈文：《越南科举制度研究》，商务印书馆2015年版。

陈益源：《越南汉籍文献述论》，中华书局2011年版。

陈玉龙等：《汉文化论纲——兼述中朝中日中越文化交流》，北京大学出版社1993年版。

复旦大学古籍整理研究所、章培恒先生学术基金编：《域外文献里的中国》，上海文艺出版社2014年版。

复旦大学文史研究院编：《从周边看中国》，中华书局2009年版。

高伟浓主编：《专门史论集》，暨南大学出版社2002年版。

葛兆光：《中国思想史》，复旦大学出版社2001年版。

葛兆光：《古代中国文化讲义》，复旦大学出版社2006年版。

韩国河等：《"中原"历史与文化考论》，大象出版社2012年版。

兰强、徐方宇、李华杰编著：《越南概论》，世界图书出版公司2012年版。

劳舒编：《刘师培学术论著》，浙江人民出版社1998年版。

李云泉：《朝贡制度史论——中国古代对外关系体制研究》，新华出版社2010年版。

刘为：《清代中朝使者往来研究》，黑龙江教育出版社2002年版。

刘玉珺：《越南汉喃古籍的文献学研究》，中华书局2007年版。

刘志强：《中越文化交流史论》，商务印书馆 2013 年版。

梅新林：《中国古代文学地理形态与演变》，复旦大学出版社 2006 年版。

梅新林、葛永海：《文学地理学原理》，中国社会科学出版社 2017 年版。

彭玉平：《诗文评的体性》，北京大学出版社 2012 年版。

朴钟锦：《中国诗赋外交的起源与发展》，知识产权出版社 2013 年版。

孙宏年：《清代中越关系研究（1644—1885）》，黑龙江教育出版社 2014 年版。

孙宏年：《清代中越宗藩关系研究》，黑龙江教育出版社 2006 年版。

孙立：《日本诗话中的中国古代诗学研究》，北京大学出版社 2012 年版。

孙衍峰、兰强、徐方宇等：《越南文化概论》，世界图书出版公司 2014 年版。

汪辟疆：《汪辟疆说近代诗》，上海古籍出版社 2001 年版。

王晨光：《明清中越交通与越使朝贡问题研究》，巴蜀书社 2017 年版。

文庄：《中越关系两千年》，社会科学文献出版社 2013 年版。

吴承学：《中国古典文学风格学》，北京大学出版社 2011 年版。

吴功正：《中国文学美学》，江苏教育出版社 2001 年版。

徐玉如：《文学地理视野下的沂蒙文学研究》，山东人民出版社 2017 年版。

杨义：《文学地理学会通》，中国社会科学出版社 2013 年版。

杨义：《重绘中国文学地图通释》，当代中国出版社 2007 年版。

衣若芬：《云影天光——潇湘山水之画意与诗情》，（台北）里仁书局 2013 年版。

于在照：《越南文学史》，世界图书出版公司 2014 年版。

于在照：《越南文学与中国文学之比较研究》，世界图书出版公司 2014 年版。

曾大兴：《文学地理学概论》，商务印书馆 2017 年版。

曾大兴：《文学地理学研究》，商务印书馆 2012 年版。

张伯伟：《域外汉籍研究论集》，北京大学出版社 2011 年版。

张伯伟：《域外汉籍研究入门》，复旦大学出版社 2012 年版。

张伯伟：《作为方法的汉文化圈》，中华书局 2011 年版。

张红运：《时空诗学》，宁夏人民出版社 2002 年版。

张伟然：《中古文学的地理意象》，中华书局 2014 年版。

张秀民：《中越关系史论文集》，（台北）文史哲出版社 1992 年版。

赵洪恩、李宝席主编：《中国传统文化通论》，人民出版社 2003 年版。

郑宁人、孟昭毅：《中越文学关系史研究》，天津教育出版社 2014 年版。

周尚意、孔翔、朱竑：《文化地理学》，高等教育出版社 2004 年版。

周晓琳、刘玉平：《空间与审美——文化地理视域中的中国古代文学》，
　　人民出版社 2009 年版。

朱亚非主编：《风雨域外行——探寻古代中国人走向世界的足迹》，山
　　东画报出版社 2004 年版。

朱云影：《中国文化对日韩越的影响》，广西师范大学出版社 2007 年版。

宗白华：《美学散步》，上海人民出版社 1981 年版。

邹建军：《江山之助——邹建军教授讲文学地理学》，中央编译出版社
　　2014 年版。

六　期刊论文

陈广宏：《张以宁诗歌创作历程考论》，《深圳大学学报》（人文社会科学
　　版）2007 年第 6 期。

陈国保：《越南使臣与清代中越宗藩秩序》，《清史研究》2012 年第 2 期。

陈益源、凌欣欣：《清同治年间越南使节的黄鹤楼诗文》，《长江学术》
　　2011 年第 4 期。

窦晨光：《湛若水生平著述及现存情况统计》，《五邑大学学报》（社会
　　科学版）2014 年第 2 期。

顾宝林：《论明代八景诗的特性及八景诗的圈层影响机制——以曾启八
　　景诗为例》，《临沂大学学报》2020 年第 3 期。

何方形：《陈孚诗歌论》，《浙江社会科学》2008 年第 6 期。

何仟年：《越中典籍中的两国诗人交往》，《扬州大学学报》（人文社会

科学版）2006 年第 1 期。

胡传淮、陈名扬：《李仙根年谱》，《地方文化研究辑刊》2016 年第 1 期。

胡传淮、陈名扬：《李仙根生平考述》，《蜀学》2015 年第 10 辑。

黄二宁：《论元代安南纪行诗的书写特征与诗史意义》，《南开学报》
（哲学社会科学版）2016 年第 5 期。

李惠玲：《"他者"之眼：中越使臣诗中的广西形象》，《江西社会科
学》2020 年第 6 期。

李惠玲、陈柏桥：《思接千载，视通万里——从〈使交集〉看地理与文
学创作的关系》，《广西社会科学》2016 年第 6 期。

李谟润：《继承与拓展：安南阮攸与中国古代咏史诗》，《百色学院学
报》2009 年第 5 期。

李娜：《10—18 世纪中国使安南使臣出使诗歌综述》，《百色学院学报》
2014 年第 3 期。

李时人、刘廷乾：《越南古代汉文诗叙论》，《上海师范大学学报》（哲
学社会科学版）2010 年第 6 期。

李修章：《读越南诗人阮攸〈北行杂录〉有感》，《东南亚研究》1991
年第 1 期。

梁德林：《元代诗人陈孚出使安南途经广西的诗歌创作》，《广西文史》
2013 年第 1 期。

刘玉珺：《越南北使文献总说》，《华西语文学刊》2012 年第 7 辑。

刘玉珺：《中国使节文集考述——越南篇》，《首都师范大学学报》（社
会科学版）2007 年第 3 期。

刘玉珺：《"越南王安石"——黎贵惇》，《古典文学知识》2012 年第
2 期。

毛翰：《试论越南历代汉诗》，《世界文学评论》2008 年第 1 期。

毛翰：《衣冠唐制度，礼乐汉君臣——越南历代汉诗概说（3）》，《安徽
理工大学学报》（社会科学版）2010 年第 1 期。

裴默农：《诗赋外交》，《世界知识》1989 年第 16 期。

彭丹华：《越南使者咏柳宗元》，《湖南科技学院学报》2011 年第 3 期。

祁广谋：《越南陈朝汉文诗小议》，《解放军外语学院学报》1991 年第 2 期。

冉毅：《宋迪其人及"潇湘八景图"之诗画创意》，《文学评论》2011 年第 2 期。

沈文凡、范氏义云：《越南十世纪到二十世纪对唐代绝句的移植与发展》，《吉林师范大学学报》（人文社会科学版）2013 年第 1 期。

汤军：《永州犹未是天涯——元代中越交流中的一站》，《湖南科技学院学报》2013 年第 3 期。

王小盾：《越南访书札记》，《新国学》2001 年第 3 卷。

吴承学：《江山之助——中国古代文学地域风格论初探》，《文学评论》1990 年第 3 期。

吴晟：《诗歌心理时空的几种主要形式》，《求索》1998 年第 3 期。

徐汉晖：《中国现代文学的地理维度探究》，《社会科学动态》2018 年第 12 期。

杨匡和：《〈傅与砺诗集〉版本源流考述》，《南昌工程学院学报》2011 年第 5 期。

游友基：《"衰老天教一壮游"——张以宁出使安南诗述评》，《宁德师范学院学报》（哲学社会科学版）2013 年第 3 期。

游友基：《张以宁年表》，《宁德师范学院学报》（哲学社会科学版）2014 年第 1 期。

张红运：《唐诗的时空意境对日本汉诗的影响》，《陕西师范大学学报》（哲学社会科学版）2006 年第 2 期。

张建伟：《从元代安南纪行诗看中越文化交流》，《西南边疆民族研究》2016 年第 19 辑。

张京华：《"北南还是一家亲"——湖南永州浯溪所见越南朝贡使节诗刻述考》，《中南大学学报》（社会科学版）2011 年第 5 期。

张京华：《从越南看湖南——〈越南汉文燕行文献集成〉湖南诗提要》，

《湖南科技学院学报》2011 年第 3 期。

张京华：《作诗的使臣——湛若水与安南君臣的酬唱》，《外国文学评论》2018 年第 3 期。

张秀民：《安南书目提要》，《北京图书馆馆刊》1996 年第 1 期。

郑幸：《〈默翁使集〉中所见越南使臣丁儒完与清代文人之交往》，《文献》2013 年第 2 期。

周思成：《元人诗歌中的安南出使与南国奇景》，《文史知识》2015 年第 11 期。

邹建军：《文学地理学研究的主要领域》，《世界文学评论》2009 年第 1 期。

邹建军、周亚芬：《文学地理学批评的十个关键词》，《安徽大学学报》（哲学社会科学版）2010 年第 2 期。

七　学位论文

白鹭：《越南燕行使臣的中国胜景诗文研究》，硕士学位论文，西南交通大学，2018 年。

蔡靖文：《徐孚远在世变下之生命情怀》，博士学位论文，台湾"国立"中山大学，2012 年。

曹良辰：《越南北使诗略论——以出使明清为中心》，硕士学位论文，上海师范大学，2017 年。

曹双：《越南使臣所见乾隆时期的清代社会》，硕士学位论文，郑州大学，2015 年。

陈柏桥：《14—19 世纪中越使臣诗歌中的潇湘印象》，硕士学位论文，广西民族大学，2017 年。

陈巧灵：《元代安南纪行诗研究》，硕士学位论文，浙江师范大学，2016 年。

陈文源：《明朝与安南关系研究》，博士学位论文，暨南大学，2005 年。

郭娇：《〈陈竹山文集〉研究》，硕士学位论文，新疆师范大学，2015 年。

何哲：《越南使臣眼中的清代湖南社会风貌》，硕士学位论文，广西民族大学，2016 年。

雷朋歌：《高丽时期潇湘八景诗研究》，硕士学位论文，湖南师范大学，2020 年。

刘慧敏：《潘希曾诗集校注》，硕士学位论文，湘潭大学，2014 年。

刘沁淳：《元明清"燕京八景诗"研究》，硕士学位论文，河北大学，2019 年。

刘晓聪：《清代越南使臣之"燕行"及其"诗文外交"研究——以〈越南汉文燕行文献集成〉为中心》，硕士学位论文，广西民族大学，2013 年。

刘晓敏：《清代越南使臣笔下的左江地区社会风貌研究》，硕士学位论文，广西民族大学，2017 年。

马若晗：《韩国文人"潇湘八景"诗接受研究》，硕士学位论文，福建师范大学，2019 年。

彭丹华：《越南燕行文献的唐宋人物纪咏诗研究》，硕士学位论文，陕西师范大学，2014 年。

彭茜：《朝贡关系与文学交流：清代越南来华使臣与广西研究》，硕士学位论文，广西民族大学，2014 年。

司文朋：《徐孚远研究》，硕士学位论文，浙江大学，2010 年。

宋金亮：《杜甫诗歌的时空意识与表现研究》，硕士学位论文，陕西师范大学，2011 年。

汪泉：《清朝与越南使节往来研究》，硕士学位论文，暨南大学，2008 年。

王皓：《陈孚〈交州稿〉与元代的中越文化交流》，硕士学位论文，四川师范大学，2009 年。

王双叶：《19 世纪越南使臣在华交游研究》，硕士学位论文，西南交通大学，2018 年。

王英：《元朝与安南之关系》，硕士学位论文，暨南大学，2000 年。

魏琳红：《中国古典诗词的时空意识及其表现研究》，硕士学位论文，西安建筑科技大学，2015 年。

魏文：《朝贡交往与地域观察：如清越南使臣的桂林活动和见闻研究》，硕士学位论文，广西师范大学，2017 年。

杨匡和：《〈傅与砺诗集〉校注》，硕士学位论文，江西师范大学，2010 年。

于燕：《清代中越使节研究》，硕士学位论文，山东大学，2007 年。

张金莲：《发展与变迁：古代中越水陆交通研究》，博士学位论文，暨南大学，2006 年。

张晶晶：《潘辉注〈华轺吟录〉〈华程续吟〉考论》，硕士学位论文，北京外国语大学，2019 年。

张苗苗：《唐诗与越南李陈朝诗歌》，硕士学位论文，浙江工业大学，2008 年。

张琦：《越南后黎朝汉文燕行诗研究》，硕士学位论文，天津外国语大学，2017 年。

张谦：《杜牧纪行诗研究》，硕士学位论文，沈阳师范大学，2019 年。

张茜：《清代越南燕行使者眼中的中国地理景观——以〈越南汉文燕行文献集成〉为中心》，硕士学位论文，复旦大学，2012 年。

周亮：《清代越南燕行文献研究》，硕士学位论文，暨南大学，2012 年。

后　记

当这本小书即将交付梓刻，转眼已是 2023 年的春天。而这也预示着一个阶段的结束，以及一个崭新的开始。

从 2011 年关注文学地理学，边学习边思考，不知不觉十余载，所得颇丰。结识了一群志同道合的良师益友，线上交流、线下探讨，互相勉励、共同进步。这本小书是我从文学地理学角度切入思考的一点浅薄之感，姑且记之。

在广西民族大学工作以来，因为地缘的关系，接触到不少越南汉籍，引起我对越南古代北使中国使臣的关注。这些丰富的燕行文献（包括诗文集、日记、使程图）真实记录了 14—19 世纪六百年来中越两国交流交往、互动互鉴的历史，同时也直观地呈现出"他者"对元明清时期中国政治、经济、文化、地理、风俗的细致观察和感性认识。

地理与文学常常给我一种相互生发与相互成就的感觉。古人所云的"江山之助"，重点在于揭示地理对文学创作活动的诱发功能与玉成效果，而窃以为，文学对地理又何尝不具有彰显的作用呢！洞庭湖、敬亭山、太行山、黄河，这些锦绣的山川；岳阳楼、黄鹤楼、乌衣巷、卢沟桥，这些在地理坐标上的标志建筑，都具有明显的地理特征，而这些地名或地理景观之所以扬名天下，恰恰是因为文学作品的辐射效应。所谓"美不自美，因人而彰"，地理之奇或美，催生了文学的创作与繁荣，文学又反过来促进地理景观的传扬与发展，文学与地理的互动总能焕发无限的魅力。"石韫玉而山辉，水怀珠而川媚"，文学如珠玉，有了文学的滋润，山川将更加明媚，而山川的神秀，又赋予文学更加灵动的色彩。

研究的推进和本书的出版，得到了诸多来自领导、同事、编辑的帮助和学生的协助，在此一并致以谢忱。感谢广西民族大学文学院领导对本书出版的关心和支持；感谢同事黄可兴、李谟润老师提供的越南文献；感谢中国社会科学出版社郭晓鸿主任、王小溪编辑为本书出版付出的心血。在研究过程中，我门下的硕士、博士研究生也参与了相关工作，陈柏桥整理了中国赴越南使臣的文献资料，并撰写了绪论的部分内容以及最后一章的部分内容；王丹、黄彦、苏映华、朱旋璇均参与了对越南赴中国使臣文献的整理；何燕摘录部分中国赴越南使臣的文献；奚兆譞、黎美玲、赵聪查找和校对部分文献的出处；刘姿含、黄佳妍也参与了文献数量的统计。感谢诸贤棣的积极参与和辛勤付出。

最后，感谢先生和孩子对我工作的默默支持，让我心无旁骛，潜心向学；感谢父母、姐姐和两位兄长对我的关爱和照顾，让我既眷恋家的温馨，又勇敢追求梦想。

岁月如诗，激昂与沉静交替；人情如酒，浓烈与恬淡交织；世事如歌，高亢与低回交融。文学无非记录岁月的痕迹、人情的深浅、世事的变迁。吾对文学之美的沉酣，一如既往。

李惠玲

癸卯年春于半湖居